Erich Kästner -
Moralist mit doppeltem Boden

von

Andreas Drouve

Tectum Verlag
Marburg 1999

Die Deutsche Bibliothek - CIP-Einheitsaufnahme

Drouve, Andreas:
Erich Kästner - Moralist mit doppeltem Boden
/ von Andreas Drouve
- Marburg : Tectum Verlag, 1999
ISBN 978-3-8288-8038-2

Tectum Verlag
Marburg 1999

Vorbemerkung

Diese Arbeit ist als Dissertation im Fachbereich Neuere deutsche Literatur und Kunstwissenschaften der Philipps-Universität Marburg entstanden.
An dieser Stelle möchte ich meinem Betreuer, Prof. Dr. Guntram Vogt (Marburg), besonderen Dank für seine Ideen, Anregungen und Ratschläge aussprechen. Seine Betreuung während eines Forschungszeitraums von rund drei Jahren war vorbildhaft.
Danken möchte ich Cristina für ihr Verständnis und Dietmar Engels (Düren), der mir in Fragen der Textverarbeitung mit Rat und Tat zur Seite stand.
Mein Dank gilt Hilde für ihre geistige Unterstützung, ihr Interesse und nicht zuletzt für ihre mühevolle Hilfe bei Korrekturarbeiten. Ihr ist diese Arbeit gewidmet.

Zum Verfasser

Andreas Drouve, M.A., Jahrgang 1964, ist als Journalist und Autor tätig. Studium der Germanistik, Völkerkunde und der spanischen Sprache und Kultur in Bonn, Granada, Pamplona und Marburg. Drouve ist Autor mehrerer Kulturreiseführer.

Inhalt und Gliederung

1. Einleitung

Erich Kästner (1899-1974) hat seinen festen Platz in der deutschen Literaturgeschichte des 20. Jahrhunderts. Als Satiriker, Journalist, Dramatiker, Moralist, Kabarett- und Drehbuchautor, *Gebrauchslyriker* und Romancier für Kinder und Erwachsene wird er in Handbüchern und Literaturlexika geführt.[1] Gemeinhin wird Kästner mit einem positiven Lese-Erlebnis verbunden, wobei der vielgesichtige Vielschreiber als Kinderbuchautor die höchsten Auflagen und den größten Bekanntheitsgrad erreicht hat.

Kästner ist nach seinem Tode nicht in Vergessenheit geraten. Schulische Theatergemeinschaften studieren seinen „Emil" ein, Vorlese-Wettbewerbe werden mit Kästner-Texten bestritten, Fernsehanstalten zeigen und wiederholen Verfilmungen seiner Stoffe, und Studiokinos in deutschen Großstädten führen Filme wie „Emil und die Detektive", „Das doppelte Lottchen" und „Das fliegende Klassenzimmer" in ihren jeweiligen Erstfassungen auf. Große deutschsprachige Tageszeitungen drukken immer wieder seine Gedichte nach; Kästnersche Lyrik findet sich auf Tonträgern und wird gerne rezitiert. Vergleichsweise selten kommt es zu Neuinszenierungen seiner Theaterarbeiten. Der in heimatlichen Buchhandlungen stichprobenartig eingefangene Tenor ist einmütig: „Kästner? Da herrscht stetig Nachfrage."
Kurz gesagt: Ein zeitüberdauernder Erich Kästner, vielfacher Auflagenmillionär mit Werkübersetzungen in rund vierzig Sprachen, erfreut sich ungebrochener Präsenz im Kulturbetrieb.

---

[1] Diese Einordnungen finden sich zum Beispiel in:
Lexikon der Kinder- und Jugendliteratur. Zweiter Band. Weinheim und Basel 1977.
Metzler Autoren Lexikon. Stuttgart 1986.

Erich Kästner hat sich selbst als einen Moralisten, Rationalisten und Urenkel der deutschen Aufklärung bezeichnet.[2] Daran muß er sich auch in dem vorliegenden kritischen Versuch messen lassen, der dazu anregen will, das Kästnersche Werk *gegen den Strich* eingefahrener Erwartungen zu lesen. Daß der Autor *im richtigen Leben* allem anderen nachgekommen ist, als seinen moralisierenden Einwürfen im schriftstellerischen Schaffen zu folgen, steht hier nicht zur Debatte.
Wichtiger ist die Kritik an Kästners Selbstdeutung und literaturgeschichtlicher Einordnung als Moralist. Unter diesen Gesichtspunkten war er ein zweifelhafter Gratwanderer, ein Opportunist, ein Ver- und Wegdränger von Problemen, ein harmloser, fingerdrohender Allerweltsmoral-Apostel. Wer als Anhänger der immer noch großen Kästner-Gemeinde im In- und Ausland solche Behauptungen hört und liest, wird sich zunächst empören und vehement Einspruch erheben.

Bevor ich auf Methode, Struktur, Inhalt und Ziele meiner Arbeit näher eingehe, werde ich meine *Beziehung* zu Kästner und deren Entwicklung schildern.
Ein *Kästner-Kind* bin ich - hier ist bei vielen anderen ein gewichtiger Ansatz zur Erklärung der Beliebtheit des Autors zu suchen - nie gewesen. Spannend-rührselige Bücher wie „Emil und die Detektive“, „Pünktchen und Anton“ und „Das doppelte Lottchen“ habe ich erstmals in meinen zwanziger Jahren gelesen. Die erste Begegnung mit Kästner hatte ich mit genau elf Jahren. Sie fand in meinem Poesiealbum statt, in das sich unser Deutsch-Lehrer mit dem Kästnerschen Epigramm „Zum Neuen Jahr“ verewigt hatte. Von da an wußte ich, daß Leben „immer lebensgefährlich“ ist.
Tiefere Bekanntschaft mit Kästners Gedichten aus dessen Frühphase - bis 1933 - machte ich als 16-, 17jähriger. Ein Auswahlband daheim im Bücherregal hatte mich neugierig gemacht. Ich muß eingestehen, daß ich von vielem begeistert war, daß ich mich köstlich über griffig-pfiffige Worte und Reime amüsieren und mich - je nach Laune - diebisch über manches freuen konnte, zumal der Gehalt der Gedichte so einfach und

---

2 In seiner Rede „Kästner über Kästner“, die in den Band „Die kleine Freiheit“ (1952) aufgenommen wurde. Gesammelte Schriften (GS), Bd. 5, S. 304.

offen dalag. Ich verspürte ein wohliges Amüsement auch und gerade, wenn es mit dem dichterischen Holzhammer auf Außenseiter, Frauen und Dumme ging.- Warum?
Man war so herrlich unbeteiligt, so außenstehend und mit dem Gefühl behaftet, einer habe es jenen Spezies Mensch *zurecht und so richtig gegeben*. Durch das Gedicht fühlte man sich den Verspotteten weit überlegen. Kein Gedanke wurde an - satirische - Verfälschung, Oberflächlichkeit oder gar soziale Ungerechtigkeit verschwendet.
So oder ähnlich dürfte es vielen Kästner-Bewunderern ergangen sein oder ergehen. Bei mir steigerte sich das Kästner-Wohlwollen sogar noch, indem ich manche Gedichte imitierte - vielleicht, um mich von jugendlichem Weltschmerz, von aufgestauten Aggressionen zu befreien. Doch das gehört in die *Abteilung Jugendsünden*.
Mein seinerzeit positives Kästner-Bild wurde gleichlaufend durch das Fernsehen geprägt, genauer durch die Ausstrahlung des 1955 gedrehten Kurt-Hoffmann-Filmes „Drei Männer im Schnee". Jene von Kästner 1934 als Roman publizierte Verwechslungskomödie - Marke *humoriger Frohsinn im Nationalsozialismus* - hatte meine Lacher sicher.

Eine Wende im *Fall Kästner* begann sich bei mir abzuzeichnen, als ich im Beitrag „Die Chinesische Mauer" seines Auswahlbandes „Der tägliche Kram" (1948) eine Stelle entdeckte, die mich stutzen ließ. Kästner resümierte seinen Lebenslauf auch im Hinblick auf die NS-Zeit:

> *„Hitler kam an die Macht, und Goebbels verbrannte meine Bücher. Mit der literarischen Laufbahn war es Essig. Das war 1933. Zwölf Jahre Berufsverbot folgten."* [3]

Mit zwölf Jahren Berufsverbot war der in Deutschland gebliebene Autor nicht belegt worden. Seine Lebenslauf-Skizzierung konnte - im Sinne Kästners - einzig bedeuten, er habe die Zeit seines umfangreichen literarischen Schaffens während der NS-Diktatur nie als Berufsepoche akzeptiert. Doch aus der Zeit des *Berufsverbotes* stammte just „Drei Männer im Schnee". Ein Roman, den der Autor inmitten der - bezüglich des

---

[3] GS, Bd. 5, S, 54.

deutschen Films - verdrängungsfreudigen Adenauer-Ära als Vorlage nahm, um das Drehbuch zum gleichnamigen Film zu schreiben. Dies schien mir suspekt. Was später folgte, war eine jahrelange, tiefgreifende Auseinandersetzung mit Kästners Werk.

Die Arbeit stellt - die Eingangsbehauptungen haben es angedeutet - eine Provokation für die Kästner-Anhängerschaft dar und bietet ein Fundament mit jederzeit nachprüfbaren Fakten für die weitere wissenschaftliche Diskussion.
Wie glaubhaft, wie konsequent zeigt sich Kästner? Ausgehend von diesen Grundfragen hat die vorliegende Arbeit ihre erste richtungsweisende Motivation erhalten. Kästners Wunschgebilde, seine ideologische Doppelbödigkeit, die Spanne zwischen weitläufiger Zeitkritik und melancholischem Rückzug sowie seine verbreiteten Halb- und Viertelwahrheiten haben mich stocken und ihn immer wieder- und wiederlesen lassen. Aus anfänglich ausnahmsloser Zustimmung ist im Laufe der Zeit, wenn keine Negierung, so doch eine allgegenwärtige Skepsis erwachsen.

Im Vorwort (1950) zur Neuauflage seines 1931 erschienenen Krisenbestsellers der Weimarer Zeit, „Fabian“, weist der Autor Kästner dem Moralisten Kästner den verlorenen Posten als angestammten Platz zu.[4] Als teilnehmender Beobachter der Zeit und als vermeintlicher Weltverbesserer hatte Kästner Erfolg. Er hatte Erfolg trotz - oder gerade wegen - seines weitgehenden Verzichts auf analytischen Tiefgang, seiner Inanspruchnahme des *Humanen* zur rechten Zeit, seiner mangelnden politischen Weitsicht und einer Zweischneidigkeit in Weltbild und Geschichtsverständnis, die man - je nachdem - *zyklisch* (Erwachsenenliteratur) und *linear* (Kinderliteratur) benennen kann.

---

[4] GS, Bd. 2, S. 10. Interessant ist, daß Kästner hier dasselbe Bild vom „verlorenen Posten“ benutzt, wie es Walter Benjamin in seinem polemischen und immer noch maßgebenden Essay „Linke Melancholie“ (1931) gegen Kästner verwendet hatte. Kästner hat niemals auf Benjamins Polemik reagiert.
Vgl. Walter Benjamin: „Linke Melancholie“. In: Die Gesellschaft, 8, Berlin, Februar 1931. S. 181-184. Aufgenommen in Walter Benjamin: Gesammelte Schriften, Bd. III, Frankfurt/M 1972. S. 279-283, hier S. 280.

Kästner wollte dem Publikum gefallen[5],er wollte berühmt werden[6]. Folgt man den Ausführungen des Dichters, so entsprachen die Einfachheit in Wort und Satz seiner Klarheit des Denkens.[7] Im Spannungsfeld, breite Bevölkerungsschichten vor dem Hintergrund einer selbst proklamierten idealistischen Gesinnung erreichen zu wollen[8], gelangen Kästner in Gedichten und Kinderbüchern auf den ersten Blick auch wohlformulierte Identifikationsangebote. „Seit Kästner liest man wieder Gedichte", schwärmte seinerzeit ein Kritiker.[9] Der allgemeine Tenor lautete: Mit der *Gebrauchslyrik* brachte einer auf den Punkt, was viele dachten, und in den Kinderbüchern weckte einer Hoffnungen und Wünsche. Kästner erarbeitete sich dergestalt einen Vertrauensvorschuß seiner Leserschaft, den er sich später gelegentlich bei seinen Strategien der Selbstrechtfertigung dienstbar machte und ihn - als für sich selbst einstehenden Gewährsmann - glaubhaft erscheinen ließ.

Weitgehend unbeachtet ist geblieben, daß Kästner als populärer, *kritischer*, aber harmloser Zeitgenosse die Bedingungen und Prämissen der Zeit nicht zu begreifen vermochte oder zum Teil wissentlich verdrängte.

---

[5] Kästner-Freund Hermann Kesten hat dies in seinem Vorwort zu den GS (Bd. 1, S. 30) wie folgt ausgedrückt: „Kästner sagte, er wolle dem Volke gefallen, und je mehr Lesern, desto besser."

[6] Im Jahre 1981 gab Kästners langjährige Lebensgefährtin Luiselotte Enderle unter dem Titel „Mein liebes, gutes Muttchen, Du: Dein oller Junge" einen Band mit von ihr selektierten Briefen und Postkarten Erich Kästners an seine Mutter Ida heraus. In einem Brief vom 26.11.1926 liest man unter anderem: „Wenn ich 30 Jahr bin, will ich, daß man meinen Namen kennt. Bis 35 will ich anerkannt sein. Bis 40 sogar ein bißchen berühmt. Obwohl das Berühmtsein gar nicht so wichtig ist. Aber es steht nun mal auf meinem Programm." (S. 40).

[7] In „Kästner über Kästner". GS, Bd. 5, S. 304.

[8] Davon zeugt der im August 1928 geschriebene und in der „Neuen Leipziger Zeitung" erschienene Beitrag „Kritik des idealistischen Sozialismus". In Erich Kästner: Gemischte Gefühle. Literarische Publizistik aus der „Neuen Leipziger Zeitung" 1923-1933. Zwei Bände. Herausgegeben von Alfred Klein. Berlin, Weimar 1989. Hier Bd. 1, S. 263-267.
Deutlich wird dies auch im Vorwort zu Kästners 1946 publiziertem Sammelband „Bei Durchsicht meiner Bücher". Kästner spricht hier direkt und auf sich selbst bezogen vom Satiriker als Idealisten (GS, Bd. 5, S. 489).

[9] Zitiert nach Luiselotte Enderle: Erich Kästner mit Selbstzeugnissen und Bilddokumenten. Reinbek bei Hamburg 1966. 62.-64. Tsd. 1989. Hier S. 8.

Unterzieht man seine Schriften einer tieferen Analyse, offenbart sich die Oberflächlichkeit, unter der es ihm gelang, nicht mehr als literarische Nischen einer allgemeinen Bedürfnisbefriedigung auszufüllen: Re-Aktion statt wirklicher dichterischer Aktion bei der von Kästner selbst als Ziel apostrophierten Besserung der Welt und der Menschen. Von diesem - insgesamt auf eine zweifelhafte Gratwanderung deutenden - Standpunkt aus ist es nur ein kleiner Schritt hin zu Opportunismus und Passivität.

Diese Dissertation will zu einer Neubewertung des Kästner-Bildes beitragen. Anhand einer Betrachtung des gesamten Werkes soll mit Hilfe von ideologiekritischen und literatursoziologischen Ansätzen textanalytische Aufklärung geleistet werden. Die Schriften werden in erster Linie an den von Kästner dargelegten Intentionen gemessen, um so die geistige Haltung und das Welt- und Menschenbild Kästners zu be- und durchleuchten. Wie vermochte er seine erhobenen Ansprüche umzusetzen?

Bei diesem Versuch sind wir uns des methodischen Problems eines gelegentlichen Ineinandergreifens von Autor, Erzähler und Werkfiguren bewußt. Die Schwierigkeiten dies aufzulösen, basieren auf dem an autobiographischen Elementen reichen Werk, das Hermann Kesten als „transfigurierte Autobiographie in 35 Bänden“[10] angesehen hat.

In den vorangegangenen, rund zehn wichtigsten wissenschaftlichen Untersuchungen der Kästner-Forschung hat man sich zumeist auf Zeitepochen innerhalb seines Werkes oder auf gattungsspezifische Abhandlungen konzentriert. Diese Arbeit hingegen ist genre- und epochenübergreifend angelegt, ohne zeit- und literarhistorische Hintergründe sowie

---

10 In seinem Vorwort zu den GS (Bd. 1, S. 6-7) gesteht Hermann Kesten Kästner eine immerwährende Präsenz zu:
„Wenn er eine Mutter beschreibt, ist es seine Mutter. (...) Wenn er erotische Abenteuer oder Liebesgeschichten erzählt, in seinen Gedichten, Romanen, Geschichten, so hat er wohl ähnliches erlebt. (...) In Kinderbüchern, Gedichten, Romanen und Dramen kehren dieselben Figuren wieder, dieselben Verhältnisse, Beziehungen und Bezüge, überall taucht Erich Kästner auf, er ist der autobiographische Held seiner Gedichte, er ist Fabian in seinem Roman, er ist der ‚Siebente‘ in der ‚Schule der Diktatoren‘, er ist in ‚Emil und die Detektive‘ der kleine Emil und der große Erich Kästner, der mit seinem Namen als Berliner Polizeireporter auftritt.“

Entwicklung bzw. Entwicklungslosigkeit in den prägenden und tragenden Ansichten Kästners aus den Augen zu verlieren. Der Begriff Entwicklungslosigkeit ist nicht zu verwechseln mit Konsequenz; leitgedanklich beschäftigt sich die Arbeit gerade mit der literarischen Inkonsequenz des Dichters und versucht mit den Schlüssen, Schlüssel zum Werkverständnis zu geben.

Der Untersuchungszeitraum umfaßt im wesentlichen die Jahre 1928 bis 1967, wobei man das Werk gemeinhin in drei große Schaffensperioden unterteilt: 1928-1933[11], 1933-1945 und 1945-1967. Im Jahre 1928 erschien Kästners erster Gedichtband unter dem Titel „Herz auf Taille"[12] und 1967 sein letztes Buch, der Kinderroman „Der kleine Mann und die kleine Miss". In jener großen Zeitspanne hat Kästner Gedichte, Kinderbücher, Rezensionen, den satirischen Roman „Fabian", Unterhaltungsromane, Drehbücher, Kabarett- und Chansontexte sowie Theaterstücke geschrieben. In die Arbeit ist nicht nur die Untersuchung dieser Werkzeugnisse eingegangen, sondern ich habe Kästnersche Reden und Äußerungen mit einbezogen, zumal sie als programmatische Komponenten wichtig waren. Als *bedingt verwendungsfähig* haben sich Interviews mit und Briefe von Kästner einordnen lassen.

---

[11] Strenggenommen ist dieser ausgemachte Zeitraum nicht korrekt, denn zahlreiche der in seine Lyrikbände aufgenommenen Gedichte waren in den Jahren zuvor in verschiedenen Zeitschriften und Zeitungen wie „Das Leben", „Montag Morgen" und „Tage-Buch" erstveröffentlicht worden. So ist beispielsweise das im Erstlingsband „Herz auf Taille" (1928) publizierte Gedicht „Münchhausen schreibt ein Reise-Feuilleton" (GS, Bd. 1, S. 88-89) für die Nummer 21/1925 des Magazins „Das Leben" nachgewiesen worden. Vgl. dazu Helga Bemmann: Humor auf Taille. Erich Kästner - Leben und Werk. Berlin-Ost 1983, Frankfurt/M 1985. S. 68 und S. 86 f. Bis vor kurzem habe alle Kästner-Forscher den Zeitraum 1928-1933 als erste Werkphase akzeptiert. Mit seiner Dissertation „Erich Kästner als Rezensent 1923-1933" (Leiden; Frankfurt/M 1991) hat Johan Zonneveld jene erste Schaffensepoche erstmals explizit erweitert, d.h. rückdatiert.

[12] Gelegentlich kommt es zu Verwirrungen in bezug auf das Erscheinungsjahr. Auch 1927 taucht als Jahreszahl auf, dies sogar in den GS innerhalb von wenigen Seiten. Korrekt ist 1928.

Die textnahe, kritische Abhandlung richtet sich darauf, Kästner auf seine Leitgedanken und deren verschiedenartige, teils widersprüchliche Umsetzung hin zu analysieren. Dabei hat es sich als hilfreich erwiesen, das literarische Wirken zumindest zum Teil über Gegensatzpaare zu erschließen, die den Polaritäten innerhalb des Werkes entsprechen.
Um den Haupt-Text präzise und lesbar zu belassen, habe ich mich dazu entschlossen, wichtige Erläuterungen, Zusätze und Details in Anmerkungen aufzunehmen.

Zum Vorgehen:
Dem einleitenden ersten Kapitel folgt im zweiten eine Betrachtung zu Rezeption und Forschung.
Das dritte Kapitel befaßt sich mit Weltbild und Geschichtsverständnis, die in Kästners Erwachsenen- bzw. Kinderliteratur auf gegensätzlichen Ebenen vermittelt werden. Hier steht zur Debatte, ob sich eine solch konträre Weltbild-Doppelung als haltbar erweisen kann.
Das vierte Kapitel unter dem Titel „*Zeitkritiker* und *Zeitprophet* ?" versucht unter vielfacher genreübergreifender Parallelbildung und anhand eigener Kästnerscher Werkdeutungen den Schriftsteller als eine Denk- und Ausdrucksfigur des populären Zeitgenossen zu zeichnen, dessen zeitnahe und zeitkritische Haltung zu hinterfragen ist. Für eine Korrektur des Kästner-Bildes ist dieses umfangreichste Kapitel von ebenso entscheidender Bedeutung wie das fünfte und das sechste.
Das fünfte Kapitel „Die fatale Unbestimmtheit des Moralisten" untersucht Kästners Forderungen und Appelle auf ihren absoluten (realgeschichtlich relevanten) und auf ihren relativen, also in Verbindung zu Kästners eigenen Schriften stehenden Wirklichkeits- und Wahrheitsgehalt hin. Dabei wird die Problematik einer konsequenten Haltung diskutiert, die sich insbesondere auf jene an gegensätzliche Weltbild-Vorstellungen gebundene Literatur für Kinder und Erwachsene bezieht.
Im sechsten Kapitel „Toleranter Magister und liberaler Menschenfreund?" steht die Toleranz-Frage in den Schriften des selbsternannten

Schulmeisters Kästner[13] im Mittelpunkt. In dem Zusammenhang werden Gesichtspunkte der geschlechterrelevanten Rollenzuweisungen und -zwänge sowie der altersbedingten Handlungsnormen und - formen diskutiert.
Das siebte Kapitel „Schlußbetrachtungen“ bietet Raum für Resümee und Fazit der kritischen Studien zum Gesamtwerk von Erich Kästner.
Im achten Kapitel gebe ich einen Ausblick auf künftige Aufgaben der Kästner-Forschung.

Im Text erscheint folgende Werkausgabe abgekürzt als GS:
Erich Kästner: Gesammelte Schriften. Sieben Bände. Zürich, Berlin, Köln 1959.

---

[13] Diesen Aspekt findet man in seinem Vorwort zum Gedicht-Auswahlband „Bei Durchsicht meiner Bücher“ (1946; GS, Bd. 5, S. 489) und in seinem Zeitungsbeitrag „Eine kleine Sonntagspredigt“ (1947; GS, Bd. 5, S. 117-120) bestätigt.

2. Rezeption und Stand der Forschung

Während Erich Kästners Werk selten in den Mittelpunkt eines breiteren literaturwissenschaftlichen Interesses gerückt ist, hat es an überwiegend positiven Rezensionen und Stellungnahmen in Aufsätzen, Reden und auf Feuilletonseiten nie gemangelt. Die Kästnersche Rezeptionsgeschichte ist von solchen Urteilen geprägt, die vielfach über Wortgeklingel nicht hinausreichen.

Richten wir zunächst den Blick auf eine Blütenlese.

Für Hans Fallada hatten Kästners frühe Bücher etwas wundervoll Beschwingtes inne (1932).[1] Konstantin Prinz von Bayern umschrieb ihn als Barrikadenkämpfer der deutschen Literatur (1956)[2] und Kasimir Edschmid als echten Helden in einer Epoche der unechten Helden (1957)[3]. Hanns-Erich Haack klassifizierte Kästner als intellektuellen Pessimisten und konstitutionellen Optimisten (1959)[4], Hans-Albert Walter als gereimte Rebellion (1961)[5] und Herbert Ahl als Idealisten ohne Illusion (1962)[6]. James Krüss sprach in bezug auf Kästners Ei-

---

[1] Hans Fallada: „Auskunft über den Mann Kästner“. In: Die Literatur, 34, Jg. 1931-32, Heft 7. S. 367-371. Aufgenommen in Rudolf Wolff (Hg.): Erich Kästner - Werk und Wirkung. Bonn 1983. S. 54-60.

[2] Konstantin Prinz von Bayern: Die großen Namen. Begegnungen mit bedeutenden Dichtern unserer Zeit. München 1956. S. 277-290, hier S. 279.

[3] Kasimir Edschmid: „Rede auf den Preisträger. Georg-Büchner-Preis“. In: Jahrbuch der Deutschen Akademie für Sprache und Dichtung Darmstadt. Heidelberg, Darmstadt 1958. S. 77-82, hier S. 80.

[4] Hanns-Erich Haack: „Dr. Erich Kästners Kaleidoskop“. In: Deutsche Rundschau, LXXXV, 1959. S. 128-132, hier S. 129.

[5] Hans-Albert Walter: „Unbehagen und Kritik. Erich Kästner“. Manuskript für den Schulfunk. Hessischer Rundfunk 17./24. Oktober 1961. Aufgenommen in: Rudolf Wolff (Hg.): Erich Kästner - Werk und Wirkung. Bonn 1983. S. 24-36, hier S. 25.

[6] Herbert Ahl: „Urenkel der Aufklärung. Erich Kästner“. In: Literarische Portraits. München, Wien 1962. S. 144-151, hier S. 144.

genschaften von Redlichkeit, Herzlichkeit, Hilfsbereitschaft und einer ausgeprägten Kollegialität und Treue gegenüber sich und anderen (1964)[7]. Rudolf Hagelstange nannte ihn einen jugendlichen Klassiker (1966)[8], Hermann Kesten einen toleranten Magister der Deutschen (1969)[9] und Harry Pross die Verkörperung des Intellektuellen als „soziales Wesen" (1971)[10]. Friedrich Luft titulierte ihn als wunderbaren Giftpilz aus Sachsen (1974)[11], Marcel Reich-Ranicki als Deutschlands hoffnungsvollsten Pessimisten und der deutschen Literatur positivsten Negationsrat (1974)[12] und Willi Fehse als Moralisten aus Liebe (1974)[13]. Friedrich Dürrenmatt wies Kästner dem Stammbaum der unvernebelten Deutschen zu (1974)[14], Peter Rühmkorf sah in ihm den Dichteraufklärer (1979)[15], und Dieter Alpheo Müller schätzte Kästners Dichtung als poetischen Realismus ein (1983)[16].

---

7 James Krüss: „Stilist und Menschenfreund. Anmerkungen eines jüngeren Kollegen zu Erich Kästners 65. Geburtstag". In: Christ und Welt, 17. Jg., Nr. 8, 21. Februar 1964. S. 21. Aufgenommen in: Naivität und Kunstverstand. Gedanken zur Kinderliteratur. Weinheim, Berlin, Basel 1969 (2. Auflage 1970). S. 126-129, hier S. 128.

8 Rudolf Hagelstange: „Verzeihliche Zumutung. Erich Kästners ‚Kästner für Erwachsene' ". In: Der Spiegel, Nr. 33, 8. August 1966. S. 77.

9 Hermann Kesten: „Erich Kästner". Einleitung zu Erich Kästners Gesammelten Schriften für Erwachsene. München, Zürich 1969. S. 7-40, hier S. 7.

10 Harry Pross: „Die Therapie zu weit treiben: Erich Kästner". In: Söhne der Kassandra. Versuch über deutsche Intellektuelle. Stuttgart 1971. S. 109-120, hier S. 117.

11 Friedrich Luft: „Giftiger, gütiger Großstadtpoet. Zum Tode des Schriftstellers Erich Kästner". In: Die Welt, Nr. 174, 30. Juli 1974. S. 15.

12 Marcel Reich-Ranicki: „Der große Dichter der kleinen Freiheit". In: Frankfurter Allgemeine Zeitung, Nr. 173, 30. Juli 1974. S. 17.

13 Willi Fehse: „Ein Moralist aus Liebe. Erich Kästner zum 75. Geburtstag". In: Der Literat, 16. Jg., Nr. 2, Februar 1974. S. 29-30, hier S. 29.

14 Friedrich Dürrenmatt: „Der unvernebelte Deutsche". In: Frankfurter Allgemeine Zeitung, 23. Februar 1974.

15 Peter Rühmkorf: „Rationalist und Romantiker. Verteidigung von Kästners linker Melancholie". In: Süddeutsche Zeitung, 3./4. März 1979.
Aufgenommen in: „EK 1899-1989. Zum 90. Geburtstag Erich Kästners zeigt die Stadt- und Universitätsbibliothek Frankfurt am Main die Sammlung Georg Sauer". Begleitheft herausgegeben von der Gesellschaft der Freunde der Stadt- und Universitätsbibliothek Frankfurt am Main. 1989. S. 27-38, hier S. 32.

16 Dieter Alpheo Müller: „Kästners Lyrik für die Schule". In Rudolf Wolff (Hg.): Erich Kästner - Werk und Wirkung. Bonn 1983. S. 37-43, hier S. 42.

Literaturwissenschaftlich relevant wurde die Strömung der bejahenden Aufnahme nur wenige Male durchbrochen. Kritische Töne kamen mit Blick auf Kästners *Gebrauchslyrik* von Kurt Tucholsky: „Da pfeift einer im Sturm, bei Windstärke 11, ein Liedchen." (1930)[17]

Walter Benjamins „Linke Melancholie" (1931)[18] ist noch heute als kritischer Standardbeitrag zu sehen. Benjamin suchte die Grundelemente Kästnerscher Dichtung als Konsumartikel zu enttarnen und ordnete dessen linksradikale Haltung dem Standort „links vom Möglichen überhaupt" zu.[19]

In frühen Jahren führte Kurt Ihlenfeld Kästners Abschied von Illusionen und Idealen vor Augen (1931)[20], und Ernst Jirgal sah des Autors Versfabrik mit schnellem Tempo und etlichem Bluff arbeiten (1932)[21].

Später sprach ihm Gerhard Seidel das Revolutionäre in den Gedichten ab (1968)[22]. Dagmar Grenz bemängelte des Dichters Verharmlosung sozialer Gegensätze (1977)[23], Jean Amery paraphrasierte ihn als einen sich selbst nicht findenden Romantiker (1981)[24], und Ruth K. Angress stufte ihn als trivialen Autor ein (1987)[25].

---

[17] Kurt Tucholsky (hier Peter Panter): „Auf dem Nachttisch". In: Die Weltbühne, 26. Jg., Sammelband zweites Halbjahr 1930. S. 859-865, hier S. 860.

[18] Walter Benjamin: „Linke Melancholie", a.a.O.
Benjamin greift seine gegen Kästner gerichteten Thesen in „Der Autor als Produzent"(1934) auf. In: Gesammelte Schriften, Bd. II, 2. Hg. von Rolf Tiedemann und Hermann Schweppenhäuser. Frankfurt/M 1977. S. 683-701.

[19] Benjamin: „Linke Melancholie", a.a.O. S. 281.

[20] Kurt Ihlenfeld: „Angriff auf die Zeit. Die Gedichte Erich Kästners". In: Eckart, 7. Jg., 1931, 2. Heft. S. 82-84, hier S. 83.

[21] Ernst Jirgal: „Erich Kästner". In: Hochland, 29. Jg., Band 1 (Oktober 1931-März 1932). S. 466-468, hier S. 467.

[22] Gerhard Seidel: „Links vom Möglichen. Zur Lyrik Erich Kästners". In: Sinn und Form, 20, Berlin-Ost, Heft 3, 1968. Aufgenommen in Rudolf Wolff (Hg.): Erich Kästner - Werk und Wirkung. Bonn 1983. S. 61-69, hier S. 66.

[23] Dagmar Grenz: „Erich Kästners Kinderbücher in ihrem Verhältnis zu seiner Literatur für Erwachsene". In Maria Lypp (Hg.): Literatur für Kinder. Göttingen 1977. S. 155-169, hier S. 163.

[24] Jean Amery: „A propos ‚Haltung' und ‚Zersetzung'. Über Rudolf G. Binding, Hans Carossa, Erich Kästner, Hermann Kesten und Ernst Glaeser". In: Bücher aus der Jugend unseres Jahrhunderts. Stuttgart 1981. S. 65-79, hier S. 75.

[25] Ruth K. Angress: „Erich Kästners Kinderbücher kritisch gesehen". In Paul Michael Lützeler (Hg.): Zeitgenossenschaft. Zur deutschsprachigen Literatur im 20. Jahr-

Im Jahre 1965 monierte der Literaturkritiker Marcel Reich-Ranicki, die Beschäftigung mit Erich Kästner habe man lieber dem Ausland überlassen.[26] Damit spielte er zuvorderst auf die in den USA erstellten Abhandlungen von Ruth J. Hofrichter (1932)[27], John C. Blankenagel (1936)[28], Fred Genschmer (1947)[29] und John Winkelman (1952[30], Dissertation 1953[31], 1954[32] und 1957[33]) sowie auf die in Brasilien veröffentlichte Arbeit von Reinaldo Bossmann (1955)[34] an.

John Winkelmans Dissertation bezieht sich in erster Linie auf soziologische Aspekte des Kästnerschen Frühwerks. Winkelman zeichnet ein Bild des Dichters als Zeitkritiker und verfolgt leitmotivisch die Suche nach Parallelen zwischen Gedichten und dem „Fabian"-Roman, was zu einer weitgehenden Ausklammerung von Kästners Romanen für Kinder geführt hat. Der Forscher steht dem Werk nachdrücklich positiv gegenüber und meint, Negation sei der wirkungsvollste Weg beim Einwirken auf die Gesamtgesellschaft[35]. Winkelman bezeichnet Kästners Ideologie als tief verwurzelt in Rationalismus und Humanismus.[36] Ein Verdienst der Dissertation liegt darin, die Rolle der Geschlechter in Gedichten und im „Fabian" im Hinblick auf eine doppelbödige Sexualmoral transparent zu machen, so daß sich eine auffällige Diskrepanz zwi-

---

hundert. Festschrift für Egon Schwarz zum 65. Geburtstag. Frankfurt/M 1987. S. 91-102, hier S. 101.

26 Marcel Reich-Ranicki: „Ist das Leichte gleich verächtlich?" In: Wer schreibt, provoziert. München 1966. S. 172-175, hier S. 173.

27 Ruth J. Hofrichter: „Erich Kästner as a Representative of ‚Neue Sachlichkeit' ". In: German Quarterly V, 4, 1932. S. 173-177.

28 John C. Blankenagel: „Four Volumes of Verse by Erich Kästner". In: German Quarterly IX, 1, 1936. S. 1-9.

29 Fred Genschmer: „The Ordeal of Erich Kästner". In: Monatshefte für den deutschen Unterricht, 39. Jg., 5, 1947. S. 389-402.

30 John Winkelman: „Erich Kästner and Social Criticism". In: Monatshefte für den deutschen Unterricht, 44. Jg., 7, 1952. S. 366-371.

31 John Winkelman: Social Criticism in the Early Works of Erich Kästner. Diss. The University of Missouri Studies No. 4. Vol. XXV, 1953.

32 John Winkelman: „Existentialist Elements in the Early Works of Erich Kästner". In: German Quarterly, 27. Jg., 1, 1954. S. 41-47.

33 John Winkelman: The Poetic Style of Erich Kästner. Lincoln, Nebraska University, N.S. 1957.

34 Reinaldo Bossmann: Erich Kästner. Werk und Sprache. Curitiba (Brasilien) 1955.

35 John Winkelman, Diss., a.a.O. S. 134.

36 John Winkelman, Diss., a.a.O. S. 131.

schen moralisch verwerflich (Frau) und moralisch neutral und wertfrei (Mann) ergibt.[37]
In seiner - heutigen literaturwissenschaftlichen Ansprüchen nicht mehr genügenden - Studie „Erich Kästner. Werk und Sprache“ (1955) geht Reinaldo Bossmann auf die sprachstilistischen Erscheinungen und die Verwendung syntaktischer und rhetorischer Figuren im bis dahin vorliegenden Kästnerschen Werk ein. Bossmann kommt zu dem Schluß, die stilistische Einheitlichkeit bleibe auch bei einem Wechsel der literarischen Gattung oder der formalen Funktion gewahrt.[38] Als durchgängig entbehrlich und geradezu ermüdend mutet Bossmans pathetischer Ton an, der die gesamte Arbeit durchzieht.[39]
Die Verleihung des Georg-Büchner-Preises im Jahre 1957 und die Herausgabe der Gesammelten Schriften 1959 scheinen die Impulse für eine - zunächst noch zögerliche - literaturwissenschaftliche Auseinandersetzung mit Kästner im deutschen Sprachraum gegeben zu haben.
Dabei war es neben Karl August Horst (1959)[40] die Literaturkritik der damaligen DDR, die in Aufsätzen von Fred Rodrian (1960)[41], Heinz Kamnitzer (1962)[42] und Adolf Endler (1963)[43] kritisch zu Kästners Werk Stellung bezog und damit bahnbrechend wirkte.

---

[37] John Winkelman, Diss., a.a.O. S. 90 ff.
[38] Reinaldo Bossmann, a.a.O. S. 119.
[39] Reinaldo Bossmann, a.a.O.
Aus einer Fülle an Beispielen greife ich einige heraus:
„Der zum Humorspenden geborene Lyriker...“ (S. 25).
„Mit erstaunlicher Zartheit - erstaunlich bei einem kinderlosen Junggesellen - schildert er das feine Menschenherz.“ (S. 26).
„Alles ist so wunderbar, aufgelockert, anmutig, von natürlicher Rauhbeinigkeit, von Humor und Munterkeit überdeckt.“ (S. 27).
[40] Karl August Horst: „Erich Kästner. Naivität und Vernunft“. In: Merkur, 13. Jg., 1959, Nr. 142. S. 1175-1187.
[41] Fred Rodrian: „Notizen zu Erich Kästners Kinderbüchern“. In: Neue deutsche Literatur, 8. Jg., Heft 9, September 1960. S. 117-129.
[42] Heinz Kamnitzer: „Es gibt nichts Gutes, außer: Man tut es“. In: Neue deutsche Literatur, 10. Jg., Heft 12, Dezember 1962. S. 41-50.
Dieser Beitrag wurde unter dem Titel „Empörung zwischen den Fronten?“ aufgenommen in Heinz Kamnitzer: Das Testament des letzten Bürgers. Essays und Polemiken. Berlin, Weimar 1973. S. 219-232.
[43] Adolf Endler: „Provokatorische Notizen über einen Gebrauchslyriker“. In: Neue deutsche Literatur, 11. Jg., Heft 9, September 1963. S. 96-108.

In seinem Vorwort zu den Gesammelten Schriften hatte Kästner-Freund Hermann Kesten[44] diesem nachhaltig die Position des Moralisten zugestanden und ihn in einer Welt von Konvertiten als selten moralisch und literarisch konsequent bezeichnet[45]; mit unserer Arbeit werden wir das Gegenteil solcher Aussagen beweisen.
Um eine genauere Definition des Kästnerschen Moralismus bemühte sich Karl August Horst und resümierte: „In dem Versuch, Charakter und Rolle ineinander aufzulösen, Naivität und Vernunft nachträglich in Einklang zu bringen, gründet der Moralismus Kästners.“ [46]
In seinem Beitrag „Notizen zu Erich Kästners Kinderbüchern“ untersucht Fred Rodrian die Gespaltenheit zwischen Kästners Welt für Erwachsene und jener für Kinder[47], wobei er dem Dichter die Konsequenz abspricht[48] und unterstellt, er weiche nicht in *die* Kinderliteratur, sondern in *der* Kinderliteratur aus[49]. Rodrians Aufsatz bildet einen Ausgangspunkt für das dritte Kapitel dieser Arbeit bezüglich Weltbild und Geschichtsverständnis.
Auch Heinz Kamnitzer geht in seinem Aufsatz „Es gibt nichts Gutes, außer: Man tut es“ auf die in Kästners Schriften festzustellende Polarität Kinder versus Erwachsene ein und sieht in der Kinderwelt ein Verwischen und Übertünchen sozialer Zusammenhänge.[50] Kamnitzer glaubt, eine Ziellosigkeit in Kästners Programm entdeckt zu haben und kommt

---

44 An die allgemein bejahenden Ausführungen von Hermann Kesten sollte man mit besonderer Skepsis herangehen, wenn man sich sein freundschaftliches Verhältnis zu Kästner vor Augen führt.
In einem Brief an seine Mutter vom 22. Oktober 1929 schreibt Kästner unter anderem:
„Am 30. Oktober muß ich mit Kesten nach Oberhausen fahren; (...) dort wird ein Stück von ihm uraufgeführt, und ich soll es im ‚Berliner Tageblatt‘ besprechen. Er bespricht dafür ‚Lärm im Spiegel‘. (...) Nun werden wir einander bißchen loben.“ Der Brief ist abgedruckt in dem Band „Mein liebes, gutes Muttchen, Du: Dein oller Junge“, a.a.O. S. 88.
45 GS, Bd. 1, S. 5.
46 Karl August Horst, a.a.O. S. 1184.
47 Fred Rodrian, a.a.O. S. 120.
48 Fred Rodrian, a.a.O. S. 129.
49 Fred Rodrian, a.a.O. S. 119.
50 Heinz Kamnitzer, a.a.O. S. 46.

zu dem Schluß: „Er baut auf die Vernunft, aber er weiß nicht recht, worauf die Vernunft bauen soll.“ [51]
Adolf Endlers „Provokatorische Notizen über einen Gebrauchslyriker“ befassen sich mit Kästners Furcht vor dem Wieso und Warum[52] und stellen dessen konsequente Haltung aufgrund eines augenscheinlichen Bewußtseinswandels von Zynismus im Frühwerk zu Zügen des Gütigen und Hilfsbereiten im späteren Nachkriegswerk in Abrede[53].

Nachdem 1960 Kästners langjährige Lebensgefährtin Luiselotte Enderle eine Bildbiographie publiziert hatte[54], legt Kurt Beutler 1966 mit seiner Dissertation „Erich Kästner. Eine literaturpädagogische Untersuchung“[55] die erste wichtige wissenschaftliche Abhandlung über Kästner in Deutschland vor. Eine ausführliche Besprechung dieser wie weiterer maßgebender Kästner-Forschungsarbeiten folgt in diesem Kapitel.
Um 1970 setzte eine weiterreichende wissenschaftliche Beschäftigung mit Kästners Werk in Deutschland ein, deren Kontinuität sich bis heute bewahrt hat. Helmut Lethen (1970)[56] und Volker Klotz (1971)[57] mühen sich um eine literaturtheoretische bzw. literaturgeschichtliche Einordnung des Neue-Sachlichkeit-Dichters Kästner. Alexander Schweickert (1969)[58], Peter Michelsen (1976)[59] und Dieter Posdzech (1987)[60] rich-

---

[51] Heinz Kamnitzer, a.a.O. S. 42.
[52] Adolf Endler, a.a.O. S. 104.
[53] Adolf Endler, a.a.O. S. 108.
[54] Luiselotte Enderle: Erich Kästner. Eine Bildbiographie. München 1960.
[55] Kurt Beutler: Erich Kästner. Eine literaturpädagogische Untersuchung. Diss. Marburg 1966. Weinheim 1967.
[56] Helmut Lethen: „Kästners ‚Fabian‘ oder Die Karikatur freischwebender Intelligenz“. In: Neue Sachlichkeit 1924-1932. Studien zur Literatur des ‚Weißen Sozialismus‘. Stuttgart 1970. S. 142-155.
[57] Volker Klotz: „Forcierte Prosa. Stilbeobachtungen an Bildern und Romanen der ‚Neuen Sachlichkeit‘ (1971)“. In: Dialog. Festgabe für Josef Kunz. Berlin 1973. Aufgenommen in: Rudolf Wolff (Hg.): Erich Kästner - Werk und Wirkung. Bonn 1983. S. 70-90.
[58] Alexander Schweickert: „Notizen zu den Einflüssen Heinrich Heines auf die Lyrik von Kerr, Klabund, Tucholsky und Erich Kästner“. In: Heine-Jahrbuch 1969, 8. Jg. S. 69-107.
[59] Peter Michelsen: „Die Trauer des Utopisten. Die Gebrauchslyrik Erich Kästners“. In: Zeit und Bindung. Studien zur deutschen Literatur der Moderne. Göttingen 1976. S. 162-167.

ten ihr Hauptaugenmerk auf die frühe Lyrik Kästners im Zusammenhang mit literarhistorischen Wurzeln (Schweickert), einer utopistischen Substanz (Michelsen) und spezifischen Wirkungsabsichten besonders der Antikriegslyrik (Posdzech).

Auch das wissenschaftliche Interesse an Kästners Kinderbüchern steigt, was die Arbeiten von Elisabeth Charlotte Breul (1958)[61], Bettina Hürlimann (1959)[62], Klaus Doderer (1969)[63], Dagmar Grenz (1977)[64], Alwin Binder (1980)[65], Peter Gay (1984)[66] und Ruth K. Angress (1987)[67] belegen.

Daneben nimmt Karlheinz Daniels eine Stiluntersuchung Kästners als Sprach- und Gesellschaftskritiker vor (1987)[68], Volker Ladenthin liefert einen Beitrag zum poetologischen Denken des Autors (1988)[69], Uta

---

60 Dieter Posdzech: „Funktionsdominanzen der Antikriegslyrik Kurt Tucholskys, Erich Weinerts und Erich Kästners in den Jahren der Weimarer Republik". In Helmut Müssener (Hg.): Anti-Kriegsliteratur zwischen den Kriegen (1919-1939) in Deutschland und Schweden. Stockholmer Germanistische Forschungen 35. Stockholm 1987. S. 61-80.

61 Elisabeth Charlotte Breul: „Die Jugendbücher Erich Kästners". In: Studien zur Jugendliteratur, Heft 4, Ratingen 1958. S. 28-79.

62 Bettina Hürlimann: Europäische Jugendbücher in drei Jahrhunderten. Zürich 1959. Hier S. 149 und S. 265 f.

63 Klaus Doderer: „Erich Kästners ‚Emil und die Detektive'. Gesellschaftskritik in einem Kinderroman". In: Buch - Bibliothek - Leser. Festschrift zum 60. Geburtstag von Horst Kunze. Berlin-Ost 1969. S. 477-486. Aufgenommen in Rudolf Wolff (Hg.): Erich Kästner - Werk und Wirkung. Bonn 1983. S. 104-116.
Klaus Doderer: „Solidarität und Untertanengeist. Zu Erich Kästners ‚Emil und die Detektive' und Wilhelm Speyers ‚Der Kampf der Tertia'". In: Klassische Kinder- und Jugendbücher. Kritische Betrachtungen. Weinheim 1969. S. 35-54.

64 Dagmar Grenz, a.a.O.

65 Alwin Binder: „Sprachlose Freiheit? Zum Kommunikationsverhalten in Erich Kästners ‚Das fliegende Klassenzimmer'". In: Diskussion Deutsch, 11. Jg., 1980, Heft 53. S. 290-306.

66 Peter Gay: „Psychoanalyse und Geschichte - oder Emil und die Detektive". In: Wissenschaftskolleg. Jahrbuch 1983/84. Berlin 1984. S. 135-144.

67 Ruth K. Angress, a.a.O.

68 Karlheinz Daniels: „Erich Kästner als Sprach- und Gesellschaftskritiker dargestellt an seiner Verwendung sprachlicher Schematismen". In Hugo Aust (Hg.): Wörter. Schätze, Fugen und Fächer des Wissens. Festgabe für Theodor Lewandowski zum 60. Geburtstag. Tübingen 1987. S. 191-206.

69 Volker Ladenthin: „Erich Kästners Bemerkungen über den Realismus in der Prosa. Ein Beitrag zum poetologischen Denken Erich Kästners und zur Theorie der Neuen Sachlichkeit". In: Wirkendes Wort, 38. Jg., 1, 1988. S. 62-77.

Lämmerzahl-Bensel erstellt eine Personalbibliographie (1988)[70], und im Jahre 1991 befaßt sich Luke Springman mit Kästners aufklärerischem Wirken in seinen Kinderbüchern[71].

An erwähnenswerten Biographien liegen bis heute jene von Luiselotte Enderle (1960, 1966, neueste Auflage 1989)[72], Hans Wagener (1973, zweite Auflage 1984)[73], Helmuth Kiesel (1981)[74] und Helga Bemmann (1983)[75] vor. Demhingegen ist die in England publizierte Biographie von R.W. Last (1974)[76] ebenso oberflächlich wie das Buch des Kabarettisten Werner Schneyder über Kästner als „brauchbaren Autor" (1982)[77]. Bei dem von Rudolf Wolff 1983 herausgegebenen Band „Erich Kästner - Werk und Wirkung" handelt es sich um eine Zusammenstellung alter und neuer Aufsätze verschiedener Verfasser.[78]
Eine durchgehende Autobiographie Erich Kästners gibt es nicht.[79] Er hat lediglich seine Kindheitserinnerungen aus der Wilhelminischen Ära in „Als ich ein kleiner Junge war" (1957)[80] zu Papier gebracht und mit „Notabene 45" (1961)[81] ein persönliches Journal seiner letzten Monate während des zweiten Weltkrieges vorgelegt. Befragt nach einer Fortsetzung der Autobiographie seiner Kindheit, antwortete Kästner 1967 in ei-

---

70 Uta Lämmerzahl-Bensel: Erich Kästner - eine Personalbibliographie. Gießen 1988. Hier sind allerdings beträchtliche Lücken nachzuweisen.

71 Luke Springman: „A ‚better Reality': The Enlightenment Legacy in Erich Kästner's: Novels for young People". In: German Quarterly, Vol. 64, No. 4, fall 1991. S. 518-530.

72 Luiselotte Enderle, a.a.O.

73 Hans Wagener: Erich Kästner. Berlin 1973. Zweite Auflage 1984.

74 Helmuth Kiesel: Erich Kästner. München 1981.

75 Helga Bemmann: Humor auf Taille. Erich Kästner - Leben und Werk. Berlin-Ost 1983, Frankfurt/M 1985.

76 R.W. Last: Erich Kästner. Modern German Authors New Series, Vol. 3. London 1974. Wenn ich bei Last den Vorwurf der Oberflächlichkeit erhebe, so möchte ich darauf verweisen, daß auch die Biographie von Hans Wagener (vgl. Anm. 73) vergleichsweise skizzenhaft angelegt ist.

77 Werner Schneyder: Erich Kästner. Ein brauchbarer Autor. München 1982.

78 Rudolf Wolff (Hg.): Erich Kästner - Werk und Wirkung. Bonn 1983.

79 Auf das allerdings an autobiographischen Elementen reiche Werk habe ich im Einleitungs-Kapitel verwiesen.

80 GS, Bd. 6, S. 6-155.

81 Zunächst erschienen im Atrium-Verlag Zürich. Wir benutzen die Taschenbuch-Lizenzausgabe, Frankfurt/M 1965, 73.-75. Tsd. 1987.

nem Interview mit dem ihm eigenen ironisch-ausweichenden Ton: „Ich müßte über die eigenen Jahre der Pubertät sprechen. Und ich verehre Eros und Sexus zu sehr, um dabei etwas zu verschweigen. (...) Allenfalls könnte das Buch in Gabelsberger Kurzschrift veröffentlicht werden.“[82] Persönliches von Erich Kästner dringt in den beiden nach seinem Tode publizierten Briefbänden durch.[83]
Die wichtigsten deutschsprachigen Untersuchungen zu Kästner sind als Dissertationen herausgekommen.[84] Es handelt sich - neben der Dissertation von Kurt Beutler - um folgende Arbeiten:

---

82 Gespräch mit Thomas Koebner: „Wie gut, daß Sie noch da sind...“ In: Epoca, Nr. 9, September 1967. S. 8-10. Hier S. 10.

83 Erich Kästner: Briefe aus dem Tessin. Mit einem Geleitwort von Horst Lemke. Zürich 1977. Hierbei handelt es sich um eine eher bescheidene Sammlung von Briefen Kästners aus den sechziger Jahren an Friedel Siebert, Mutter seines 1957 geborenen Sohnes Thomas.
Erich Kästner: „Mein liebes, gutes Muttchen...“, a.a.O. Kästners Briefe an seine Mutter Ida (Zeitraum 1922-1947) machen das fast neurotische Verhältnis der Mutter-Sohn-Bindung transparent. Auch das innige Vertrauen Kästners zu seiner Mutter wird deutlich.
Angesichts dieser von Kästners langjähriger Lebensgefährtin Luiselotte Enderle edierten Briefe-Sammlung ist Skepsis angebracht. In ihrem Vorwort hält Enderle eine lapidare Entschuldigung für Auslassungen bereit (S. 12): „Auf Mitteilungen, die nur für den Tag bestimmt waren oder sich nicht für eine Veröffentlichung eignen, habe ich verzichtet...“
Ein Teil des biographischen Kästner-Bildes ist bis heute verschleiert geblieben. Dies gilt zum Beispiel für seine dubiosen schriftstellerischen Tätigkeiten währnd der NS-Diktatur. Die selektierten Briefe sorgen nicht für Erhellung.
Überwiegend negative Kritiken erntete die Herausgabe dieses Briefbandes.
Egon Schwarz wertete das Buch als Skandal und warnte davor, weder den Dichter noch den Menschen Erich Kästner danach zu beurteilen (Frankfurter Allgemeine Zeitung, Nr. 187, 15. August 1981).
Helmuth Kiesel fand Kästners Briefe interessant als Dokumente einer außergewöhnlich engen und ganz ausschließlichen Mutter-Sohn-Beziehung (Stuttgarter Zeitung, Nr. 174, 1. August 1981, S. 50).
Catarina Carsten urteilte: „Das Wort Generationskonflikt scheinen beide nicht zu kennen.“ (Neue deutsche Hefte, 29. Jg., Heft 3, 1982. S. 610-611).
Gabriele Kreis leitete aus dem Inhalt der Briefe das Kästnersche Frauenbild ab: „Erich Kästner hält wenig von diesen modernen jungen Frauen, die kein Kind, aber einen Mann und eine Karriere wollen. Seine ideale Frau sieht anders aus, es ist die ‚ewige Mutter‘.“ (Die Horen, 27, F. 125, 1982. S. 190-192).

84 An dieser Stelle möchte ich auf einige andere an deutschen Hochschulen entstandene Arbeiten aufmerksam machen, die in der Folge nicht näher behandelt werden

o Renate Benson: Erich Kästner. Studien zu seinem Werk. Diss. McGill University Montreal 1970. Bonn 1973.
o Dirk Walter: Zeitkritik und Idyllensehnsucht. Erich Kästners Frühwerk (1928-1933) als Beispiel linksbürgerlicher Literatur in der Weimarer Republik. Diss. Saarbrücken. Heidelberg 1977.
o Dieter Mank: Erich Kästner im nationalsozialistischen Deutschland 1933-1945: Zeit ohne Werk? Diss. Frankfurt/M. Bern, Frankfurt/M 1981.
o Marianne Bäumler: Die aufgeräumte Wirklichkeit des Erich Kästner. Diss. Wuppertal. Köln 1984.
o Petra Kirsch: Erich Kästners Kinderbücher im geschichtlichen Wandel. Eine literarhistorische Untersuchung. Diss. München 1986.
o Nicola Leibinger-Kammüller: Aufbruch und Resignation. Erich Kästners Spätwerk 1945-1967. Diss. Zürich 1988.
o Ingo Tornow: Erich Kästner und der Film. Eine Publikation der Münchener Stadtbibliothek Am Gasteig. München 1989.
o Johan Zonneveld: Erich Kästner als Rezensent 1923-1933. Diss. Leiden. Frankfurt/M 1991.

---

sollen, jedoch verdeutlichen, daß Kästners Werk immer wieder auf verschiedenen Ebenen untersucht wird.
Renate Berthold: Die Satire als ästhetische Form in Erich Kästners Roman „Fabian". Examensarbeit, Pädagogische Hochschule Marburg 1968.
Heide Drust: Literarische und stilistische Interpretationen zum Kinderbuchschaffen Erich Kästners. Staatsexamensarbeit. Humboldt-Universität Berlin-Ost 1971.
Uta Lämmerzahl-Bensel: Erich Kästner als Schriftsteller: Familie, Frauen, Nationalsozialismus, Theater. Magisterarbeit an der Justus-Liebig-Universität Gießen 1988.
Peter Giese: ‚Die Welt der Erwachsenen - die Welt der Kinder'. Erich Kästners literarische Wirklichkeit in seinem Roman ‚Fabian - Die Geschichte eines Moralisten' (1931) und in seinem Kinderbuch ‚Emil und die Detektive' (1928). Magisterarbeit Heidelberg 1988.
Bettina Schreib: Erich Kästner als Feuilletonist der „Neuen Zeitung". Magisterarbeit Köln 1989.
Zu nennen sind auch folgende englischsprachige Arbeiten:
George Klim: Erich Kästner as a Moralist. The Degree of B.A. New Castle University College (Australien) 1964.
Katherine Sue Gelus Larson: Through the looking glass of Erich Kästner. Culture and crisis in Germany. Diss. Ann Arbor, Michigan, 1968.

Die Dissertation von Kurt Beutler[85]

In seiner literaturpädagogischen Untersuchung geht Kurt Beutler - hauptsächlich inhaltlich orientiert - der Frage nach, welches Potential an pädagogischen Ideen dem Kästnerschen Werk zugrunde liegt.
In philologisch-hermeneutischer Vorgehensweise analysiert Beutler Werke aus Kästners Erwachsenen- und Kinderliteratur und wendet - vor dem Hintergrund der engen Mutter-Sohn-Bindung und des Kästnerschen Bildungs- und Ausbildungsganges - die biographisch-hermeneutische Methode an, die Kausalzusammenhänge zwischen Leben und Werk zu erschließen sucht.
Beutler arbeitet die augenscheinlich starke pädagogische Motivation Kästners heraus, dessen Kritik an den Erziehungsinstanzen und das Eintreten für eine „Pädagogik der Mündigkeit“ [86]. Der Verfasser schlußfolgert, Kästners Kinder- und Jugendbücher seien ein „Appell gegen Dogmatismus und Unterdrückung und für Vernunft und Gleichheit“ [87], doch verfällt Beutler häufig dem Fehler, Kästners bewußt abstrakt gehaltene Formulierungen unreflektiert zu übergehen. In der Dissertation wird Kästners pädagogische Grundintention mit Thesen wie „Kästner will kritische Leser erziehen“ [88] umrissen, wodurch eine „antiautoritäre, demokratische Gesellschaft auf pädagogischem Weg erreicht werden“ [89] solle. In diesem Zusammenhang übersieht Beutler allerdings, daß die gesamte Handlungs-Motivation zum Beispiel im Kinderbuch „Emil und die Detektive“ auf hierarchisch geprägten Strukturen beruht und Kästner selbst immer wieder für die Aufrechterhaltung eines gewissen, nicht näher definierten Grades an Autorität eingetreten ist. Dieser Aspekt steht im sechsten Kapitel meiner Arbeit zur Debatte.
Beutlers Verdienst in der Kästner-Forschung liegt darin, als einer der wenigen keine Demarkationslinie zwischen dem Kinder- und Erwachsenenbuchautor gezogen zu haben, indem er formuliert, daß in der Litera-

---

[85] Kurt Beutler, a.a.O.
[86] Kurt Beutler, a.a.O. S. 59.
[87] Kurt Beutler, a.a.O. S. 59.
[88] Kurt Beutler, a.a.O. S. 184.
[89] Kurt Beutler, a.a.O. S. 278.

tur für Erwachsene und Kinder „dieselben Ideale“ [90] Einzug gehalten haben und Kästners pädagogische Konzeption „als eine Einheit innerhalb des gesamten literarischen Werkes zu begreifen“ [91] ist. Ob Kästners zweigeteilte gute (für die Kinder) und böse (für die Erwachsenen) Welt allerdings zu vereinheitlichen ist, muß bezweifelt werden. Insgesamt attestiert der Forscher dem Autor „ein von Aufrichtigkeit und Einsicht bestimmtes soziales Verantwortungsbewußtsein, Eigenschaften, die als Grundzug und zugleich Forderung sein gesamtes Werk durchziehen.“ [92]

Anfechtbar wird Beutlers Untersuchung, wenn oberflächliche Affirmation einer tieferen Analyse vorgezogen wird, was sich in Aussagen wie „Kästner hat sich zu keiner Zeit den Verhältnissen angepaßt“ [93] manifestiert. Kästners Anpassungsfähigkeit hat sich alleine während der Zeit der nationalsozialistischen Diktatur gezeigt.[94]

Im Schlußkapitel resümiert Beutler: „Indem Kästner in der Erziehung das einzige Mittel für eine gezielte und dauerhafte Veränderung der Gesellschaft sieht und er direkte politische Maßnahmen als verbessernde Eingriffe höchstens sekundär und in geringem Ausmaß für möglich und sinnvoll erachtet, entscheidet er sich für ein langfristiges gesellschaftliches Konzept der Reform und gegen ein solches der Revolution, der schnellen und radikalen Veränderung der Gesellschaft mit politischen Mitteln.“ [95]

Neben dieser Essenz seiner Untersuchung mutet es befremdlich an, daß Beutler zuvor nicht aufgegriffene Kritikansätze erst am Ende des Schlußkapitels formuliert und damit außerhalb des Gesamtzusammenhangs seiner Konzeption stellt. Hier kritisiert Beutler plötzlich, die institu-

---

[90] Kurt Beutler, a.a.O. S. 158.
[91] Kurt Beutler, a.a.O. S. 299.
[92] Kurt Beutler, a.a.O. S. 132.
[93] Kurt Beutler, a.a.O. S. 132.
[94] Im Jahre 1933 wurden Erich Kästners Bücher - bis auf „Emil und die Detektive“ - verbrannt. Er wurde mit einem Publikationsverbot im Inland belegt, durfte als „unerwünschter Autor“ jedoch im Ausland weiter publizieren. Kästner blieb trotz nationalen Publikationsverbotes in Deutschland und verlegte sich auf das Verfassen von Unterhaltungsromanen, Theaterstücken und Drehbüchern. Das Drehbuch zum pompösen UFA-Jubiläumsfilm „Münchhausen“ (1942/43) stammte auch aus seiner Feder (Pseudonym Berthold Bürger).
[95] Kurt Beutler, a.a.O. S. 300.

tionelle Seite der Gesellschaft sei von Kästner „fast unberücksichtigt“ [96] geblieben.
Beutler schlußfolgert: „Indem er davon überzeugt ist, daß das Individuum autonom handeln und die Gesellschaft beeinflussen könne, unterschätzt er das Diktat einer Gesellschaft, die nach ihren Produktionsbedingungen dem einzelnen nicht autonome Entscheidungen, sondern eine möglichst reibungslose Anpassung abverlangt. Anstatt den Widerspruch als Widerspruch im Medium Literatur konsequent aufzuzeigen, konfrontiert Kästner ihn mit Idealen, die dem Realismus seiner Literatur einen Zug in die pathetische Abstraktion geben.“ [97] Gerade hieraus haben sich für mich konstruktive Ansätze ergeben, die in der Kästner-Forschung bislang ebensowenig konsequent weiterentwickelt worden waren wie die Probleme bei der Frage nach der Position des selbsternannten Moralisten Kästner, dem Toleranz im Gegensatz zu kaschiertem Autoritätsgebaren fremd geblieben war.

Die Dissertation von Renate Benson[98]

Renate Benson hat erstmals den Versuch einer textimmanenten Gesamtanalyse des Kästnerschen Werks unternommen. Getrennt voneinander untersucht die Autorin den satirischen Schriftsteller, den Kinderbuchautor, den Unterhaltungsschriftsteller und den *Gebrauchslyriker* und stellt zwei sich bedingende Elemente als übergreifende Kernpunkte heraus: die Rolle der Satire und des Humors sowie die Bedeutung des Moralismus: „Kästner ist ein Moralist, kein Prediger der Moral, sondern

---

[96] Kurt Beutler, a.a.O. S. 302.
[97] Kurt Beutler, a.a.O. S. 302-303.
[98] Renate Benson, a.a.O.
Zu der in Bonn erschienenen Ausgabe der Diss. hat Kästner selbst ein Vorwort geschrieben, was von Anbeginn zu einer kritischen Lektüre der Arbeit führen muß, da Kästner mit negativer Kritik an seinem Werk und an seiner Person nie hat umgehen können. So erweist sich die Diss. denn auch als ausgesprochen einseitig und Kästner-wohlwollend. Eine wirkliche kritische Auseinandersetzung mit dem Werk bietet sie nicht.

eher ein Moralphilosoph, der in seinem Werk ein kritisches Bild vom Mitmenschen und dessen Verhaltensweisen zeichnet.“ [99]

Benson spricht Kästner eine werkdurchgängige Konsequenz zu: „Es soll hier betont werden, daß Kästner immer Moralist ist; als solcher ändert er seine Grundhaltung und seine Maßstäbe nie.“[100] Die fatale Unbestimmtheit des Moralisten läßt Benson somit außer acht.

Kästners Grundintention sieht die Forscherin so: „Sein proklamiertes Ziel ist die Umerziehung des Individuums auf moralischem Gebiet, d.h. Erziehung zu verantwortlichem Denken und Handeln, notwendige Grundlagen zur Freiheit des Einzelnen.“[101] Benson wertet Kästners Schaffensbasis als eine humanistische.[102] In ihrer im engeren Bereich der Textinterpretation angelegten Arbeit verfällt die Verfasserin dem Fehler, den Kästnerschen Absichten häufig nur paraphrasierend und unreflektiert zu folgen. So gerät die Dissertation mancherorts zu einer Werk-Laudatio.[103] Beispielsweise gesteht Benson dem Autor in bezug auf die Prophezeiung eines neuen Krieges politische Weitsicht zu[104], übersieht jedoch die Oberflächlichkeit Kästners als Nicht-Analytiker der politischen und gesellschaftlichen Phänomene. In Abgrenzung zu Benson versuche ich in meiner Dissertation - insbesondere im vierten Kapitel - jene Oberflächlichkeit aufzudecken.

Als inhaltlichen Kernpunkt in Kästners Werk hebt Renate Benson hervor: „Die Fehler der Menschheit, die Kästner aufzuzeigen versucht, um dadurch vielleicht zu helfen, sie auszurotten oder wenigstens zu verbes-

---

[99] Renate Benson, a.a.O. S. 8.

[100] Renate Benson, a.a.O. S. 8.

[101] Renate Benson, a.a.O. S. 9.

[102] Renate Benson, a.a.O. S. 21.

[103] Vgl. dazu Anm. 98.

[104] Ich greife aus vielen Beispielen zwei heraus:
„Vieles von dem, was Kästner vorausgesagt hatte, traf ein, und oft war es schlimmer als er es dargestellt hatte.“ (S. 23-24).
„So ist das hervorragendste Merkmal des Teils, der sich mit dem Dritten Reich und seinen Verbrechen befaßt, ein unverhüllter Zynismus und Sarkasmus des Ausdrucks. Dahinter verbergen sich vor allem ausgesprochene Resignation und Bitterkeit über die Ohnmacht des vernünftigen Bürgers, der genau voraussah und -sagte, wie sich ein solcher Staat entwickeln würde, und dem man weder Gehör noch Glauben schenkte; jedenfalls nicht diejenigen, an die seine warnenden Schriften vor 1933 gerichtet waren.“ (S. 94).

sern, sind also die Themen - oder besser das Thema - in seinem Werk."[105] Die Ratlosigkeit Kästners, die Benson mit einer oftmals resignierenden Haltung entschuldigt[106], bleibt unproblematisiert.
Dem Kinderbuchautor Kästner weist Benson zu, seine philosophische Grundhaltung sei auf jeden Fall eine romantische[107] - eine recht schwammige Einschätzung von Realitätsferne.
Als unhaltbare These postuliert Benson, der Unterhaltungschriftsteller Kästner habe in allen drei Romanen[108] wieder sein Ziel der Gesellschaftskritik verfolgt[109] und sich erneut als Moralist erwiesen[110]. Hier steht die Dissertation auf brüchigem Fundament, denn der in jenen Romanen verbreitete humorige Frohsinn zu Zeiten der NS-Diktatur geht in Richtung Selbstverleugnung - auf keinen Fall in Richtung Gesellschaftskritik.
Mit Blick auf den *Gebrauchslyriker* Kästner und dessen Humor stellt Benson fest, sein Witz sei ihm willkommenes und notwendiges Mittel gewesen, um seine Gefühle zu unterdrücken oder wenigstens zu verschleiern.[111] An dieser Stelle der Arbeit hätte sich ein vertiefender Exkurs zur Polarität zwischen Rationalist - als solcher hat sich Kästner selbst angesehen[112] - sowie dem idyllesuchenden Romantiker angeboten.[113] Bensons Untersuchung hat Anstöße für meine Arbeit gegeben, gegenteilige Positionen auszuleuchten.

---

105 Renate Benson, a.a.O. S. 24.
106 Renate Benson, a.a.O. S. 24.
107 Renate Benson, a.a.O. S. 73.
108 Gemeint sind die drei Unterhaltungsromane „Drei Männer im Schnee" (1934), „Die verschwundene Miniatur" (1935) und „Georg und die Zwischenfälle" (1938, später „Der kleine Grenzverkehr").
109 Renate Benson, a.a.O. S. 85.
110 Renate Benson, a.a.O. S. 92.
111 Renate Benson, a.a.O. S. 124.
112 Vgl. dazu seine Rede „Kästner über Kästner". GS, Bd. 5, S. 304.
113 In Ergänzung dazu beanstandete Wolfgang Korluß in einer Rezension zu Bensons Arbeit, die weltanschauliche Position Kästners, die sozialen Wurzeln seines Moralismus und die Grenzen seines Schaffens seien nicht deutlich geworden (in: Weimarer Beiträge, XXII. Jg., Heft 6, 1976. Berlin, Weimar. S. 186-190).

Die Dissertation von Dirk Walter[114]

In seiner umfangreich textorientierten Untersuchung zu Erich Kästners Frühwerk (1928-1933) gilt Dirk Walters Interesse der weltanschaulichen Position Kästners und deren ästhetischer Vermittlung, wobei er sich vornehmlich auf die Lyrik beschränkt und diese genrespezifische Schaffensphase weitgehend losgelöst von Parallelenbildung zu dessen späterem Werk betrachtet.
Walter ordnet Kästners politisch-weltanschauliche Position als „linksbürgerlich" ein.[115] Dies wird mit Kästners antimilitaristischer und antifaschistischer Haltung, der Kritik an ökonomischer Benachteiligung und Ausbeutung sowie an der autoritären Struktur der Berufs- und Öffentlichkeitssphäre begründet[116]; in seine Begründung bezieht der Forscher den Individualismus als ein ausgeprägtes Merkmal der linksbürgerlichen Literatur jener Epoche mit ein[117]. Kästners angeführten Kritikfeldern stellt Walter idyllische Gegenbilder wie Mütter, Kinder und Natur gegenüber[118], was bereits in der Lyrik des Frühwerks eine Weltflucht impliziert, die sich sowohl in Kästners Kinderbüchern als auch in seinem gesamten literarischen Schaffen nach 1933 nachweisen läßt.
Die von Walter auf die frühe Lyrik bezogenen Erkenntnisse zu Kästners Geschichtsauffassung[119] und der damit verbundenen Gesetzmäßigkeit der Ereignisse[120], von seiner Unterschätzung der realen Machtmöglichkeiten des NS-Regimes[121] und der Nicht-Beachtung von wirtschaftspolitischen Gegebenheiten der Zeit[122] habe ich aufgegriffen und versucht, zum Teil auf die Konzeption des gesamten Werkes zu übertragen, um dergestalt frappante Widersprüche transparent zu machen.

---

[114] Dirk Walter, a.a.O.
[115] Dirk Walter, a.a.O. S. 268.
[116] Dirk Walter, a.a.O. S. 268.
[117] Dirk Walter, a.a.O. S. 272.
[118] Dirk Walter, a.a.O. S. 190 ff.
[119] Dirk Walter, a.a.O. S. 10 ff.
[120] Dirk Walter, a.a.O. S. 22.
[121] Dirk Walter, a.a.O. S. 49.
[122] Dirk Walter, a.a.O. S. 89.

Kästner zeichnete seine Gegenwart negativ, malte die Zukunft pessimistisch aus und blieb nach 1933 doch in Deutschland[123]; Walter sucht dies über die dialektische Rezeption aufzuschlüsseln: „Die Schwarzseherei, die sich hier präsentiert, ist eine provokatorische, ist Zweckpessimismus. Nicht den Leser zu überzeugen, daß die bestehenden, aus der Vergangenheit überkommenen militaristischen Strukturen unüberwindbar seien und zwangsläufig zu neuem Unheil führen müßten, sondern durch übersteigerte, erschreckende Bildlichkeit gegen die scheinbare Gesetzmäßigkeit zu aktivieren, ist Absicht dieser negativen Utopien und Gegenwartsentwürfe.“[124]

Walter setzt Intention und moralische Position des Autors von der marxistischen Theorie ab: „ Insofern Kästner die politischen Fehlentwicklungen der Zeit (Militarismus, expandierender und zugleich krisengeschüttelter Kapitalismus) als Objektivationen ethischer Mängel der Menschheit interpretiert, setzt seine literaturpädagogische Bemühung nicht bei Reflexionen über den Wandel des Systems an, sondern am moralischen Willen des Menschen. Im Gegensatz zum Marxismus leugnet er einen qualitativen Wandel durch Umsturz des Systems.“[125]

Bereits im Frühwerk als einem geschlossenen Block legt Walter eine latente Kästnersche Zerrissenheit exemplarisch offen: „Von dieser Sicht her sind die Mutter-Sohn-Gedichte noch mehr als nur Zeichen und Abbilder aufgehobener Einsamkeit des Stadt- und Zivilisationsmenschen; sie verkörpern, ähnlich wie die mit Alltags- und Geschäftssprache durchtränkten Naturidyllen, die Sehnsucht nach einer Synthese von ‚Naivem' und ‚Sentimentalischem', den positiven Eigenschaften von Naivität und Intellekt; die Synthese aber bezeichnet (...) das utopische Ideal der gesamten Zeitkritik Kästners.“[126]

Die Kästnerschen Widersprüche leiten in der abschließenden Betrachtung bei Dirk Walter selbst zu einem Zwiespalt hin: „Die bisherigen Betrachtungen reichen nicht hin zu einer Würdigung oder Kritik der künstlerischen Qualitäten des Kästnerschen Frühwerks. Der poetische Wert dieser Literatur entspringt weniger der Tatsache, *daß* der Autor wesent-

---

[123] Dirk Walter, a.a.O. S. 55.
[124] Dirk Walter, a.a.O. S. 55.
[125] Dirk Walter, a.a.O. S. 97.
[126] Dirk Walter, a.a.O. S. 205.

liche gesellschaftliche, politische, moralische Defekte seiner Zeit erfaßt, sondern *wie* er es tut."[127]

Die Dissertation von Dieter Mank[128]

In seiner Untersuchung geht Dieter Mank der Frage nach, wie sich Kästners Kontinuität der literarischen Produktion unter völlig veränderten Arbeitsbedingungen 1933-1945 darstellt. Der Forscher geht von Kästners Schaffensphase vor 1933 aus und kommt zu dem überraschenden Schluß, in der schriftstellerischen Entwicklung des Romanciers für Kinder und des Autors für Erwachsene habe es keinen Bruch gegeben[129].

Mank wertet die zwischen 1933 und 1945 entstandenen Arbeiten als dessen Hauptwerk[130] und resümiert: „Die (...) Werke (...) zeigen so weitaus signifikanter die zentralen Linien der schriftstellerischen Arbeit Erich Kästners als die vorangegangenen: Weltflucht und Anpassung, die Utopie einer moralisch perfektionierten Idylle und die unauffällige Anpassung an bestehende gesellschaftliche Verhältnisse - beides Punkte, in denen das Leben des Autors mit dem seiner Protagonisten durchaus korrespondiert."[131]

Mank attestiert Kästner fehlende Einsicht in politische Problematik[132] und soziale Zusammenhänge[133] und kreidet ihm den Verzicht auf eine eingehende Analyse der politischen und sozialen Ursachen des Krieges an[134], womit er sich gegen eine Einordnung Kästners als politischer

---

127 Dirk Walter, a.a.O. S. 275-276.
128 Dieter Mank, a.a.O.
129 Dieter Mank, a.a.O. S. 40 f. und S. 93 f.
130 Dieter Mank, a.a.O. S. 216.
131 Dieter Mank, a.a.O. S. 216.
132 Dieter Mank, a.a.O. S. 28.
133 Dieter Mank, a.a.O. S. 64.
134 Dieter Mank, a.a.O. S. 23 ff.

Schriftsteller wendet[135]. Mank faßt diese Aspekte wie folgt zusammen: „Es sind die Werke von 1933 bis 1945, mögen sie vollendet worden oder Fragment geblieben sein, in deren moralischen Planspielen und utopischen Idyllen sich die politische Hilflosigkeit des Autors am signifikantesten ausdrückt: dem Leser präsentiert sich ein Moralismus, der sich, in ständig sich selbst umkreisender Wehleidigkeit denkbarer Wirkungsmöglichkeiten begibt und der durch die Folgenlosigkeit seiner letztlich unverbindlich bleibenden moralischen Appelle entscheidende Positionen auf dem Rückzug eines Schriftstellers aus geistiger, sozialer und politischer Verantwortung markiert."[136] Der programmatische Verantwortungsentzug wird in unserer Arbeit gesamtwerkrelevant nachgewiesen.

Wenn Mank auch veröffentlichte und unveröffentlichte literarische Arbeiten nach Genres trennt, so gelingt es ihm, gattungsverbindende Aspekte unter der Leitlinie des Moralismus aufzuzeigen.[137] Der Forscher unterstellt Kästner ein pessimistisch bestimmtes Geschichtsverständnis[138] und weist ihm bezüglich der Drehbuch-Aktivitäten während der NS-Diktatur ein Maß an Naivität zu, das auf eine intellektuelle Verantwortungslosigkeit deute[139]. Das Kapitel „Weltbild und Geschichts-

---

135 Im Gegensatz dazu spricht beispielsweise Rudolf Walter Leonhardt in seinem Vorwort zu dem von ihm herausgegebenen Auswahlband „Kästner für Erwachsene" (1966) von Kästner als politischem Dichter.

136 Dieter Mank, a.a.O. S. 216.

137 Bei Mank (a.a.O.) heißt es dazu auf S. 122:
„So entläßt er seine Kindergestalten in ein von jeglichen aktuellen sozialen und historischen Bezügen purgiertes moralisches Utopia, in dem er sie nur mit solchen Konflikten konfrontiert, die sich durch die unbeirrte Demonstration moralisch integren Handelns lösen lassen. Die gleiche Vorgehensweise ist im übrigen auch für seine Erwachsenen-Schriften zu konstatieren."
Ergänzend schreibt Mank auf S. 125:
„Erich Kästner hat vom Beginn seiner schriftstellerischen Laufbahn an die Figuren seiner Prosaschriften einem fortschreitenden Prozeß gesellschaftlicher Anpassung unterworfen. Gleichermaßen gilt dies für Erwachsenen-Schriften und Kinderbücher."

138 Dieter Mank, a.a.O. S. 136 ff.

139 Auf S. 162 stellt Mank (a.a.O.) Kästners intellektuelle Verantwortlichkeit explizit infrage: „Ohne Zweifel gehört Kästner nicht zu jenen Philosophen oder Schriftstellern, die sich wie Martin Heidegger oder Knut Hamsun in einer jegliche Verantwortung überschreitenden Weise zumindest temporär zu intellektuellen Steigbügelhaltern des NS-Regimes erniedrigt haben - was bleibt, ist die Frage, in welchem Ausmaß Erich Kästner seine intellektuelle Verantwortlichkeit überhaupt zu erkennen vermochte. Sein

verständnis" meiner Arbeit greift - auf Kästners gesamtes Werk übertragen - wichtige Untersuchungspunkte Manks auf.

Die Dissertation von Marianne Bäumler[140]

Unter kompromißloserer Kritik hatte sich vor Marianne Bäumler nur Walter Benjamin in seinem Essay „Linke Melancholie" (1931) literaturpolitisch mit Kästner befaßt. Im Gegensatz zu Benjamins Beitrag zur Kästnerschen Lyrik beschränkt sich Bäumler in ihrer textkritischen Analyse auf den Romanschriftsteller Erich Kästner, dem sie innerhalb dieses Werkbereiches parallele Argumentationsmuster und Konfliktkonstellationen nachweist. Ihre Grundthese lautet: „Es gibt keinen Bruch in der Entwicklung des Romanschriftstellers Erich Kästner."[141]

Unter Einbezug sozialhistorischer Entstehungsbedingungen analysiert Marianne Bäumler die aufgeräumte Realität in Kästners Romanwelten. Obgleich die Forscherin häufig jener Schwarz-Weiß-Malerei verfällt, die sie Kästner vorwirft, so verfehlt sie mit ihrer polemisch zugespitzten Dissertation den Zweck nicht, Skepsis gegenüber Kästners Werk zu wekken bzw. zu vertiefen.

Bäumler setzt für den Romancier für Erwachsene und für Kinder dieselben textanalytischen Bewertungskriterien an (Lesereiz, Konfliktvermeidung, politische Verdrängungsmechanismen) und stellt sie in einen gesellschaftshistorischen Kontext: „Ob Erwachsene oder Kinder - das Lese-Publikum der Weimarer Republik ist durch Krisen verunsichert. Ihnen kommen Kästners Romane mit geordneten und ordnenden Weltbild-An-

---

Defizit an Theorie, sein Mangel an Einsicht in die objektive Struktur und Funktionsweise politischer und ökonomischer Machtkonzentration mag Zweifel aufkommen lassen, bis zu welchem Grad er in der Lage war, den eigentlichen Charakter und Stellenwert seiner zeitweiligen Mitarbeit an nationalsozialistischen Filmproduktionen einzuschätzen."

140 Marianne Bäumler, a.a.O.
Wichtig zu wissen ist, daß sich Bäumlers Gedanken zum Teil auch auf die Arbeiten von Fred Rodrian (a.a.O.) und Egon Schwarz stützen. Vgl. dazu Egon Schwarz: „Erich Kästner. Fabians Schneckengang im Kreise". In Hans Wagener (Hg.): Zeitkritische Romane des 20. Jahrhunderts. Die Gesellschaft in der Kritik der deutschen Literatur. Stuttgart 1975. S. 124-145.

141 Marianne Bäumler, a.a.O. S. 12.

geboten entgegen."[142] Mit Blick auf die Divergenz zwischen Illusion und Wirklichkeit kommt Bäumler zu der Überzeugung: „Tatsächlich hing Kästner aber der unrealistischen Vorstellung nach, Konflikte ganz übergreifend durch Menschenliebe lösen zu können, so daß er in seinen Romanen die Wirklichkeit immer nur streifen konnte, und sich auch der historische Hintergrund entsprechend abgerundet darstellte."[143]

Schwach nimmt sich die Dissertation dann aus, wenn eine hypersensibilisierte Forscherin übertrieben pedantisch im Werk nach Auslassungspunkten sucht.[144]

Geht man der im sechsten Kapitel unserer Arbeit auftauchenden Frage nach der Toleranz des Dichters leitmotivisch nach, erhält man bei Bäumler einzelne Ansatzpunkte. So sieht sie die Homosexualität im „Fabian"-Roman per se als verdammungswürdig hingestellt.[145] Im Zuge der Abscheu vor sexuellem *Anders-Sein* sieht Bäumler den Autor/Erzähler auch mit lesbischen Frauen hart ins Gericht gehen.[146] Ferner greift die Forscherin in bezug auf die Romane Kästners problematisches Frauenbild auf, bei dem Frauen - im Gegensatz zu Männern - gelegentlich zum Sexualobjekt degradiert werden[147] oder deren sexuelle Bedürfnisse als übertrieben dargestellt erscheinen[148].

Bäumler wirft Kästner die zahlreiche Verwendung klischeehafter Motive vor[149], apostrophiert ihn als „Regulator von Verhaltensweisen"[150] und bescheinigt dem Geschehen in den drei zwischen 1934 und 1938 er-

---

142 Marianne Bäumler, a.a.O. S. 103.

143 Marianne Bäumler, a.a.O. S. 102.

144 Eines von vielen Beispielen taucht bei Bäumler (a.a.O.) auf S. 62 auf. Im Unterhaltungsroman „Drei Männer im Schnee" geht es um den Gegensatz zwischen armen und reichen Leuten, hier bezogen auf den Millionär Tobler und einen Trödler. Marianne Bäumler moniert: „Daß es sich hier um reale soziale Mißstände handelt, die sich hier individualgeschichtlich als Notverkäufe, Trennung von liebgewordenen Gegenständen, äußern, oder ein Trödlergeschäft die einzig legale Möglichkeit bedeutet, lebensnotwendige Gebrauchsgüter zu erstehen - wird weder an dieser noch an anderer Stelle problematisiert."

145 Marianne Bäumler, a.a.O. S. 114.

146 Marianne Bäumler, a.a.O. S. 114.

147 Marianne Bäumler, a.a.O. S. 118.

148 Marianne Bäumler, a.a.O. S. 117.

149 Marianne Bäumler, a.a.O. S. 29 ff.

150 Marianne Bäumler, a.a.O. S. 53.

schienenen Romanen humorigen Frohsinn im Nationalsozialismus[151] sowie eine freizeitorientierte Handlungsstruktur[152].
Bäumler leistet weit mehr als einen marginalen Beitrag, wenn sie anprangert, in welcher Form Kästner in seinen Romanen physische Schwächen allgemeiner Schadenfreude preisgibt[153] und in welcher Weise er auf hierarchische Strukturen setzt[154]. Von dieser Warte aus habe ich in meiner auf das Gesamtwerk bezogenen Arbeit Autoritätsauffassung und Intoleranz in den Schriften noch stärker ins Kreuzfeuer der Kritik treten lassen.
Hinsichtlich Kästners *gesundem Menschenverstand,* den er sich selbst zugebilligt hatte[155], urteilt Bäumler: „ Die Konturlosigkeit, mit der Kästner diesem Begriff anhing, hat sich mal als moralische Antinomie (‚Fabian'), mal als harmonistische Glätte (Kinder- und sogenannte Unterhaltungsromane) in seinem Bild von der Gesellschaft konkretisiert.“[156] Abschließend sieht Bäumler Kästners Erzählhaltung als jene, die „nichts riskiert und so wenig in Bewegung setzen konnte.“[157]

Die Dissertation von Petra Kirsch[158]

In ihrer literarhistorischen Analyse sucht Petra Kirsch „Kästners Kinderbuch als Typus im Verhältnis zu dem historisch möglichen Bewußtsein in der Epoche seines Entstehens und damit auch der Widerspiegelung einer gesamtgesellschaftlichen Situation (wie der individuellen gesellschaftlichen Situation des Autors in ihr)“[159] zu erfassen.

---

[151] Marianne Bäumler, a.a.O. S. 56.
[152] Marianne Bäumler, a.a.O. S. 56.
[153] Marianne Bäumler, a.a.O. S. 81.
[154] Marianne Bäumler, a.a.O. S. 155 ff.
[155] In „Kästner über Kästner“. GS, Bd. 5, S. 304.
[156] Marianne Bäumler, a.a.O. S. 196.
[157] Marianne Bäumler, a.a.O. S. 199.
[158] Petra Kirsch, a.a.O.
[159] Petra Kirsch, a.a.O. S. 17.

Die Forscherin sieht Kästner als „politischen Autor"[160] und die in seinen Schriften vorkommende Kindheit als Raum für die „uneingeschränkte moralische Integrität"[161] und somit als das „Fundament seiner politischen Intentionen"[162]. Kirsch geht von der zweifelhaften Voraussetzung aus, „die in den Kinderbüchern massiv vermittelten moralischen Werte und ‚Wahrheiten' " seien „als Ausdruck einer politischen, d.h. einer auf die gesellschaftliche Praxis und Durchsetzbarkeit bezogenen Ideologie zu fassen"[163]. Hier zeichnet sich bereits die Schwäche einer Untersuchung ab, die wegen eines allzu schematischen Vorgehens auf brüchiger Basis steht. Beharrlich sieht Kirsch aus einseitigem Blickwinkel die Kästnerschen Kinderbücher als Gegenentwürfe zur gesellschaftlichen und politischen Realität ihrer Zeit und das Kindheitsbild als Verweigerung gegenüber der Erwachsenenwelt[164].

Schon zu Beginn ihrer Arbeit nimmt Kirsch das Fazit vorweg, das - wie generell die erste Hälfte der Dissertation - ohne Textbeleg steht: „Somit zeichnet sich die Kindheit bei Kästner - aufgrund ihrer moralischen Integrität - durch die konkrete politische Möglichkeit aus, die gesellschaftliche Realität zumindest ansatzweise zu verändern."[165]

Kirsch hebt bei Kästners Werkfiguren „moralpolitische Werte"[166] in Verbindung mit vorbildhaften Tugenden wie Mut, Ehrlichkeit und Wohltätigkeit hervor[167]. In der *Vernunft* sieht die Autorin „das rationale Fundament moralischer Prinzipien"[168] und schlußfolgert: „Konfliktsituationen werden bei Kästner stets ‚vernünftig', d.h. basierend auf rationalen Absichten bewältigt."[169]

Thesen wie diese sind nicht haltbar, wenn man alleine an die mit Brachialgewalt ausgetragenen Konflikte zwischen Realschülern und Gymnasiasten in „Das fliegende Klassenzimmer" denkt. Es muß erstaunen,

---

160 Petra Kirsch, a.a.O. S. 22.
161 Petra Kirsch, a.a.O. S. 25.
162 Petra Kirsch, a.a.O. S. 25.
163 Petra Kirsch, a.a.O. S. 18.
164 Petra Kirsch, a.a.O. S. 18 und S. 27.
165 Petra Kirsch, a.a.O. S. 27.
166 Petra Kirsch, a.a.O. S. 45.
167 Petra Kirsch, a.a.O. S. 48 ff.
168 Petra Kirsch, a.a.O. S. 61 ff.
169 Petra Kirsch, a.a.O. S. 61.

daß Kirsch solche Aspekte nicht aufgegriffen hat. In unserem fünften Kapitel „Die fatale Unbestimmtheit des Moralisten“ wird davon ebenso die Rede sein wie von hierarchischen Strukturen, Autoritätsergebenheit und einem beachtlichen Fundus an militaristischem Vokabular in den Kinderbüchern Kästners.

Petra Kirsch hat sich diesen Problemen nicht gestellt und ist von der fragwürdigen These ausgegangen, der Schriftsteller habe ein klar umrissenes moralpädagogisches Konzept bei seiner Kindererziehung durch Bücher gehabt[170]. Unbeirrbar hält Kirsch auch an ihrer Theorie vom „Modell der ‚klassenlosen' (Kinder-) Gesellschaft“[171] in Kästners Romanen sowie von seiner mutmaßlichen Opposition gegenüber nationalsozialistischen Pädagogik-Grundzügen wie Führerprinzip und Hierarchie fest[172]. Waren Petra Kirsch Kästners nachhaltiges Eintreten für „Respektspersonen“ (in „Pünktchen und Anton“, 1931)[173] und seine Sehnsucht nach „Ehrfurcht“ und „Respekt“ (in „Jugend, Literatur und Jugendliteratur“, 1953)[174] ebensowenig aufgegangen wie das zweifelhafte Verhältnis zwischen Führern und Handlangern und der Pflicht zum Gehorsam in „Emil und die Detektive“[175]?

Die Forscherin geht soweit, im Gruppenbewußtsein der Kästnerschen Kinderfiguren „ein (mit der Parteiloyalität linker Gruppen vergleichbares) Solidaritätsdenken“ zu sehen, das „dem nationalsozialistischen Gemeinschaftsgefühl sowie der damit verbundenen irrationalen Gefolgschaftstreue entgegengesetzt ist.“[176] Hierbei hat sich Kirsch der Frage enthalten, ob der junge Leser beim Motiv der Gruppenbildung überhaupt zwischen nationalsozialistischem Gemeinschaftsgefühl und situationsbedingter Strukturierung als zweckdienlichem Mittel zur Konfliktbewältigung[177] zu unterscheiden vermochte.

---

[170] Petra Kirsch, a.a.O. S. 41-42.
[171] Petra Kirsch, a.a.O. S. 128.
[172] Petra Kirsch, a.a.O. S. 152.
[173] In der „Vierzehnten Nachdenkerei“. GS, Bd. 6, S. 496.
[174] GS, Bd. 5, S. 506. Diese Aspekte werden im fünften Kapitel meiner Arbeit behandelt.
[175] Auch hier verweise ich auf eine ausführliche und nicht auf den „Emil“-Roman begrenzte Diskussion im fünften Kapitel dieser Untersuchung.
[176] Petra Kirsch, a.a.O. S. 164.
[177] Petra Kirsch, a.a.O. S. 164.

Einen Teil ihrer Arbeit hat Petra Kirsch den Romanen „Das fliegende Klassenzimmer“ (1933) und „Emil und die drei Zwillinge“ (1934) gewidmet, in denen sie durch die Tugenden Vernunft, sozialer Mut und Solidarität Kästners „Distanz vom NS-Regime“[178] bestätigt sieht und jene Romane als „ ‚Widerstandsliteratur‘“[179] einstuft. Problematisch an dieser Argumentation ist, daß Kästner - den Biographien von Luiselotte Enderle und Helga Bemmann zufolge - den Roman „Das fliegende Klassenzimmer“ *vor* der Zeit des NS-Regimes geschrieben hatte.[180]
Als unhaltbar erweist sich auch Kirschs Einschätzung vom Kästnerschen Standort zu Zeiten des NS-Regimes: Rückzug vom politischen Leben in einen ausschließlich inneren Lebensbereich, um sich darin seine moralische Integrität zu wahren[181]. Alleine Kästners UFA-Drehbücher entziehen solchen Thesen den Boden.
Zurecht analysiert Kirsch die harmlosen und auf reine Unterhaltung ausgerichteten Kästnerschen Kinderbücher nach 1950 im Zusammenhang mit der Resignation des Autors und seiner aufgegebenen Hoffnung auf die Wirksamkeit seiner Literatur.[182] Dieser letzte kritische Teil der Dissertation kann nicht darüber hinwegtäuschen, daß die Arbeit insgesamt nur ein - zugunsten des Kinderbuchautors - verzerrtes Bild bietet.[183]

---

[178] Petra Kirsch, a.a.O. S. 169.
[179] Petra Kirsch, a.a.O. S. 169.
[180] Bei Luiselotte Enderle (1966/1989, a.a.O.) heißt es: „(...) 1933 stand vor der Tür! Es folgten die Kindergedichtbände ‚Arthur mit dem langen Arm‘, ‚Das verhexte Telefon‘ und der Roman für Kinder ‚Das fliegende Klassenzimmer‘. Dann kam das Dritte Reich.“ (S. 61).
Helga Bemmann (a.a.O.) wird noch konkreter: „1932 setzte er sich hin und schrieb eine Weihnachtsgeschichte über eine Internatsschule in dem kleinen Städtchen Kirchberg...“ (S. 295). Dieser Kinderroman wurde laut Bemmann in Deutschland gedruckt, dann aber nicht mehr vertrieben. (S. 298).
Vollkommen unverständlich ist, daß Kirsch an einer Stelle behauptet, „Das fliegende Klassenzimmer“ sei „nach 1933“ geschrieben worden. (S. 167).
[181] Petra Kirsch, a.a.O. S. 167-168.
[182] Petra Kirsch, a.a.O. S. 173 f. und S. 194 ff.
[183] In dieses Bild paßt auch, daß Kirsch ihre Forschungsergebnisse am Ende nicht zusammengefaßt und sie weder Helga Bemmanns Biographie noch Marianne Bäumlers Dissertation in ihre Arbeit einbezogen hat. Gerade Bäumler hatte sich auch mit den Kinderromanen kritisch befaßt. Die Thesen Dieter Manks von der Weltflucht Kästners durch seine Kinderbücher bleiben bei Kirsch Marginalien.

Die Dissertation von Nicola Leibinger-Kammüller[184]

„Aufbruch und Resignation“: Der Werktitel bezeichnet treffend die letzte der drei Schaffensperioden Kästners, 1945 bis 1967. In seinem Nachkriegswerk sieht Leibinger-Kammüller einen unverzichtbaren Beitrag zur freiheitlichen Neuorientierung des deutschen Volkes.[185]
Leibinger-Kammüllers Arbeit stellt nur einen bescheidenen Beitrag in der Kästner-Forschung dar. Sie muß sich vorwerfen lassen, vielfach Thesen Dritter unreflektiert wiedergegeben und aus einem Potential an Zitaten aus der Sekundärliteratur geschöpft zu haben, ohne dabei auf Kästnersche Textbelege zu weisen.[186]
In der Dissertation sind unhaltbare und nicht schlüssig erklärte Thesen sowie unaufgelöste Widersprüche auffällig. So attestiert die Autorin Kästner hinsichtlich seines Verbleibs im nationalsozialistischen Deutschland, sein Beitrag zum literarischen Widerstand sei indirekt aus Lustspiel-Texten und Film-Drehbüchern zu spüren gewesen[187], doch nebenbei weist sie ihn auch der Inneren Emigration zu[188]. Das vierte Kapitel meiner Arbeit soll zeigen, daß solch eine Behauptung jeder Grundlage entbehrt. Auch eine Aussage wie „die - offenkundig - naive

---

184 Nicola Leibinger-Kammüller, a.a.O.
185 Nicola Leibinger-Kammüller, a.a.O. S. 148.
186 Bei Leibinger-Kammüller stehen vielfach auch eigene Thesen ohne Textbelege.
Ein Beispiel steht auf S. 44: „Für Kästner hatte seine Kunst keinen ästhetischen Selbstzweck zu erfüllen, sondern stand im Dienst eines erzieherischen Auftrags. Worauf er vor allen anderen Erwägungen und Motiven zielte, war, seinen moralischen Willen zur Wirkung zu bringen.“
Weiterhin ist auffällig, daß Leibinger-Kammüller literarische Textpassagen unmittelbar mit dem Privatmann Kästner gleichsetzt. Auf S. 71 schreibt sie: „Kästner konnte zusehends weniger den Glauben an eine durch literarische Aktivitäten zu verändernde Menschheit aufbringen: ‚Ich bin der Dichter, der euch anfleht und beschwört. Ihr seid das Volk, das nie auf seine Dichter hört.‘“ In der inhaltlichen Essenz mag das zwar stimmen, aber das Zitat aus dem „Deutschen Ringelspiel 1947“ (GS, Bd. 5, S. 102) steht völlig losgelöst vom Kontext, als handelte es sich um eine direkte persönliche Aussage Kästners.
187 Nicola Leibinger-Kammüller, a.a.O. S. 22.
188 Nicola Leibinger-Kammüller, a.a.O. S. 42.

Beurteilung Kästners der nationalsozialistischen Bewegung“[189] bleibt im Vergleich zu der These „Bevor sich die Nationalsozialisten endgültig Deutschlands bemächtigten, hatte Kästner keine Gelegenheit verstreichen lassen, vor der Gefährlichkeit der Faschisten zu warnen“[190] widersprüchlich. Doch Kästner war weder *Zeitkritiker* noch *Zeitprophet* - dies soll das vierte Kapitel meiner Arbeit in Distanz zu Leibinger-Kammüller verdeutlichen.

Die Verfasserin gesteht Kästner literarische Konsequenz zu - trotz formaler, äußerer Verschiebungen im Werk.[191] Für sie sind des Autors Anliegen in früherer und späterer Zeit gleich geblieben, wenn sie auf Parallelen zu den Arbeiten nach 1945 anspielt: „Seine Angriffe richteten sich gegen Blindheit, Dummheit und Vergeßlichkeit. Und damit indirekt gegen die alten Phänomene.“[192] Wie für Kästner bzw. Leibinger-Kammüller ein Begriff wie *Dummheit* definiert ist, wird nicht problematisiert.

In der Desillusionierung über die politische Entwicklung in den ersten beiden Nachkriegs-Jahrzehnten sieht Leibinger-Kammüller die Wurzel für Kästners literarische Zurückhaltung in den späteren Jahren.[193] Daß Kästner, wie die Verfasserin meint, „*schon* in den frühen fünfziger Jahren (...) Anzeichen von Verbitterung über das unbelehrbare Verhalten der Menschen“ zeigte[194], legt nahe, daß sie sich mit dem Werk vor 1945 kaum näher beschäftigt haben dürfte, denn dieses Phänomen ist explizit bereits früher erkennbar[195].

Ihren Haupt-Kritikpunkt am Spätwerk Kästners richtet die Autorin auf die an der Oberfläche gebliebene literarische Verarbeitung der im *Dritten*

---

189 Nicola Leibinger-Kammüller, a.a.O. S. 27.

190 Nicola Leibinger-Kammüller, a.a.O. S. 122.

191 Mit dem Verweis auf formale Verschiebungen hat die Forscherin recht: „Zunächst gilt es festzuhalten, daß sich innerhalb Kästners Werk nach 1945 eine deutliche, formale Verschiebung ergibt. Die Prosa tritt in den Vordergrund, nach Kriegsende überwiegt die Anzahl der feuilletonistischen Arbeiten, Aufsätze und Reden.“ (S. 144).

192 Nicola Leibinger-Kammüller, a.a.O. S. 60.

193 Nicola Leibinger-Kammüller, a.a.O. S. 78.

194 Nicola Leibinger-Kammüller, a.a.O. S. 78.

195 Anzeichen von Verbitterung über das unbelehrbare Verhalten der Menschen weisen insbesondere die „Briefe an mich selber“ aus dem Jahre 1940 auf (GS, Bd. 2, S. 249-254). Zumindest an diese Zeugnisse hätte Leibinger-Kammüller anknüpfen müssen.

Reich gewonnenen Eindrücke.[196] Dahingehend wertet sie das Theaterstück „Die Schule der Diktatoren" (1956) als mißlungen[197] und urteilt über die unter dem Titel „Notabene 45" 1961 publizierten Erinnerungen Kästners aus den letzten Monaten des zweiten Weltkriegs: „Seine moralische Betroffenheit, die Kästner erfolgreich in vielen Werken zu vermitteln wußte, erreicht in ‚Notabene 45' den Leser nicht."[198]

Ingo Tornow: Erich Kästner und der Film[199]

In seinem Versuch einer kritischen Würdigung des filmischen Schaffens von Erich Kästner analysiert Ingo Tornow des Autors Verhältnis zum Film in bezug auf Original-Drehbücher und Drehbuchmitarbeit[200] sowie Drehbücher nach eigenen Vorlagen[201].

Tornows in der Wissenschaft bis dahin unbekannte Einblicke in das Ausmaß von Kästners literarischem Schaffen unter Pseudonym während der NS-Zeit verleihen der Erkenntnis Dieter Manks hinsichtlich Kästners Werks zwischen 1933 und 1945 als Hauptwerk[202] noch mehr an Gewicht. Tornow behauptet: „Ende der 30er Jahre schrieb Kästner eine Reihe von Lustspielen und Komödien, die auch in Deutschland aufgeführt und zum Teil sogar verfilmt wurden. Er benutzte dafür das Pseud-

---

196 Nicola Leibinger-Kammüller, a.a.O. S. 147.
197 Nicola Leibinger-Kammüller, a.a.O. S. 146.
198 Nicola Leibinger-Kammüller, a.a.O. S. 143.
199 Ingo Tornow, a.a.O.
200 Ingo Tornow, a.a.O. S. 6. Der Verfasser macht darauf aufmerksam, daß Kästner sich mit der Arbeit beim Film nicht gerade identifiziert zu haben schien. Auf S. 7 liest man: „Drehbuchschreiben war ihm ‚raschverdientes Geld' (...), aber auch die Möglichkeit, bei der ganz selbstverständlich angestrebten, von seiner Geschäftstüchtigkeit zeugenden Mehrfachverwertung seiner Bücher und der Realisierung seiner Ideen einen gewissen Einfluß auf die Umsetzung zu behalten." Vgl. auch Ingo Tornow, a.a.O. S. 13 ff.
201 Ingo Tornow, a.a.O. S. 25 ff. Tornow bringt auch Neuverfilmungen von Kästner-Stoffen zur Sprache - besonders Streifen aus den 70er Jahren -, die weit vom Original entrückt seien und deren peinlicher Klamotten-Charakter sich schwer überbieten lasse.
202 Vgl. dazu Dieter Mank, a.a.O. Anm. 130 in diesem Kapitel.

onym Eberhard Foerster. Es handelt sich um die Stücke ‚Verwandte sind auch Menschen' (1937), ‚Die Frau nach Maß' (1938), ‚Das goldene Dach' (1939) und ‚Seine Majestät Gustav Krause' (1940)." [203]
Nach Tornows Auffassung schienen Kästner die Stücke nicht wichtig genug gewesen zu sein, um die Autorschaft stolz zu verkünden oder die Stücke in eine seiner Werkausgaben aufzunehmen, was der Pseudonym-Praxis seiner Frühzeit entsprach.[204] Kästners umstrittene Drehbuchautorschaft des UFA-Jubiläumsfilms „Münchhausen" (1942/43) sieht Tornow eher neutral.[205]
Kritisch äußert sich der Autor zu einer falschen Gewichtung in der filmischen Kästner-Rezeption[206] und deckt in dem Zusammenhang einen nicht zu unterschätzenden Aspekt für das gesamte Kästner-Bild auf: „Dennoch, zu einer totalen Reduzierung auf den Kinderbuchautor und humoristischen Schriftsteller kam es nur im deutschen Film der 50er Jahre, der damit wiederum wesentlichen Einfluß auf das Gesamtbild

---

[203] Ingo Tornow, a.a.O. S. 72. Hier steht ergänzend: „Wie schon im ersten Kapitel gezeigt, verringerten sich Ende der 30er Jahre Kästners Einnahmemöglichkeiten aus seinen im Ausland erschienenen Werken. So mag er darauf verfallen sein, nach Schleichwegen zu suchen, um das Inlands-Schreibverbot zu umgehen."
Mysteriös ist bis heute geblieben, warum und unter welchen Voraussetzungen Kästner als *unerwünschter Autor* und *Kulturbolschewist der übelsten Sorte* Drehbücher im eigenen Lande während der NS-Herrschaft schreiben durfte. Weder Kästner noch seine langjährige Lebensgefährtin Luiselotte Enderle haben sich jemals bemüht, Licht ins Dunkel zu bringen.
Auch andere Quellen verschaffen keine befriedigende Klarheit. Das gilt sowohl für ein Buch des einstigen Reichsfilmtendanten Fritz Hippler (Die Verstrickung, Düsseldorf 1981) als auch für eine von Michael Marek und Michael Wildt konzipierte Hörfunksendung („Die Abenteuer des Baron Münchhausen im Dritten Reich. Erich Kästner und der UFA-Jubiläumsfilm 1942", gesendet am 17. Oktober 1992 im Deutschlandfunk. Manuskript).
In Ergänzung zu diesem thematischen Komplex scheint mir interessant, daß Kästner auf Finanzeinnahmen besonderer Art zurückgreifen konnte. Stefanie Zweig schreibt: „Viele wußten, daß er (Anm. Hans Albers, AD) einen Teil seiner Gage vom ‚Münchhausen' Erich Kästner überließ." („Blaue Augen, großes Herz. Hans Albers zum 100. Geburtstag" in den „Aachener Nachrichten" vom 21. September 1991).
[204] Ingo Tornow, a.a.O. S. 13 und S. 72.
Auch in späterer Zeit verfuhr Kästner so, zum Beispiel mit dem Lustspiel „Zu treuen Händen", das unter seinem Pseudonym Melchior Kurtz 1948 im Düsseldorfer Schauspielhaus uraufgeführt wurde.
[205] Ingo Tornow, a.a.O. S. 18 ff.
[206] Ingo Tornow, a.a.O. S. 85 f.

vom Autor Kästner hatte.“ [207] Der Kästner-Filmboom der fünfziger Jahre[208] hinterläßt bei Tornow im Hinblick auf den Autor einen ambivalenten Eindruck: „Es ist verwunderlich, daß gerade Kästner, der Satiriker, der Zeitkritiker, der unbequeme Mahner eine solch gewichtige Rolle für das unpolitische, verdrängungsfreudige Kino der Ära Adenauer spielt.“ [209]

Die Dissertation von Johan Zonneveld[210]

In der auf den ersten Blick quantitativ umfangreichsten Arbeit zu Kästner hat sich Johan Zonneveld bemüht, dessen feuilletonistischen Beiträge aus der Zeit der Weimarer Republik aufzuarbeiten und die Ergebnisse seiner Untersuchung mit dem bestehenden Kästner-Bild zu vergleichen.

Auf den zweiten Blick reduziert sich der Gehalt der Dissertation beträchtlich, denn aufgenommene Kästner-Rezensionen und der umfangreiche bibliographische Teil nehmen weit über die Hälfte des 500-Seiten-Werkes ein.

Zonnevelds Verdienst in der Forschung liegt im wesentlichen außerhalb der thematischen Vorgabe, denn auf das chronologische Verzeichnis der Sekundärliteratur kann man sich verläßlicher stützen als auf die vergleichsweise lückenhafte Personalbibliographie von Uta Lämmerzahl-Bensel[211].

Die Untersuchung von Kästners Rezensionen ist thematisch nach Theater-, Roman-, Lyrik- und Filmkritiken gegliedert. Rezensionen zur

---

[207] Ingo Tornow, a.a.O. S. 85.

[208] Ingo Tornow, a.a.O. S. 84. Der Verfasser verweist auf jene sieben der insgesamt zwanzig deutschsprachigen Verfilmungen, die zwischen 1950 und 1956 entstanden.

[209] Ingo Tornow, a.a.O. S. 84. Verwunderlich ist aber auch, daß Tornow die Ursache nicht beim Autor, sondern bei den Film-Verantwortlichen sucht. Das ist eine recht zweifelhafte Interpretation.

[210] Johan Zonneveld, a.a.O.

[211] Uta Lämmerzahl-Bensel, a.a.O.

Bildenden Kunst sind für Zonneveld erstaunlicherweise nicht in Betracht gekommen.[212]

Positiv ist die reiche Zitatwahl aus den in verschiedenen Zeitungen und Zeitschriften verstreuten Primärquellen[213], doch Zonneveld verfehlt häufig das Ziel einer Analyse. Statt dessen referiert er ausgiebig[214] und vergleicht viel zu oft und viel zu weitschweifig Kästners Rezensionen mit denen anderer Kritiker wie Herbert Ihering und Monty Jacobs, die des öfteren dieselben Theaterstücke beurteilt hatten[215]. Im Gegensatz zu Ihering und auch Alfred Kerr ging es Kästner - laut Zonneveld - nicht darum, mit seinen Arbeiten direkten Einfluß auf das kulturelle Leben in Berlin auszuüben, sondern in seiner Eigenschaft als Kritiker für den Leserkreis der „Neuen Leipziger Zeitung" über die kulturelle Situation in der Hauptstadt zu berichten.[216]

So gesehen füllt Zonnevelds Arbeit nur eine kleine Lücke in der Kästner-Forschung. Zu fundierten neuen Schlüssen kommt er nicht. Sein Resümee lautet: „Die Rezensionen bestätigen zum Teile das Kästner-Bild der Sekundärliteratur, in dem vor allem seine leichte, journalistische Schreibweise und vor allem der humoristisch-satirische Aspekt betont werden. Vor allem zeigen die Rezensionen aber den seriösen Kästner. Was in dieser Arbeit vor allem nachgewiesen werden

---

[212] Ein Experte war Kästner auf diesem Gebiet sicher nicht, aber Beiträge zum Thema *Kunst* kamen häufiger vor. Alleine in den ersten Auswahlband von „Gemischte Gefühle" (a.a.O.) sind 25 Kunst-Rezensionen eingegangen, darunter die höchst bemerkenswerte mit dem Titel „Mutter und Kind im Kunstwerk" von 1928. Dort wird die „grenzenlose Herrschaft der Mutterliebe" (S. 86) als Bedingung für den Glauben an den inneren Fortschritt der Menschheit von Kästner herausgestellt.
Eine eingehendere Untersuchung auch dieses Themenbereiches wäre sinnvoll gewesen. Von dieser Warte aus gesehen ist der Titel der Arbeit „Erich Kästner als Rezensent 1923-1933" verfälschend, da er Vollständigkeit impliziert.

[213] In erster Linie bezieht sich Zonneveld auf Beiträge in der „Neuen Leipziger Zeitung". Für den Forscher relevante Arbeiten fand er auch in Publikationen wie dem „Leipziger Tageblatt" sowie in „Das deutsche Buch", „Die Neue Bücherschau" und „Der Scheinwerfer".

[214] Dieser Vorwurf bezieht sich insbesondere auf das gesamte zweite Kapitel „Theaterkritiken".

[215] Johan Zonneveld, a.a.O. S. 60 ff., S. 67 ff., S. 75, S. 83 ff., S. 91 ff.

[216] Johan Zonneveld, a.a.O. S. 205 und S. 237. Unverständlich ist, daß der Forscher seine Aussagen im Kapitel „Schlußbetrachtung" (S. 205-215) und in der Zusammenfassung (S. 235-237) doppelt anführt.

sollte war, daß er sich weit intensiver mit den kulturellen Äußerungen seiner Zeit beschäftigt hatte, als allgemein angenommen wurde." [217]
In Zonnevelds Untersuchung klingen vereinzelt Kästners allgemeine Unschlüssigkeit und Inkonsequenz an.[218] Widersprüche und Parallelen zu Kästners Haltung als Kritiker und seiner eigenen schriftstellerischen Praxis deutet Zonneveld gelegentlich an, doch eine vertiefende Analyse bleibt aus.[219]

---

[217] Johan Zonneveld, a.a.O. S. 205.

[218] Ein Beispiel dafür findet sich auf S. 97: „Kästner beklagt es, daß die Darsteller in einer Rezension lediglich in ein paar Zeilen abgetan werden. Kästners Rezensionen selbst jedoch handeln auch höchstens zu fünf Prozent von den schauspielerischen Leistungen..."

[219] Aufgegriffene Parallelen zwischen Romankritiken und Kästners „Fabian"-Roman (S. 132 ff.) bleiben ebenso Stückwerk wie jene zwischen Lyrik-Kritiken und seinen Gedichten (S. 147, S. 152 ff.).
Widersprüche zwischen Kästners Aussagen in seinen Rezensionen und dem sonstigen Kästnerschen Werk greift Zonneveld nicht auf. Ich bringe einige Beispiele:
a. Im Jahre 1928 wird das „Kabarett der Unmöglichen" von Kästner abgelehnt, weil es moralische Grenzen überschreitet, ohne eine neue, bessere Moral anzubieten (Zonneveld, a.a.O. S. 97-98). Ein Exkurs zum „Fabian"-Roman von 1931 hätte sich angeboten, da die gleiche Vorgehensweise praktiziert wird: das Überschreiten der Moral, ohne eine neue, bessere anzubieten.
b. An Ludwig Renns „Krieg" wirft Kästner dem Autor 1929 eine ‚perspektivische Verschiebung" vor. Renn gebe - laut Kästner - vor, den Krieg von unten her zu sehen, obgleich jener aktiver Offizier war und die Froschperspektive künstlich nachhole (Zonneveld, a.a.O. S. 114). In bezug auf eine solche *verfälschte* Authentizität findet man in Kästners Einleitung zum 1931 publizierten Kinderroman „Pünktchen und Anton" eine gegenteilige Aussage: „Wahr ist eine Geschichte dann, wenn sie genau so, wie sie berichtet wird, wirklich hätte passieren können. Habt ihr das verstanden?" (GS, Bd. 6, S. 416).
c. Mehrmals kritisiert Kästner das reine Unterhaltungskino (Zonneveld, a.a.O. S. 181), während er selbst insbesondere in den fünfziger Jahren Drehbücher für das Unterhaltungskino der Adenauer-Epoche verfaßte.
d. In einer Roman-Rezension von 1927 von Georg von der Vrings „Soldat Suhren" lobt Kästner: „Er beschrieb einen Millimeter aus dem Riesenfilm des Krieges und traf den Kern." (Zonneveld, a.a.O. S. 112-113).
Die Effektivität eines *Millimeters* steht für Kästner später nicht mehr zur Debatte. Im Vorwort zu seinem 1961 erschienenen „Notabene 45" legt er dar, warum ein Roman der Jahre 1933 bis 1945 nicht zu schreiben sei: „Man kann eine zwölf Jahre lang anschwellende Millionenliste von Opfern und Henkern architektonisch nicht gliedern. (...) Wer es unternähme, brächte keinen großen Roman zustande, sondern ein unter künstlerischen Gesichtspunkten angeordnetes, also deformiertes blutiges Adreßbuch, voll erfundener Adressen und falscher Namen." („Notabene 45", a.a.O. S. 11-12).

Obgleich Zonneveld dem Autor eine „politische Engagiertheit“ [220] zugesteht, muß auch er erkennen: „Kästner setzt sich im Grunde nie direkt für eine politische Überzeugung ein. Die freie Entscheidungsmöglichkeit des einzelnen Menschen wird immer wieder betont. Man kann Kästner denn auch nicht deutlich als nur links, nur liberal oder nur sozialdemokratisch einstufen. Seine Haltung ist viel mehr eine Verschmelzung von verschiedenen Teilaspekten der unterschiedlichen Richtungen.“ [221] Indirektheit und *Verschmelzung von verschiedenen Teilaspekten* deuten auf jene Haltung des Opportunisten und Gratwanderers Kästner, der wir insbesondere im fünften Kapitel unserer Arbeit nachgehen.

Daß Kästner - wie wir im vierten Kapitel anhand einer Gesamtwerkbetrachtung nachweisen - kein *Zeitprophet* war, hat Zonneveld implizit dargelegt. In Anlehnung an Rezensionen zu H.G. Wells schien auch Kästner - laut Zonneveld - die von einer intellektuellen Elite ausgehende gesellschaftliche Reform zu befürworten[222] und setzte dabei den Glauben an den gesunden Menschenverstand und an die Anständigkeit der potentiellen Führungspersonen voraus[223]. Vor diesem Hintergrund kritisiert der Forscher: „Die negative Alternative zur Umwälzung durch eine intellektuelle Minderheit wird im Grunde als nicht seriös und als Verzeichnung aufgefaßt. Hiermit verkennt er wieder die Gefahren des totalitären Systems als möglicherweise unaufhaltsame Entwicklung in der Gesellschaft, wobei der nicht moralisch handelnde Mensch durch sein Elite-Gefühl den anderen Menschen der intellektuellen Minderheit und die ganze Gesellschaft in der Form eines totalitären Systems unterdrückt.“[224] Solche kritischen Ansätze sind bei Zonneveld selten.

Insgesamt sieht der Forscher in Kästner einen hilflosen, freizügigen Moralisten.[225]

---

[220] Johan Zonneveld, a.a.O. S. 211.
[221] Johan Zonneveld, a.a.O. S. 206.
[222] Johan Zonneveld, a.a.O. S. 128.
[223] Johan Zonneveld, a.a.O. S. 128.
[224] Johan Zonneveld, a.a.O. S. 130.
[225] Johan Zonneveld, a.a.O. S. 215 und S. 237.

3. Weltbild und Geschichts-verständnis

In diesem Kapitel wird versucht, Weltbild und Geschichtsverständnis als zusammenhängende, doch doppelbödige Konstante in Kästners Werk als Erwachsenen- und Kinderbuchautor zu erörtern.
Kästners zweigeteilte Welt mit den Polaritäten Gut (Kinder) und Böse (Erwachsene) läßt sich mit Hilfe des Gegensatzpaares *linear* versus *zyklisch* besser veranschaulichen.
Die Legitimation einer dahingehend genreübergreifenden Betrachtung hat der Schriftsteller mit seinem analytischen Eigenversuch „Kästner über Kästner“ [1] gegeben, dem gleichzeitig eine programmatische Komponente anhaftet.

> „Nun denn: Als ich ihn einmal fragte, warum er neben seinen bitterbösen Satiren Bücher für kleine Jungen und Mädchen schreibe, gab er eine Antwort, die uns aus der Klemme helfen kann. Die Attacken, sagte er, die er, mit seinem als Lanze eingelegten Bleistift, gegen die Trägheit der Herzen und die Unbelehrbarkeit der Köpfe ritte, strengten sein Gemüt derartig an, daß er hintendrein, wenn die Rosinante wieder im Stall stünde und ihren Hafer fräße, jedesmal von neuem das unausrottbare Bedürfnis verspüre, Kindern Geschichten zu erzählen. Das täte ihm über alle Maßen wohl. Denn Kinder, das glaube und wisse er, seien dem Guten noch nahe wie Stubennachbarn. Man müsse sie nur lehren, die Tür behutsam aufzuklinken...Und als er immer wieder von ‚gut' und von ‚böse', von ‚dumm' und ‚vernünftig', von

[1] Die Aufnahme dieser - sieht man von einigen scherzhaften Zügen ab - ernstgemeinten Tafelrede vor dem Zürcher PEN-Club in den Band „Die kleine Freiheit“ (1952) und in die GS zeigt, daß sie auch für Kästner weit mehr als nur Tagescharakter besaß.

> ‚erziehbar' und ‚unverbesserlich' daherredete, ging mir ein Licht auf.“ [2]

Jene Doppelung dieser *einen* Welt durchzieht das Gesamtwerk Erich Kästners.

Der Faktor eines - in der obigen Zitatstelle implizierten - Hangs zu einer innerberuflichen Ausgleichstherapie, die das Anders-Schreiben für Kinder entscheidend motivierte, sollte nicht unterschätzt werden.[3] Wichtiger jedoch ist, daß der dargestellten Erwachsenen- und Kinderwelt gegensätzliche Weltbilder entsprechen, die eine auf Pessimismus bzw. Utopismus gründende Zwiespältigkeit und Unentschiedenheit Kästners und - so erstaunlich das zunächst klingen mag - eine deskriptive Gestaltungsarmut bei der Wahl eines mittleren, realistischen Weges offenbaren. In dem 1960 erschienenen Aufsatz „Notizen zu Erich Kästners Kinderbüchern“ zielt Fred Rodrian auf Kästners Zwei-Welten-Prinzip ab:

> „Kästner zweiteilt die Welt in eine schlechte, hoffnungslos-reale Welt der Erwachsenen (dieser Welt gelten seine satirischen Pfeile, ihr schreibt er den ‚Fabian') und in eine integre, einzig gute Welt der Kinder, in der das Böse nur als Demonstrationsobjekt für das Gute existiert (dieser Welt gelten seine Kinderbücher). Und diese Welt der Zweiteilung ist der große Irrtum von Erich Käst-ner.“ [4]

In einem ersten Fazit setzt Rodrian die beiden entgegengesetzten Welten zusammen:

> „Anders ausgedrückt: Emil, das ist die Kindheit Fabians. Und als Fabian wird Emil vermutlich ertrinken.“ [5]

---

[2] GS, Bd. 5, S. 304. Als sich stets aufs Neue versuchender *Weltverbesserer* skizziert Kästner seine Zwei-Welten-Ebene, die er im Fortlauf der Rede über die Zuweisung „Schulmeister“ zu verbinden sucht.

[3] Dirk Walter (a.a.O. S. 264) spricht diesbezüglich von seelischen Entlastungshilfen.

[4] Fred Rodrian, a.a.O. S. 120.

[5] Fred Rodrian, a.a.O. S. 120.

Kinder- und Erwachsenenwelt fügen sich mit ihren jeweiligen Weltbildern zu einem paradoxen, diffusen Entwurf.
Auf diese Zwiespältigkeit sind, außer Fred Rodrian, auch Dirk Walter[6] und Dieter Mank[7] - im Zusammenhang mit Kästners Werkepochen 1928-1933 bzw. 1933-1945 - eingegangen. Die Kästnersche Haltung ist jedoch auf das gesamte Werk übertragbar und bietet somit die Basis zum Verständnis eines allumfassenden Doppelbödigkeit des zweifelhaften Gratwanderers.

Betrachten wir zunächst das Weltbild in Kästners (satirischen) Schriften für Erwachsene.
Schenkt man Kästners Ausführungen Glauben, so ist hier das Ziel des Satirikers, durch weitgehend pessimistische und nihilistische Darstellungen den Menschen durch Einsicht moralisch zu bessern.[8]
Diese grundsätzliche Haltung ist mit der Perspektive verbunden, daß es - trotz wissenschaftlicher Innovationen - keinen Fortschritt der Menschheit geben wird noch gegeben hat. Das Gedicht „Die Entwicklung der Menschheit“ (1932) veranschaulicht dies in satirisch krasser Form:

> „Einst haben die Kerls auf den Bäumen gehockt,
> behaart und mit böser Visage.
> Dann hat man sie aus dem Urwald gelockt
> und die Welt asphaltiert und aufgestockt,
> bis zur dreißigsten Etage.
> (...)
> So haben sie mit dem Kopf und dem Mund
> den Fortschritt der Menschheit geschaffen.
> Doch davon mal abgesehen und
> bei Lichte betrachtet sind sie im Grund
> noch immer die alten Affen.“ [9]

---

[6] Dirk Walter, a.a.O. S. 10 ff.

[7] Dieter Mank, a.a.O. S. 136 ff.

[8] Vgl. dazu „Eine kleine Sonntagspredigt. Vom Sinn und Wesen der Satire“ (1947). GS, Bd. 5, S. 117-120.

[9] GS, Bd. 1, S. 223-224.

Der spöttische Gehalt der Strophen zielt auf eine innere Evolution des Menschen, die als möglicher moralischer Reifeprozeß inadäquat zur äußeren verlaufen ist. Die „alten Affen" - und mit ihnen Ur-Instinkte wie Macht- und Sexualtrieb - sind bezüglich ihrer Entwicklung auf derselben Stufe stehengeblieben. Wie im obigen Gedicht („noch immer"), so klassifiziert der Lyriker auch in „Dem Revolutionär Jesus zum Geburtstag" (1930) diesen Zustand als absoluten Stillstand.

„Zweitausend Jahre sind es fast,
seit du die Welt verlassen hast,
du Opferlamm des Lebens!
Du gabst den Armen ihren Gott.
Du littest durch der Reichen Spott.
Du tatest es vergebens!
(...)
Die Menschen wurden nicht gescheit.
Am wenigsten die Christenheit,
trotz allem Händefalten.
Du hattest sie vergeblich lieb.
Du starbst umsonst. Und alles blieb
beim Alten." [10]

In anderen Teilen von Kästners Lyrik und Prosa wird die mit Hilfe von aus der Umgangssprache entlehnten Phrasen („beim Alten bleiben") vermittelte innerliche Paralyse des Menschen durch Verben wie „liegen" und „bleiben" aufrechterhalten und zukunftsweisend zu einer Wiederkehr des Immergleichen erhoben, was in bezug auf Weltbild und Geschichtsverständnis näher an den Kern des Kästnerschen Denkens in seiner Literatur für Erwachsene heranführt.
In „Elegie mit Ei" aus Kästners erstem Gedichtband „Herz auf Taille" (1928) heißt es dazu unter anderem:

„Wir wolln der Zukunft nicht ins Fenster gaffen.

---

[10] GS, Bd. 1, S. 207-208.

Sie liegt mit der Vergangenheit zu Bett.
Die ersten Menschen waren nicht die letzten Affen.
Und wo ein Kopf ist, ist meist auch ein Brett.“ [11]

Wie auch in dem

„Der Mensch ist schlecht. Er bleibt es künftig“

aus der „Ansprache an Millionäre“ (1930)[12], offenbart sich ein Geschichtspessimismus, bei dem Vergangenheit, Gegenwart und Zukunft miteinander verschmelzen und zu beliebig austauschbaren Varianten avancieren.
Für Dieter Mank, der Kästners Schaffen im nationalsozialistischen Deutschland untersucht hat, werden „Vergangenheit, Gegenwart wie Zukunft (...) in Kästners Verständnis zu einer Abfolge von Situationen, deren kaum differenzierte Fatalität von der Konstante der Begriffspaarung Dummheit/Bosheit beherrscht wird und in welchen positive Perspektiven allein durch unbeirrbar konsequente Demonstration moralischen Handelns des Einzelnen realisiert werden können.“[13] Mank zielt hier auf die absolut moralische Position Kästners und gelangt zu dem Fazit:

> „Zu einer wirklichkeitsgeprägten Betrachtung von Geschichte kann es so nicht kommen, die Gegenbilder zu Kästners fataler Welt orientieren sich nicht an Schlußfolgerungen aus nach der Betrachtung politischer oder sozialer Zusammenhänge gewonnenen Einsichten, sondern klammern sich an die Utopie einer moralisch perfektionierten Idylle.“ [14]

---

[11] GS, Bd. 1, S. 95.
[12] GS, Bd. 1, S. 177.
[13] Dieter Mank, a.a.O. S. 140.
[14] Dieter Mank, a.a.O. S. 140.

Ebenso wie Mank attestiert auch Gerhard Seidel in seinem Aufsatz „Links vom Möglichen“ (1968) Kästner mangelnde Einsicht in den Gang der Geschichte.[15]
All dem zugrunde liegt ein auf die gesamten Erwachsenenschriften anwendbares Weltverständnis, das sich *zyklisch* benennen läßt. Eine linear-progressistische Entwicklung der Menschheit gibt es, bedingt durch den individuellen Mangel an Einsicht, in Kästners Welt für Erwachsene nicht. Das *innerliche Null-Wachstum der Menschen* wird daher häufig über den Vergleich des Kreises oder der Kugel erschlossen. Dirk Walter hat in bezug auf das Frühwerk darauf verwiesen[16], doch ist dies werkdurchgängig zu verfolgen.
Das markanteste Beispiel taucht zunächst am Ende des dritten Kapitels im „Fabian“-Roman auf, als Jakob Fabian nach einer privaten Diskussion mit den Zeitungsredakteuren Malmy und Münzer über die Charakterfestigkeit der Menschen und deren „seelische Bequemlichkeit“ [17] die Redaktion verläßt:

> „Was war das für eine komische Kugel, ob sie sich nun drehte oder nicht! Er mußte an eine Zeichnung von Daumier denken, die ‚Der Fortschritt' hieß. Daumier hatte auf dem Blatt Schnekken dargestellt, die hintereinander herkrochen, das war das Tempo der menschlichen Entwicklung. Aber die Schnecken krochen im Kreise!
> Und das war das Schlimmste.“ [18]

---

[15] Gerhard Seidel, a.a.O. S. 67. In Ergänzung dazu konstatiert er: „Sie (Anm.: Kästners Werke, AD) sind erfüllt vom lauteren Wunsch nach gesellschaftlicher Harmonie und einem menschenwürdigen Leben für alle. Sie sind jedoch ebenso gezeichnet von der Begrenztheit eines philanthropischen Erziehungsutopismus, der 200 Jahre nach Lessing naiv anmutet.“ (S. 67).

[16] Dirk Walter, a.a.O. S. 10.

[17] GS, Bd. 2, S. 31.

[18] GS, Bd. 2, S. 33. Im Zusammenhang damit verweise ich auch auf den 1975 publizierten Aufsatz von Egon Schwarz „Erich Kästner. Fabians Schneckengang im Kreise“ (a.a.O.).

Im „Fabian"-Roman bleibt die Hauptfigur passiver, illusionsloser Beobachter. Der von pessimistischem Geschichtsbild und Weltverständnis geprägte moralische Zerfall der Gesellschaft wird vor Augen geführt.
Im Hinblick auf die Zukunft gibt es keine Hoffnung auf eine wirkliche Entwicklung der Menschheit. In einem Dialog zwischen Fabian und seinem aktivistisch veranlagten Freund Labude tritt dies ebenso deutlich hervor wie in einem Gespräch zwischen Fabian und seiner späteren Freundin Cornelia Battenberg:

> „ ‚Ich sehe zu. Ist das nichts?'
> ‚Wem ist damit geholfen?'
> ‚Wem ist zu helfen?' fragte Fabian. ‚Du willst, träumst du, das Kleinbürgertum sammeln und führen. (...) Und dann willst du helfen, einen Kulturstaat aufzubauen, der dem Paradies verteufelt ähnlich sieht. Und ich sage dir: Noch in deinem Paradies werden sie sich die Fresse vollhauen!' " [19]

> „ ‚Und was kommt nach dem Untergang?'
> Fabian (...) gab zur Antwort: ‚Ich fürchte, die Dummheit.' " [20]

Der Erzähler läßt die Figuren in einem Gefilde aus Schwarzseherei und Melancholie agieren. Folgt man den Ansichten des Autors Kästner, suchte er anhand übertriebener Darstellung negativer Tatsachen den Menschen einen Zerrspiegel vorzuhalten, um sie durch Anschauung zur Einsicht zu bringen.[21] So wollte der Autor den „Fabian" auch nicht als Poesie- oder Fotografiealbum mißverstanden wissen.[22]
Umso mehr muß erstaunen, daß Schwarzseherei in den Schriften nicht alleine als Methode diente, sondern gleichwohl ihre Entsprechung in der pessimistischen Weltanschauung Kästners fand. In seinem im Au-

---

[19] GS, Bd. 2, S. 43-44.

[20] GS, Bd. 2, S. 81.

[21] In „Eine kleine Sonntagspredigt. Vom Sinn und Wesen der Satire" (1947). GS, Bd. 5, S. 119.

[22] In Kästners 1950 hinzugefügtem Vorwort. GS, Bd. 2, S. 10.

gust 1928 in der „Neuen Leipziger Zeitung“ publizierten Beitrag „Kritik des idealistischen Sozialismus“ schreibt er unter anderem:

> „Nun steht zwar fest, daß sich, im Verlauf der Geschichte, sehr vieles in fortschrittlicher Richtung gewandelt hat: die Wissenschaftserkenntnisse, die technische Praxis, das Wirtschaftsgebaren usw. Nur der Mensch als moralisches Einzelwesen und die Menschheit als moralische Gemeinschaft haben sich nicht geändert. (...)
> Egoismus, Profitgier, Machtprinzip, Sexualtrieb, Kriegsgreuel waren und sind die Leitmotive des privaten und historischen Verlaufs. Und außer ehrenwerten Hoffnungen gibt es nichts, was zukünftige Besserung versprechen kann.“ [23]

Mit Blickrichtung Zukunft und dem Spannungsfeld zwischen Aktivismus und Teilnahmslosigkeit - und damit seiner eigenen Aufgabe - setzt er im selben Beitrag fort:

> „Auch die idealistische Praxis - Religionsgründung, Reformation, Gesetzgebung, Sektenbildung - änderte an diesem Sachverhalt nicht das geringste. Jede Bemühung, die Menschheit zu bessern, wird an deren Unverbesserlichkeit scheitern.
> Der Idealist, der ‚gute' Mensch mit Verallgemeinerungsdrang, schließt von sich auf andere, und auf diesem offensichtlichen Trugschluß beruht seine Weltanschauung. Damit ist sie verurteilt, eine persönliche Angelegenheit des Absenders zu bleiben oder ähnlich Gesinnte am Beispiel zu erfrischen. Diese Aufgabe ist bedeutungsvoll, leider nur in der privaten Sphäre.“ [24]

Auch wenn Kästner - basierend auf seiner *zyklischen* Weltanschauung - die kommenden Zeiten verdüstert, so sieht er gleichwohl den von Verantwortungsgefühl gegenüber seinen Mitmenschen geprägten aktiv wir-

---

[23] Kästner: Gemischte Gefühle, a.a.O. Bd. 1, S. 263-264.

[24] Kästner: Gemischte Gefühle, a.a.O. Bd. 1, S. 264.

kenden Idealisten als teilnehmenden Beobachter der Zeitströmungen - und damit sich selbst.
Er gibt sich besessen von einer stillen Hoffnung auf Besserung der Menschen durch eigene Einsicht, „wenn man sie oft genug beschimpft, bittet, beleidigt und auslacht“ [25]. Als Zaungast des Weltgeschehens sieht sich der *Kästner für Erwachsene* als moralisch-neutrale Oberinstanz auf dem wissentlich *verlorenen Posten* [26]. Von hier aus zeichnet er bereits 1928 das Scheitern an seiner eigenen Aufgabe vor. Schuld trägt allerdings nicht er bzw. seine Methode, sondern der unbelehrbare Mensch.

Da für Kästner die Zukunft durch die Vergangenheit bereits vorgegeben ist, weiß er um die Ausweglosigkeit des Unterfangens eines *Idealisten*, den - seiner Ansicht nach - verbesserungsbedürftigen Menschen zu verbessern. Man muß sich fragen, ob dabei nicht ein programmatischer Verantwortungsentzug mitschwingt: das krampfhaft wirkende Festhalten an einer Methode.
Kann es auf Dauer reichen, immer nur die anderen anzuklagen, ohne Perspektiven aufzuzeigen?
Was in dem genannten Zeitungsbeitrag „Kritik des idealistischen Sozialismus“ schon in frühen Werkjahren als ein eigener illusionsloser Ausblick erscheint, wandelt sich bei Kästner im Laufe seines Schaffens zu einem anwachsend resignativen Rückblick, der zuweilen larmoyant anmutet.
Vor dem Hintergrund seines Verbleibens im nationalsozialistischen Deutschland - trotz Publikationsverbotes im Inland sowie der einsetzenden Kriegsgreuel - greift Kästners Resignation in seinen im Januar 1940 verfaßten *Briefen an sich selber* [27] einer ähnlich gearteten in den fünfziger und sechziger Jahren vor. Die Thematik der Menschheitsentwicklung taucht mit leitmotivischer Hilfe des *Kreises* wieder auf.

---

[25] In „Eine kleine Sonntagspredigt“. GS, Bd. 5, S. 120.
[26] Im „Fabian“-Vorwort von 1950. GS, Bd. 2, S. 10.
[27] GS, Bd. 2, S. 249-254.

„Deine Hoffnungen waren das Lehrgeld, das noch jeder hat zahlen müssen, der vermeinte, die Menschen sehnten sich vorwärts, um weiterzukommen. In Wirklichkeit wollen sie nur nicht stillstehn, weil sie Angst vor der Stille haben und nicht etwa vorm Stillstand! Ihr Weg ist der Kreis, und ihr Ziel, seine Peripherie immer schneller und möglichst oft zurückzulegen. Die Söhne überrunden die Väter. Das Ziel des Ringelspiels ist der Rekord. Und wer den gehetzt blickenden Karussellfahrern mitleidig zuruft, ihre Reise im Kreise sei ohne Sinn, der gilt ihnen mit Recht als Spielverderber. Nun Du weißt, daß Du im Irrtum warst, als du bessern wolltest.“ [28]

In selten offengelegtem direktem Pessimismus bezieht Kästner hier Stellung und schlägt sich im Laufe jenes Briefes seinen eigenen Rückzug als - idealistisch gesonnener - Schriftsteller vor[29].
Die Briefe wirken mit Blick auf die unbelehrbaren Menschen anklageerhebend und sollen verdeutlichen, daß nicht die Methode des Schriftstellers fraglich ist. Sämtliche Schuld lastet auf den anderen, den bösen, unverständigen Menschen.

Fest steht, daß sich hinter all dem eine große Ratlosigkeit verbirgt. Kästner weiß nicht, wie es anders werden soll, und bleibt somit im Grunde selbst auf der Ebene der Entwicklungslosigkeit.[30] Was er selbst nicht wahr haben wollte, deutet sich an: Muß er nicht die Menschheit, sondern *sich* zum Objekt seiner Problemforschung machen?

---

[28] GS, Bd. 2, S. 252.

[29] GS, Bd. 2, S. 253. Dort heißt es: „Du jedoch ziehe Deinen bescheidenen geistigen Anteil, den Du an diesem rührenden Unternehmen hattest, mit dem heutigen Tage aus dem Geschäft! Du bist vierzig Jahre alt, und Dich jammert die Zeit, die Du, um zu nützen und zu helfen, hilflos und nutzlos vertatest!“
Kästner verweist selbst darauf, daß es sich bei den Briefen nicht um eine literarische Fiktion handelt. (GS, Bd. 2, S. 247).

[30] Jene Ratlosigkeit hat Heinz Kamnitzer (a.a.O. S. 42) bildreich aufgegriffen: „Erich Kästner dagegen steht mit einer Herbstzeitlose an der Straßenecke und bittet die Passanten, es doch einmal mit dem gesunden Menschenverstand zu versuchen. Er baut auf die Vernunft, aber er weiß nicht recht, worauf die Vernunft bauen soll.“

> „‚Wer die Menschen ändern will, beginne bei sich selbst!' lautet ein altes Wort, das aber nur den Anfang einer Wahrheit mitteilt. Wer die Menschen ändern will, der beginne nicht nur bei sich, sondern er höre auch bei sich selber damit auf.“ [31]

schreibt er im zweiten *Brief an sich selber*, der in dem 1948 erschienenen Epigramm „An die Maus in der Falle oder Freiheit und Christentum“ eine poetisch abgewandelte, thematische Entsprechung findet:

> „Du rennst im Kreis und suchst ein Loch?
> Du rennst umsonst! Begreif es doch!
> Besinn dich!
> Ein einz'ger Ausweg bleibt dir noch:
> Geh in dich!“ [32]

Auch hier tritt erneut der metaphorische Kreis zutage und weist - über *Selbsterfahrung* - auf Rückzug und Resignation.

Das Welt- und Geschichtsbild des Erwachsenenbuchautors Kästner weist in Früh- und Spätwerk Parallelen auf.
Wie nach Naturgesetzen, so spult sich alles im gleichen gültigen Zyklus der Zeit ab. Im Vorwort zu seinem Naturgedichte-Band „Die 13 Monate“ (1955) schreibt er:

> „Der Flieder verwelkt, um zu blühen. Und er blüht, weil er welken wird. Der Sinn der Jahreszeiten übertrifft den Sinn der Jahrhunderte.“ [33]

Mit Blick auf das auftauchende Immergleiche wird hier eine fatalistische Haltung deutlich.

---

[31] GS, Bd. 2, S. 253.
[32] GS, Bd. 1, S. 328.
[33] GS, Bd. 1, S. 352.

Wichtiger erscheint mir die Schlußstrophe im Schlußgedicht „Der dreizehnte Monat“, das eine Flucht des Idealisten aus der (gesellschaftlichen Um-)Welt in die Sphäre der Natur verrät:

> „Es tickt die Zeit. Das Jahr dreht sich im Kreise.
> Und werden kann nur, was schon immer war.
> Geduld, mein Herz. Im Kreise geht die Reise.
> Und dem Dezember folgt der Januar.“ [34]

Zur Verdeutlichung des unveränderten Welt- und Geschichtsverständnisses des Erwachsenenbuchautors Kästner möchte ich an dieser Stelle auf die Analogie in den bereits zitierten Zeilen aus „Elegie mit Ei“ (1928) verweisen:

> „Wir wolln der Zukunft nicht ins Fenster gaffen.
> Sie liegt mit der Vergangenheit zu Bett.“ [35]

Speziell in der romantisierten Haltung in „Die 13 Monate“ dringen Erkenntnis und Bitterkeit durch, was sich nicht zuletzt auf die Rotation um die eigene dichterische Achse bezieht. In einem Interview aus dem Jahre 1967 wird Erich Kästner mit dem Satz zitiert:

> „Man hat es satt, sich immer zu wiederholen.“ [36]

---

[34] GS, Bd. 1, S. 390.

[35] GS, Bd. 1, S. 95.

[36] Gespräch mit Thomas Koebner, a.a.O. S. 8.
Dabei waren doch von jeher die Fehler der verbesserungsbedürftigen, aber nie zu verbessernden Menschheit stets Legitimation seiner Arbeit gewesen. In der Biographie von Luiselotte Enderle (a.a.O. S. 109) liest man zu dieser Thematik: „Und auch das gehört zu den reizvollen Paradoxen in seinem Leben, daß er kurz vorher (Anm.: kurz vor der Publikation des Gedichtzyklus' ‚Die 13 Monate', AD) einem Journalisten auf die Frage: ‚Was täte ein satirischer Schriftsteller, wenn er im Paradiese lebte?' noch geantwortet hatte: ‚Dann wäre seine Existenz grundsätzlich bedroht! Denn was täte er ohne die Dummheit und Bosheit der Menschen? Was finge er an, wenn ihm die Gesellschaft, der Staat, die Welt kein Ärgernis böten?' “

Als Mahner und Ermahner konstatiert Kästner hier gleichsam die Schwäche seiner schriftstellerischen Wirksamkeit.
Zusammenfassend halten wir an diesem Punkt fest, daß es bei Kästner keine Wandlung in Geschichtsbild und Weltverständnis seiner Erwachsenenwelt gegeben hat, höchstens eine partielle Verschiebung hin zu verstärkter Resignation und Larmoyanz.

Kommen wird nun zu Kästners vermitteltem Weltbild und Geschichtsverständnis in seinen Kinderbüchern, so eröffnet sich eine gegensätzliche Perspektive.
Hier dominiert nicht mehr der Glaube an eine zyklisch geartete Vorherbestimmung, sondern die Hoffnung auf eine vorwärts ausgerichtete und damit linear-progressistische innere Weiterentwicklung der Menschheit.
Wird bei Kästner und in seiner Welt für Erwachsene - vor dem Hintergrund fatalistischer Gesinnung - jegliches Streben als von grundauf zur Entwicklungslosigkeit verdammt abgeurteilt, so präsentiert sich die Kinderwelt in den Kinderbüchern auf einer gegensätzlichen Schiene. Dies manifestiert sich deutlich im „Kleinen Nachwort" zum 1931 erschienenen Roman „Pünktchen und Anton":

> „Ich habe von Anton erzählt, obwohl er dem Emil Tischbein (Anm.: aus ‚Emil und die Detektive', AD) so ähnlich ist, weil ich glaube: Von dieser Sorte Jungen kann man gar nicht genug erzählen, und Emile und Antone können wir gar nicht genug kriegen!
> Vielleicht entschließt ihr euch, so wie sie zu werden? Vielleicht werdet ihr, wenn ihr sie liebgewonnen habt, wie diese Vorbilder, so fleißig, so anständig, so tapfer und so ehrlich?
> Das wäre der schönste Lohn für mich. Denn aus dem Emil, dem Anton und allen, die den beiden gleichen, werden später einmal sehr tüchtige Männer werden. Solche, wie wir sie brauchen können." [37]

---

[37] GS, Bd. 6, S. 509.

Wohin Kästners zweckoptimistische Kreation von idealen Identifikationsfiguren leiten kann, wird im fünften und sechsten Kapitel eingehender zu diskutieren sein. Hier ist festzuhalten, daß er in seiner *zweiten Welt* die Aussicht auf eine vergleichsweise heile Welt freigibt, die er selbst nicht sieht, auch wenn er sie in der „sechzehnten Nachdenkerei“ zu „Pünktchen und Anton“ nochmals zu untermauern sucht:

> „Nun könntet ihr womöglich daraus schließen, daß es auch im Leben immer so gerecht zuginge und ausginge wie in unserem Buch hier! Das allerdings wäre ein verhängnisvoller Irrtum! Es sollte so sein, und alle verständigen Menschen geben sich Mühe, daß es so wird. Aber es ist nicht so. Es ist noch nicht so. (...) Die Erde soll früher einmal ein Paradies gewesen sein. Möglich ist alles.
> Die Erde könnte wieder ein Paradies werden. Alles ist möglich!“ [38]

Angelegt auf eine artifizielle Realitätsnähe, verbirgt sich trotz allem hier eine an Wunschdenken gekoppelte Weltflucht des Autors.

Wie gut, daß die Kinder Kästners in jener Epoche entstandenen Gedichte und den „Fabian“-Roman nicht kennen. Aus dem Munde der Werkfigur Jakob Fabian hört sich die Hoffnung auf ein Paradies anders an. Im bereits angesprochenen Dialog mit seinem Freund Labude urteilt er:

> „Noch in deinem Paradies werden sie sich die Fresse vollhauen. Davon abgesehen, daß es nie zustande kommen wird...“ [39]

Generell wird jene Vorgehensweise, die Kästner in seiner Erwachsenen-Lyrik explizit verurteilt, in den Kinderbüchern in ihr Gegenteil verkehrt.

---

[38] GS, Bd. 6, S. 508.
[39] GS, Bd. 2, S. 44.

In seinem Gedicht „Und wo bleibt das Positive, Herr Kästner?" (1930) wendet er sich gerade gegen eine Zeichnung der Welt in utopischem Rosa:

> „Die Spezies Mensch ging aus dem Leime
> und mit ihr Haus und Staat und Welt.
> Ihr wünscht, daß ich's hübsch zusammenreime,
> und denkt, daß es dann zusammenhält?
>
> Ich will nicht schwindeln. Ich werde nicht schwindeln.
> Die Zeit ist schwarz, ich mach euch nichts weis." [40]

Nun könnte man die Kästnerschen Kinderbücher - trotz eines Realitätsbezugs mit der Großstadtkulisse in „Emil und die Detektive" (1929) - der Rubrik des modernen Märchens zuweisen: literarische Ausflugsinseln in den Phasen von Rezession bzw. Nachkriegszeit[41]. Doch dazu interveniert der selbsternannte *Geschichtenerzähler* Kästner[42] zu sehr als Oberlehrer in die Handlungsstränge seiner Romane, was sich oft durch persönliche Ansprache an die jungen Leser vermittelt[43] und einen Brückenschlag zur angenommenen gesellschaftlichen Realität darstellt.

---

[40] GS, Bd. 1, S. 215.

[41] Ruth K. Angress (a.a.O. S. 101) bezieht zu diesem Thema krass Stellung: „Kästners Kinderromane sind im Grund sentimentale Bücher, die den gängigen Vorstellungen ihrer Entstehungszeit entsprechen. Sie sind oft unehrlich in ihrer Darstellung menschlicher Beziehungen, und was sie an *Ethik* enthalten, ist primitiv."

[42] In „Kästner über Kästner". GS, Bd. 5, S. 304.

[43] Die hervorstechendsten Beispiele bieten sich mit den eingeschobenen „Nachdenkereien" in „Pünktchen und Anton".
Die „zweite Abteilung des Vorwortes" in „Das fliegende Klassenzimmer" (1933) greift erneut Tugenden und das Motiv vom Fortschritt der Menschheit auf:
„Und jetzt schreibt euch hinter die Ohren, was ich jetzt sage: Mut ohne Klugheit ist Unfug; und Klugheit ohne Mut ist Quatsch! Die Weltgeschichte kennt viele Epochen, in denen dumme Leute mutig oder kluge Leute feige waren. Das war nicht das richtige.
Erst wenn die Mutigen klug und die Klugen mutig geworden sind, wird das zu spüren sein, was irrtümlicherweise schon oft festgestellt wurde: ein Fortschritt der Menschheit." (GS, Bd. 7, S. 16).
Doch fühlen sich die Rezipienten angesichts solch abstrakt gehaltener Formeln nicht alleine gelassen?

Zurecht sieht Dagmar Grenz den Menschen bei Kästner als unhistorisch und von der Gesellschaft unabhängig gedachtes Wesen[44]; die Teilung im Welt- und Gesellschaftsbild des Autors in gute und böse Menschen wertet sie vor dem Hintergrund der Verharmlosung sozialer Gegensätze als Inkonsequenz[45]. Marianne Bäumler ist in ihrer Dissertation ausführlich auf die bereinigte Realität auch in Kästners Kinderbüchern eingegangen.[46]

Die kontradiktorischen und jeweils jenseits der Wirklichkeit angesiedelten Welten aus Kinder- und Erwachsenenliteratur sind signifikant für das gesamte Werk Kästners.
Nur wenige Male wird diese zweigeteilte Welt an ihrer imaginären Schnittlinie durchbrochen; die *böse Welt* der Erwachsenen verschmilzt mit der *guten Welt* der Kinder. Ein Beispiel bietet das Gedicht „Ein Kind, etwas frühreif" (1928), das sich des sündhaft-aufkeimenden Sexualtriebs annimmt. Das *reine Ich* des Kindes hat unter den Einflüssen aus der Welt der Erwachsenen gelitten und ist somit der objektiven moralischen Frage nach der Schuld enthoben:

> „Ich habe mich zu einem Kinde gebückt.
> (Denn ich bin in solchen Dingen nicht stolz.)
> Und ich hab ihm sein Spielzeug zurechtgerückt.
> Es war ein Schimmel aus Holz.
> Das Kind ging mit einer schönen Frau.
> Die dachte, ich dächte, sie wäre so frei...
> Und sie zog ihr Kind wie einen Wauwau
> an Laternen und Läden vorbei.
>
> Sie fühlte sich schon zur Hälfte verführt
> und schwenkte vergnügt ihr Gewölbe.
> Das hätte mich nun nicht weiter gerührt.

---

44 Dagmar Grenz, a.a.O. S. 158.

45 Dagmar Grenz, a.a.O. S. 163.

46 Marianne Bäumler (a.a.O. S. 152) spricht zum Beispiel in bezug auf „Emil und die Detektive" von bereingtem Charakter und bereinigter Großstadtkulisse.

Doch das Kind - ich hab es ganz deutlich gespürt -
das dachte bereits dasselbe..." [47]

Nur an wenigen Stellen in Kästners Schriften scheint des Autors Interimsposition in der zweigeteilten Welt aufgehoben und ein dahingehender Verdrängungsmechanismus außer Kraft gesetzt.
In der „Ballade vom Nachahmungstrieb“ (1932), in der Kinder einen Altersgenossen lynchen, heißt es einleitend allgemein:

„Es ist schon wahr: Nichts wirkt so rasch wie Gift!
Der Mensch, und sei er noch so minderjährig,
ist, was die Laster dieser Welt betrifft,
früh bei der Hand und unerhört gelehrig.“ [48]

Im zyklischen Weltbild für Erwachsene paart sich hier wieder Fatalismus mit Ratlosigkeit. Das bedeutet: Zustände lassen sich nur konstatieren und auch durch schriftstellerische Praxis nicht ändern. Anstöße zu denkbaren Veränderungen bleiben - wie im folgenden Gedicht „Genesis der Niedertracht“ (1930) - in abstrakten Formeln stecken.

„Eines merkt man stündlich und täglich:
Kinder sind hübsch und offen und gut,
aber Erwachsene sind unerträglich.
Manchmal nimmt uns das allen Mut.

Böse und häßliche alte Leute
waren als Kinder fast tadellos.
Nette und reizende Kinder von heute
werden später kleinlich und groß.
Wie ist das möglich? Was soll das heißen?
Sind denn auch die Kinder nur echt,
wenn sie den Fliegen die Flügel ausreißen?
Sind denn auch schon die Kinder schlecht?

---

[47] GS, Bd. 1, S. 51.
[48] GS, Bd. 1, S. 258.

> Jeder Charakter ist durch Zwei teilbar,
> da Gut und Böse beisammen sind.
> Doch die Bosheit ist unheilbar,
> und die Güte stirbt als Kind.“ [49]

Bei all dem ist eine latente Angst („den Mut nehmen“) vor der äußeren, zeitlichen Weiterentwicklung zu spüren, die lediglich Hülse ist für die innere, moralische Entwicklungslosigkeit.
Wie lange sich das utopistische Wunschgebilde der Kinderbücher zu erhalten vermag, scheint nur eine Frage des Laufes der Zeit. Dahinter steht die Problematik: Wie werden jene Kinder, denen Kästner die Aussicht auf eine hoffnungsfrohe Zukunft vorgegaukelt hatte? Und wann avancieren sie zu eben jenen Erwachsenen in seinen satirischen Schriften?

Erstaunlich ist, daß es in Kästners Werken keine Zwischenstufe in den Entwicklungsphasen vom Kind zum Erwachsenen gibt, die ernsthaft in den Vordergrund tritt. Die *heranwachsende Jugend* bleibt ausgeklammert, was auf einen programmatischen Verantwortungsentzug Kästners deutet; auf diesen Aspekt werden wir im Hinblick auf die geschlechterrelevanten Rollenzuweisungen im sechsten Kapitel näher eingehen. Die Hereinnahme einer wahren Jugend-Thematik in seine Bücher hätte das stoische Festhalten am Zwei-Welten-Prinzip ins Wanken gebracht.

Zu einer für ihn als Schriftsteller betrüblichen Erkenntnis kommt Kästner, wenn er die sichere Gewißheit erlangt, daß die von ihm den frühen Kinderbüchern linear-progressistische Evolution der Menschheit auf die in den Erwachsenenbüchern beschriebene zyklische Bahn geraten ist. In den bereits angesprochenen *Briefen an sich selber* (1940) heißt es an einer Stelle:

> „Die Söhne überrunden die Väter.“ [50]

---

[49] GS, Bd. 1, S. 211.
[50] GS, Bd. 2, S. 252.

In realem Rahmen handelt es sich zu Beginn des zweiten Weltkriegs bei jenen „Söhnen“, die ihre „Väter“ beim Lauf im Kreis überholen[51], um die einstige Leserschaft von „Emil“ und „Anton“. Unabdingbar sind auch sie als Bestandteile des zyklischen Kästnerschen Welt- und Geschichtsverständnisses verifiziert worden.
Fred Rodrian hat Kästner zurecht den Vorwurf des Ausweichens in der Kinderliteratur gemacht und Zweifel am Vorgehen des Zwei-Welten-Gratwanderers erhoben:

> „Wie andere Utopisten vor ihm, predigt er Gutsein und Liebe. (...) Nur: Letzten Endes kommt es darauf an, was man mit seiner Liebe macht. Die Liebe muß tätig sein, tätig machen. Und da gerät Kästner in seinen Kinderbüchern in ein fatales Dilemma. Als bürgerlicher Kritiker seiner Zeit könnte er, von seiner Kenntnis der gesellschaftlichen Umwelt ausgehend, seine Helden (und seine kleinen Leser) doch bereit machen für die Welt, in der ‚Fabian' sterben muß. Aber dann müßte er sie - extrem genommen - zu Wölfen machen oder zu Revolutionären. Er will das eine nicht und kann das andere nicht.“ [52]

Hält man sich die Fruchtlosigkeit des trügerischen Zweckoptimismus' des Kinderbuchautors Kästner vor Augen, wird verständlich, warum er nach dem zweiten Weltkrieg mit der satirischen Tierfabel „Die Konferenz der Tiere“ (1949) eine neue Variante vorgelegt hat.
Dabei erweist sich lediglich die Form, nicht aber die Essenz als Novum. Unter Aufgabe des Wirklichkeitsbegriffes werden nun die Tiere zu kollektiven Handlungsträgern, um die Menschheit zu verbessern, deren eigene (moralische) Antriebskraft stets im Nichts versandet.

Die Polaritäten *zyklisch* versus *linear* sind auch hier wieder gewahrt. Die Menschen, respektive die Erwachsenen, rotieren im Kreislauf der Geschichte. Im anfänglichen Dialog zwischen Giraffe und Löwe heißt es:

---

51 GS, Bd. 2, S. 252.

52 Fred Rodrian, a.a.O. S. 119-120.

„ ‚Schreckliche Leute! Und sie könnten's so hübsch haben! Sie tauchen wie die Fische, sie laufen wie wir, sie segeln wie die Enten, sie klettern wie die Gemsen und fliegen wie die Adler, und was bringen sie mit ihrer Tüchtigkeit zustande?'
‚Kriege!' knurrte Löwe Alois. ‚Kriege bringen sie zustande. Und Revolutionen. Und Streiks. Und Hungersnöte. Und neue Krankheiten.' “ [53]

Mit ihrer auf kompromißlosem Pazifismus basierenden Friedenskonferenz - im Gegensatz zu den siebenundachtzig gescheiterten der Menschen - gelingt den Tieren über die von der Giraffe formulierte Einsicht

„Aber Schimpfen hilft nichts. Es müßte etwas geschehen“ [54]

ein solidarisch geprägtes und harmonistisch geglättetes zukunftsorientiertes Aufwärts. Unter dem Konferenzslogan „Es geht um die Kinder“[55] hatten die Tiere dabei auf mehrere aktivistische Maßnahmen zurückgreifen müssen, um die Menschen zur friedensliebenden Einsicht zu bringen bzw. zu zwingen: Vernichtung des ganzen Aktenmaterials durch Mäuse, Vernichtung der Uniformen durch Motten und - da beides nicht geholfen hatte - der *gutartige* Raub der Kinder, um so den ewigen Friedensvertrag von allen Staatsoberhäuptern unterzeichnen zu lassen[56]. Unter Zuhilfenahme einer außer- bzw. übermenschlichen Macht wird eine linear-progressistische Entwicklung auf die gesamte Menschheit bezogen.
Kästners idyllisches Utopia der Menschenliebe und Konfliktfreiheit steht - durch die Gattung der „Konferenz der Tiere“ bedingt - auf dem Höhepunkt.

---

[53] GS, Bd. 7, S. 339-340.
[54] GS, Bd. 7, S. 341.
[55] GS, Bd. 7, S. 363.
[56] GS, Bd. 7, S. 389-390.

Inwieweit Kästner im „Traumland eines auf die Vernunft bauenden Idealisten“ [57] bei seinem jungen Lesepublikum realitätsnahe Einsichten zu erschließen vermochte, bleibt fraglich.

Auch wenn Kästner selbst nicht daran glaubt, Menschen könnten lernen und zur Einsicht zu gelangen („Jede Bemühung, die Menschheit zu bessern, wird an deren Unverbesserlichkeit scheitern“ [58]), so sucht er immer wieder seinen An- und Einsichten auf einer doppelten Ebene jenseits der Realität zu trotzen.

Läßt sich eine solch widersprüchliche Haltung - insbesondere in bezug auf die Kinder - überhaupt verantworten? Bei Kästner herrscht immer ein gespaltenes Bild. Besteht - auch in seiner Kinderwelt - eine realistische Hoffnung darauf, das Individuum könne gescheit, einsichtsvoll und tugendhaft werden? Und wenn, was kommt danach?
An einer Stelle des Spätwerks machen sich beim Autor Zweifel breit, ob der Mensch - auch über den Weg der Literatur - zu bessern ist und ob nicht ein anderer methodischer Ansatz vonnöten wäre. In dem Zeitschriftenbeitrag „Der Abgrund als Basis“ (1947) heißt es:

> „Man muß sich mit dem Gedanken vertraut machen, daß es an der Zeit ist, statt der unveränderlichen Menschen die veränderliche Komponente zu ändern: die Zustände!“ [59]

Dies ist lediglich als phrasenhafte Variante im doppelbödigen ideologischen Zwei-Welten-Spiel Kästners zu sehen.
Eine literarische Vorgehensweise, die auf die Veränderung der Zustände zielt, hat Kästner weder vor noch nach 1947 praktiziert.
Hier läßt sich eine auf Rückzug deutende Resignation ablesen, deren Ursache man in einer stets vollzogenen Überbetonung des Predigens und Appellierens suchen muß.

---

[57] Kurt Beutler, a.a.O. S. 255.
[58] Kästner: Gemischte Gefühle, a.a.O. Bd. 1, S. 264.
[59] GS, Bd. 5, S. 122.

Vielleicht hat Kästner später erkannt, daß in seinen Kinderbüchern auch - oder gerade - mit einer schöngefärbten, die gesellschaftlichen Rahmenbedingungen vernachlässigenden Welt, an deren lineare Weiterentwicklung er selbst nicht glaubte, faktisch und praktisch nichts zu erreichen war?

Ein Indiz dafür ist die spätere Zurückhaltung des Kinderbuchautors, dessen letzte Romane „Der kleine Mann“ (1963) und „Der kleine Mann und die kleine Miss“ (1967) auf unterhaltsame Spannung angelegt und bar jeglicher moralischer Appelle waren. Anhand der Werkfiguren ist in beiden Büchern eher ein *gereifter Lebenspessimismus* latent zu spüren.[60]

Wir resümieren, daß Kästner seine literarische, real entsprechungslose Weltspaltung nie als falsche Kompromißfähigkeit öffentlich in Zweifel gezogen hat.

Als immerwährende Schutzvorgaben in bezug auf die Fruchtlosigkeit der eigenen Schriften sind solche Phrasen zu sehen:

> „Leider wissen wir zur Genüge, wie wenig das deutsche Volk auf seine Dichter zu hören pflegt.“ (1947) [61]

> „Das Volk der Dichter und Denker hat seine Dichter und Denker nie ernst genommen.“ (1950) [62]

---

[60] Im „Kleinen Mann“ dringt dies in einem Dialog zwischen der Hauptfigur Mäxchen Pichelsteiner und seinem (Zauber-)Meister Professor Jokus von Pokus durch. Es geht um den Fortschritt und dessen relativen Nutzen:

„ ‚Ein neuer Rekord wurde aufgestellt? Schön und gut. Auch ich freue mich und klatsche in die Hände. Aber ist es - viel?'

‚Es ist vielleicht nicht viel', meinte der Kleine Mann. ‚Aber was ist dann mehr? Was ist denn überhaupt - viel?'

‚Einen Krieg verhindern', erwiderte der Jokus. ‚Eine Hungersnot beseitigen. Eine Krankheit heilen, die für unheilbar gehalten wurde.'

‚Das können wir beide nicht', sagte Mäxchen.

Der Jokus nickte. ‚Das können wir beide nicht.' “

(Aus Kästner: Der kleine Mann. Zürich 1963. Die hier benutzte Ausgabe: 21. Auflage. Zürich, Hamburg 1987. Zitat S. 109).

[61] GS, Bd. 5, S. 93. Es handelt sich um ein Zitat aus dem im Januar 1947 in der „Neuen Zeitung“ publizierten und in „Der tägliche Kram“ aufgenommenen Aufsatz „Erste Hilfe gegen Kritiker“.

Dies sind nichts weiter als Floskeln, denn zumindest posthum hat man in Deutschland deutsche Dichter und Denker ernst genommen. Nimmt man Kurt Tucholsky als Beispiel, so kommt bei der Betrachtung noch ein gewichtiger Faktor hinzu: Konsequenz.

Es kommt nicht von ungefähr, daß die Bewunderung Kästners, jenem selbsternannten „Urenkel der deutschen Aufklärung“ [63], nicht nur der unbeugsamen Wahrheitsliebe eines Gotthold Ephraim Lessing galt[64], sondern auch der weitgehend kompromißlosen - und überdies durch den geschichtlichen Verlauf objektiv bestätigten - Glaubwürdigkeit eines Zeitgenossen wie Kurt Tucholsky[65].
In Kästners Schriften dringt immer wieder seine Wertschätzung für Lessings unbeugsame, streitbare Haltung durch. Das „Lessing“-Gedicht macht dies besonders deutlich:

> „Das, was er schrieb, war manchmal Dichtung,
> doch um zu dichten schrieb er nie.
> Es gab kein Ziel, er fand die Richtung.
> Er war ein Mann und kein Genie.
> (...)
> Er war ein Mann wie keiner wieder,
> obwohl der keinen Säbel schwang.
> Er schlug den Feind mit Worten nieder,
> und keinen gab's, den er nicht zwang.
> (...)

---

62 GS, Bd. 5, S. 187. Aus dem Anfang 1950 in der „Münchener Illustrierten“ erschienenen und im Band „Die kleine Freiheit“ abgedruckten Artikel „Der trojanische Wallach“.

63 In „Kästner über Kästner“. GS, Bd. 5, S. 304.

64 Als Beispiel verweise ich hier schon auf Kästners an späterer Stelle zu diskutierendes Gedicht „Lessing“ (GS, Bd. 1, S. 284-285). Das Gedicht wurde am 20. Januar 1929 in der „Neuen Leipziger Zeitung“ erstveröffentlicht; in den GS ist es auf vier Strophen verkürzt.

65 Als Beleg dient Kästners „Begegnung mit Tucho“ (GS, Bd. 5, S. 485-487). Es handelt sich um das Nachwort zu einer 1946 im Rowohlt-Verlag erschienenen Tucholsky-Auswahl unter dem Titel „Gruß nach vorn“. Am Ende dieses Kapitels wird über den Kästnerschen Beitrag ausführlicher zu reden sein.

Er stand allein und kämpfte ehrlich
und schlug der Zeit die Fenster ein.
Nichts auf der Welt macht so gefährlich,
als tapfer und allein zu sein!

Er rang sein Leben lang um Klarheit.
Das war sein einziges Programm.
Er respektierte nur die Wahrheit
und stand vor Kreuz und Thron nicht stramm." [66]

Nach eigenem Bekunden ist Kästner an Lessing stets zum Schwärmer geworden.[67] Im Band „Die kleine Freiheit" (1952) bietet der Beitrag „Das Zeitalter der Empfindlichkeit" eine Variante in Prosa zum „Lessing"-Gedicht; hier hebt der Autor dessen „Ehrlichkeit, Verstand, Mut, Talent und kaltes Feuer" [68] hervor. „Schreiben nicht als Selbstzweck, sondern um eines moralischen Zieles willen" - so hat Kästner-Biographin Helga Bemmann den Autor in Übereinstimmung mit dem Aufklärer Lessing gesehen.[69]
Diese Aussage ist nicht haltbar, wenn man sich den Waren-Charakter vieler Kästner-Gedichte vor Augen hält. Er selbst schreibt in dem in die GS aufgenommenen Schriftstück „Glückwünsche an Carl Zuckmayer" (1956), er habe sich 25 Jahre zuvor mit seinem obligaten Wochengedicht für die Zeitung „Montag Morgen" herumgeplagt.[70] Unter diesem Gesichtspunkt ist Bemmanns These in ihr Gegenteil verkehrt. Auch die auf Lessing bezogenen Gedichtzeilen („Das, was er schrieb, war

---

[66] In Kästner: Gemischte Gefühle, a.a.O. Bd. 1, S. 156-157. Vgl. dazu auch Anm. 64 in diesem Kapitel.
Mit Lessing hatte sich Kästner schon in den Jahren seines Studiums (Germanistik, Geschichte, Philosophie, Theatergeschichte) in Leipzig beschäftigt. Geplant war auch eine Dissertation über Lessings „Hamburgische Dramaturgie" (siehe dazu Helga Bemmann, a.a.O. S. 56-57 und S. 79 ff.).

[67] In „Die Dramaturgie des Dramas und das Drama der Dramaturgie" (1958). GS, Bd. 5, S. 567.

[68] GS, Bd. 5, S. 205.

[69] Helga Bemmann, a.a.O. S. 80.

[70] GS, Bd. 5, S. 531.

manchmal Dichtung, / doch um zu dichten schrieb er nie") stehen im Gegensatz zur Praxis des Lyrikers Kästner.

Mit seinem sanften Spott mochte Kästner niemanden *niederzuschlagen*. Sein Ringen um Klarheit löste sich in der Doppelbödigkeit seines Zwei-Welten-Prinzips für Kinder und Erwachsene auf. Die von Kästner an Lessing bewunderten Eigenschaften wie Mut, Ehrlichkeit und Kompromißlosigkeit setzten sich bei ihm selbst in Opportunismus und Konzessionsbereitschaft um. Und wie es um Kästners Toleranz und Philanthropismus bestellt war, wird das sechste Kapitel meiner Arbeit zeigen, wenn nachgewiesen wird, wie er bei seiner fragwürdigen *Literaturpädagogik* gewisse Schichten und Gruppen bewußt ausgegrenzt hat.

Kurt Tucholsky war nicht nur ein Zeit-, sondern in erweitertem Sinne ein Weggenosse Kästners. Nach seiner Übersiedlung von Leipzig nach Berlin im Jahre 1927 begann Kästner seine Mitarbeit bei der „Weltbühne". Damit bewegte er sich im Kreis von Carl von Ossietzky, Alfred Polgar, Rudolf Arnheim, Werner Hegemann und eben Kurt Tucholsky, der nach dem Tode von Siegfried Jacobsohn kurzfristig als Herausgeber der „Weltbühne" fungiert hatte.
Bei der „Weltbühne" handelte es sich um eine 1918 aus der von Jacobsohn begründeten Theaterzeitschrift „Die Schaubühne" hervorgegangene „Wochenschrift für Politik/Kunst/Wirtschaft".
Da Kurt Tucholsky nach 1924 nur noch sporadisch in Deutschland weilte, kam es nur zu wenigen Treffen zwischen ihm und Kästner. In seinem erwähnten Beitrag „Begegnung mit Tucho" (1946) berichtet Kästner von einem Treffen besonderer Art. „1931 oder 1932" [71] lebten beide zufällig vierzehn Tage lang in einem Hotel am Lago Maggiore. Kästner befaßte sich mit dem Beginn eines neuen Buches und - so der Autor - „malte zögernd kariertes Papier mit Wörtern voll" [72].
Im Fortlauf des Aufsatzes dringt Kästners Bewunderung für Tucholskys kämpferische, unnachgiebige Haltung sowie für dessen selbst- und be-

---

[71] GS, Bd. 5, S. 485.
[72] GS, Bd. 5, S. 486.

dingungsloses Verantwortungsgefühl gegenüber den Menschen durch, was auf der Gegenseite - von Kästner sicher unbeabsichtigt - ein Licht auf sein eigenes Bestreben wirft.
Deutlich tritt der Unterschied zwischen der engagierten, produktiven Existenz Tucholskys und einer lethargischen Gesinnung Erich Kästners hervor. Kästner schreibt:

> „Während ich tagsüber am Strand lag oder von einem Balkon zum anderen zog, damit in meinem Reich die Sonne nicht untergehen möge, klapperte Tucholskys Schreibmaschine unermüdlich, der schönen Tage und Stunden nicht achtend. Der Mann, der da im Dachstübchen schwitzte, tippte und Pfeife rauchte, schuftete ja für fünf - für Peter Panter, Theobald Tiger, Ignaz Wrobel, Kaspar Hauser und Kurt Tucholsky in einer Person! Er teilte an der kleinen Schreibmaschine Florettstiche aus, Säbelhiebe, Faustschläge. Die Männer des Dritten Reiches, Arm in Arm mit den Herren der Reichswehr und der Schwerindustrie, klopften ja damals schon recht vernehmlich an Deutschlands Tür. Er zupfte sie an der Nase, er trat sie gegen das Schienbein, einzelne schlug er k.o. - ein kleiner, dicker Berliner wollte mit der Schreibmaschine eine Katastrophe aufhalten..." [73]

Engagement bis zur körperlichen und seelischen Erschöpfung und die Standfestigkeit im Standpunkt - Kästners Beschreibung fügt sich in das Bild Tucholskys vom verzweifelten literarischen Kämpfer *mit 5 PS*:

> „Oft war er niedergeschlagen. Ein Gedanke quälte und verfolgte ihn. Der Gedanke, was aus dem Individuum im Zeitalter der Volksherrschaft werden solle. Er war bereit, dem arbeitenden Volk und dem Sozialismus von Herzen alles hinzugeben, nur eines niemals: die eigene Meinung!" [74]

---

[73] GS, Bd. 5, S. 486-487.
[74] GS, Bd. 5, S. 487.

Solch einen ohnmächtigen literarischen Einsatz hat Kästner nie betrieben. Tucholskys zeit- und kulturkritische Polemik traf die gesellschaftlichen und sozialen Zustände der Zeit radikal, wenngleich er durch seine dichterische und journalistische Praxis Umstürze nicht bewegen konnte. Dessen war er sich bereits in frühen Jahren bewußt.[75]
Während Kästner sich und seiner Leserschaft ein langfristiges gesellschaftliches *Konzept* mit der moralischen Besserung des Einzelnen vorgaukelte, versuchte Tucholsky immer wieder, unmittelbar und klassenkämpferisch zu wirken[76].
Bei Tucholsky zielten die Gesellschaftsentwürfe auf eine - auch revolutionäre - Veränderung der Umstände ab, derweil Kästner bei der Besserung des Menschengeschlechtes auf die Vernunft des Einzelnen abzielte und er - zumindest vordergründig - dem bloßen und mitunter naiven Glauben an den *gesunden Menschenverstand* nachhing[77]. Eine Besinnung auf die Vernunft des Einzelnen sah nach Kästners Formulierungen oft so aus, gegen die *Dummheit* anzugehen. Im vierten Kapitel werden wir diesen undifferenzierten Vielverwendungsbegriff Kästners

---

[75] Vgl. dazu Tucholsky-Lesebuch: Wir Negativen. Herausgegeben von Hans Prescher. Reinbek bei Hamburg 1988. S. 114.
In Ergänzung dazu möchte ich noch auf folgenden Beitrag aufmerksam machen.
Hans-Harald Müller: „ ‚Im Grünen fings an und endete blutigrot.' Kurt Tucholsky: Portrait eines vielseitigen Schriftstellers“. In Walter Hinderer (Hg.): Literarische Portraits. Deutsche Dichter von Grimmelshausen bis Brecht. Königstein/Taunus 1982. Hier TB-Ausgabe Frankfurt/M 1987. S. 338-351. Müller verweist hier allerdings kritisch auf eine gewisse politische Desorientierung Kurt Tucholskys noch in den Jahren um 1920 (S. 343 f.) und auf dessen „ständiges Schwanken zwischen kämpferischem Überengagement und Resignation“ (S. 344).

[76] Vgl. dazu Willi Zimmermann: Kurt Tucholsky als politischer Aufklärer. Versuch einer Systematisierung seiner Aussagen zu Staat und Gesellschaft“. In Irmgard Ackermann (Hg.): Kurt Tucholsky. Sieben Beiträge zu Werk und Wirkung. München 1981. S. 109-130. Hier S. 111 ff.
Historisch betrachtet kann man Walter Benjamins 1931 geäußerte Polemik in „Linke Melancholie“ (a.a.O. S. 280) nicht mehr ganz teilen, wenn er die „linksradikalen Publizisten vom Schlage (...) Tucholsky“ als „proletarische Mimikry des zerfallenden Bürgertums“ sieht.

[77] Auf den *gesunden Menschenverstand* hat sich Kästner auch in bezug auf sich selbst - gewissermaßen als *neutrale Oberinstanz* - berufen, so in „Kästner über Kästner“ (GS, Bd. 5, S. 304).

zur Diskussion stellen und exemplarisch dessen oberflächliche und ungegliederte *Gesellschaftskritik* belegen.
Die lauteren, gelegentlich irrealen Wunschvorstellungen Kästners nach gesellschaftlicher Harmonie stehen dem Revolutionären in den Schriften Kurt Tucholskys entgegen. Im Sinne Benno von Wieses (1931) erfüllte Tucholsky den Sinn einer politischen Dichtung:

> „Alle politische Dichtung hat (...) einen aktiven Zug. Sie will fördern, eingreifen, umstürzen. Das Ästhetische ist hier (...) Instrument eines tätigen Daseinswillens, dem es in der Welt (...) ankommt (...) auf den praktischen Bereich politischer Aufgaben, wie die Vereinigung einer Nation, die Aufhebung von sozialen Verschiedenheiten, die machtpolitische Entfaltung des Staates nach außen oder gerade umgekehrt die Aufhebung aller machtpolitischen Unterschiede zugunsten einer brüderlichen Vereinigung der Nationen. (...)
> Politische Dichtung will in die Welt hineinwirken und diese Welt umgestalten (...).“ [78]

Mit scharfer Beobachtungsgabe stellte Tucholsky ungeschminkt und ohne Übertreibungen politische Forderungen auf, so in „Die zufällige Republik“ (1922)[79]. Von Mitte der zwanziger Jahre an begann er, einen neuerlichen, von Deutschland ausgehenden Krieg vorauszusagen[80], womit er als wirklicher *Zeitprophet* klassifiziert werden darf - im Gegensatz zu Erich Kästner, wie wir im vierten Kapitel sehen werden. Einen politischen, auf gesellschaftliche Umstürze gerichteten Gehalt hatten Kästners Schriften nicht.
Kurt Tucholskys verzweifelter literarischer Kampf dauerte bis Ende des Jahres 1932. Danach publizierte er bis zu seinem Freitod 1935 in Schweden keine Zeile mehr. „Man muß die Lage sehen, wie sie ist: Un-

---

78 Benno von Wiese: „Das Wesen der politischen Dichtung“ (1931). In Peter Stein (Hg.): Theorie der Politischen Dichtung. München 1973. S. 95-109. Hier S. 96.

79 In Tucholsky-Lesebuch, a.a.O. S. 147-150.

80 Vgl. dazu Tucholsky-Lesebuch, a.a.O. S. 115.

sere Sache hat verloren. Dann hat man als anständiger Mensch abzutreten", bekundete er 1933.[81]
Schweigen als Negation des Bestehenden ist bei Tucholsky daher als radikale Konsequenz und Reaktion auf die politische und gesellschaftliche Entwicklung in Deutschland zu werten. Kästner hingegen beschritt nach 1933 zum Beispiel mit seinen Unterhaltungsromanen und Lustspielen - seiner Biographin und Lebensgefährtin Luiselotte Enderle zufolge aus der Not heraus und weil es ihm Spaß machte[82], somit also nicht politisch motiviert reagierend - den Weg der Konzessionen und der Selbstverleugnung.

Durch seine produktive Existenz ist ein Zeitgenosse Kästners wie Kurt Tucholsky als eine Art prägnanter Kritik an diesem Moralisten mit doppeltem Boden zu sehen.
Kästners Gratwanderung in seinen Ansichten, die sich in der Zweiteilung der *einen* Welt mit den widersprüchlichen Weltbildern des Erwachsenen- und Kinderbuchautors manifestiert, das gesamte Werk durchzieht und vom Autor gelegentlich kaschiert wurde, gibt bereits den Blick frei auf die Betrachtungen zum *Zeitkritiker* und *Zeitpropheten* sowie auf die fatale Unbestimmtheit des Moralisten.

Zusammenfassung und Fazit

Die gegensätzliche Weltbild-Doppelung in Kästners Schriften für Erwachsene und Kinder deutet sowohl auf eine Inkonsequenz im Standpunkt als auch auf eine - an Weltflucht gekoppelte - Ratlosigkeit des Verfassers, der die Zweiteilung dieser einen Welt über den literaturpädagogischen Effekt zu erschließen sucht: moralische Aktivierung der Erwachsenen durch Präsentation von Negativbildern und moralische Aktivierung der Kinder durch Demonstration vorbildhafter Charaktere.

---

[81] In Tucholsky-Lesebuch, a.a.O. S. 11.
[82] Luiselotte Enderle, 1966/1989, a.a.O. S. 69.

Wie anfechtbar sich diese Polaritäten der nicht-existenten zweigeteilten Welt mit jenem zyklisch angelegten Weltbild in den Erwachsenen-Schriften und dem auf eine linear-progressistische (innere) Weiterentwicklung zielenden in den Kinderbüchern zueinander verhalten, haben wir in dem Kapitel werkdurchgängig zu zeigen versucht.
Eine verstärkte Problematik bildet der *ideologische Überbau* von Kästners eigenem (zyklischem) Weltverständnis im Zusammenhang mit der bereits 1928 erhobenen essayistischen Feststellung, jede Bemühung, die Menschheit zu bessern, werde an deren Unverbesserlichkeit scheitern, was allerdings Geschichtspessimismus und -fatalismus sowie Kästners Weltflucht in die schöngefärbte Zeit seiner Kinderbücher zu erklären hilft.
So präsentiert Kästner den Kindern eine Welt, an die er selbst nicht glaubt, und den Erwachsenen eine - nämlich seine - Welt, in der jegliches Streben von grundauf zu einer (inneren) Entwicklungslosigkeit verdammt scheint.
Kästner ist mit der Zweiteilung der Wirklichkeit in eine zutiefst widersprüchliche literarische Situation geraten. Doch kennzeichnet dies genau die Problematik dieses Autors, der sich sein Realitätsverhältnis immer so zurechtrückt, wie er es gerade - auch hinsichtlich des schriftstellerischen Erfolgs - braucht. Hier bereits zeichnet sich die Fragwürdigkeit seiner jeweils publikumswirksam arrangierten Schriften ab.
Wie wenig Kästner mit wirklichen Aufklärern und konsequenten Streitern des Wortes wie Lessing und Tucholsky zu tun hatte, haben wir in einem Exkurs dargelegt.
In seinen Schriften für Erwachsene und Kinder hat Kästner seine eigene Rat- und Hilflosigkeit gestaltet, sie aber als das Gegenteil ausgegeben.

4. *Zeitkritiker* und *Zeitprophet*?

Im vierten Kapitel gehen wir der Frage nach, inwieweit Kästner, auf sein Gesamtwerk bezogen, als *Zeitkritiker* und *Zeitprophet* einzustufen ist.
Als vorrangige Maßstäbe der Analyse dienen Kästners - mitunter nachträgliche - Deutungen seiner Arbeiten. Wenn dabei im ersten Teil des Kapitels die Chronologie der Zeitgeschichte mit Blick auf die Relation zwischen Frühwerk und Arbeiten nach 1945 durchbrochen wird, so richten wir uns lediglich an Kästners Blickwinkel aus.
Wie verhält sich ein von Kästner selbst erhobener *„prophetischer Ausblick“*[1] seiner Gedichte zu einem realgeschichtlichen Rückblick, zum apostrophierten „Beschreibung ist mir Erklärung genug“ [2] und zu einer Entsprechung im *sprachlichen Handeln* selbst?
Zur Debatte steht fernerhin die Problematik einer Einordnung Kästners als politischer bzw. gesellschaftskritischer Schriftsteller, was Ansätze und Tiefgang seiner Arbeiten bzw. deren Effizienz beim Rezipienten anlangt.
Als hilfreich hat sich in diesem Kapitel die Einbindung der Gegensatzpaare *abstrakt* versus *konkret* und *aktiv* versus *passiv* erwiesen.

Führen wir uns zu Beginn noch einmal die im dritten Kapitel angeführte und von Kästner formulierte, auf Moralpädagogik basierende Wirkungsabsicht als satirischer Schriftsteller für Erwachsene vor Augen: „Er hält den Menschen einen Spiegel, meist einen Zerrspiegel, vor, um sie durch Anschauung zur Einsicht zu bringen.“ [3] Der Satiriker hofft auf eine *kathartische Wirkung* bei den Rezipienten - und damit auch auf de-

---

[1] Im Vorwort zu „Bei Durchsicht meiner Bücher“ (1946). GS, Bd. 5, S. 489.
[2] In „Als ich ein kleiner Junge war“ (1957). GS, Bd. 6, S. 144.
[3] GS, Bd. 5, S. 119.

ren Provozierbarkeit[4]. Für den Autor ist das Verhältnis verschiedener Faktoren in seinem Modell festgelegt: Vergangenheit, Gegenwart und mitunter Visionen vom Kommenden schließen sich zu einer zukunftsweisenden Einheit zusammen, in der die Besserung der Verhältnisse nur von einer Besserung des Individuums ausgehen kann. Auch Kästners Selbsteinschätzung als „Warner und Spötter" umreißt diese Position.[5] Der Anstoß zu einem direkten politischen und gesellschaftsreformatorisch wirkenden Aktivismus bleibt aus; die Frage nach der Änderung der Verhältnisse wird bei Kästner generell nicht gestellt.

Im Jahre 1946 sucht sich Erich Kästner mit der Herausgabe seines Sammelbandes „Bei Durchsicht meiner Bücher" wieder nachhaltig in Erinnerung zu bringen. Im Vorwort zu dieser Gedichte-Auswahl lassen zunächst die eingeschmuggelten Un- und Halbwahrheiten aufhorchen.[6]

---

[4] Vgl. dazu Dirk Walter, a.a.O. S. 55.

[5] In seiner Rede anläßlich der Verleihung des Georg-Büchner-Preises 1957. GS, Bd. 5, S. 545.

[6] Ich beziehe mich auf dreierlei:
a. Im Anschluß an die Verbrennung seiner Bücher 1933 schreibt Kästner: „In dem folgenden Jahrdutzend sah ich Bücher von mir nur die wenigen Male, die ich im Ausland war. In Kopenhagen, in Zürich, in London. Es ist ein merkwürdiges Gefühl, ein verbotener Schriftsteller zu sein und seine Bücher nie mehr in den Regalen und Schaufenstern der Buchläden zu sehen. In keiner Stadt des Vaterlands." (GS, Bd. 5, S. 488-489).
In Kästners Briefen an seine Mutter („Mein liebes, gutes Muttchen...", a.a.O.) hört sich das ein wenig anders an. In einem Brief vom 8. Dezember 1933 liest man: „Mein Buch liegt in mehreren Buchhandlungen sogar im Schaufenster! Was sagst Du dazu!" (S. 194). In einem Brief vom 11. Februar 1935 heißt es: „Das Prop.-Minist. hat sich beschwert, weil die Schneemänner (Anm.: der Roman ‚Drei Männer im Schnee', AD) in den Schaufenstern lägen. Das kann doch nicht verboten sein. Was?" (S. 205).
b. Kästners Aussage, das vorliegende Buch stelle eine Auswahl aus seinen vier vor 1933 erschienenen Gedichtbänden dar (GS, Bd. 5, S. 489), ist falsch.
Gerade zwei der brisanteren Gedichte - „Ganz rechts zu singen" und „Große Zeiten" - kommen in keinem der vier Gedichtbände vor. In den GS tauchen sie in einer „Nachlese" auf.
c. Sich im ersten Nachkriegsjahr als „verbotener Schriftsteller" (GS, Bd. 5, S. 488) bezeichnet zu haben, war opportun, doch nicht ganz richtig.
Mit der Einordnung seines während der Zeit der nationalsozialistischen Herrschaft entstandenen und an Umfang beträchtlichen Werkes hat Kästner immer wieder

Zur Diskussion steht nun die Skizzierung von Kästners eigenen Fähigkeiten, mit seiner vor 1933 publizierten Lyrik die nachfolgende geschichtliche Entwicklung vorausgesagt zu haben:

> „Es hat zwölf lange Jahre gedauert, bis das Dritte Reich am Ende war. Zwölf kurze Jahre haben genügt, Deutschland zugrunde zu richten. Und man war kein Prophet, wenn man, in satirischen Strophen, diese und ähnliche Ereignisse voraussagte. Daß keine Irrtümer vorkommen konnten, lag am Gegenstand: am Charakter der Deutschen. Den Gegenstand seiner Kritik muß der Satiriker natürlich kennen. Ich kenne ihn. Das vorliegende Buch stellt eine Auswahl aus meinen vier vor 1933 erschienenen Gedichtbänden dar. Was in diesen ein ‚prophetischer' Ausblick war, erscheint nun als geschichtlicher Rückblick. (...)
> Es handelt sich, wie gesagt, um einen Rückblick. Die Verse zeigen, wie es vor 1933 in den Großstädten und anderswo aussah. Und sie zeigen auch, wie ein junger Mann durch Ironie, Kritik, Anklage, Hohn und Gelächter zu warnen versuchte.“ [7]

Eine ähnliche Haltung wird im 1950 von Kästner verfaßten Vorwort zur Neuauflage des Romans „Fabian“ (1931) deutlich:

> „Der ursprüngliche Titel, den, samt einigen krassen Kapiteln, der Erstverleger nicht zuließ, lautete ‚Der Gang vor die Hunde'. Damit sollte, schon auf dem Buchumschlag deutlich werden, daß der Roman ein bestimmtes Ziel verfolgte: Er wollte warnen. Er wollte vor dem Abgrund warnen, dem sich Deutschland und damit Europa näherten. Er wollte mit angemessenen, und das konnte in diesem Falle nur bedeuten, mit allen Mitteln in letzter Minute Gehör und Besinnung erzwingen.
> Die große Arbeitslosigkeit, die der wirtschaftlichen folgende seelische Depression, die Sucht sich zu betäuben, die Aktivitäten bedenkenloser Parteien, das waren Sturmzeichen der nahen-

---

Schwierigkeiten gehabt. Zu diesem Thema steht ein Exkurs zu seiner Strategie der Lebenslaufglättung Mitte dieses Kapitels an.

[7] GS, Bd. 5, S. 488-489.

den Krise. Und auch die unheimliche Stille vor dem Sturm fehlte nicht - die einer epidemischen Lähmung gleichende Trägheit der Herzen. Es trieb manche, sich dem Sturm und der Stille entgegenzustellen. Sie wurden beiseite geschoben." [8]

In den beiden in der Nachkriegszeit entstandenen Vorworten sieht der Autor sich mit seinen Warnungen und seinem Weitblick historisch objektiviert ins Recht gesetzt:

> „Daß derartige Versuche keinen Sinn haben, ist selbstverständlich." [9]

> „Der Moralist pflegt seiner Epoche keinen Spiegel, sondern einen Zerrspiegel vorzuhalten. Die Karikatur, ein legitimes Kunstmittel, ist das Äußerste, was er vermag. Wenn auch das nicht hilft, dann hilft überhaupt nichts mehr. Daß überhaupt nichts hilft, ist - damals wie heute - keine Seltenheit." [10]

Kästner muß sich nun an den von ihm interpretierten Charakter des Warners und Vorausdeuters sowie an seinen programmatischen Formeln messen lassen.
Zieht man zunächst die Frühwerk-Lyrik als Untersuchungsfeld heran und schließt sich den Einteilungen von Kurt Beutler[11] und Dirk Walter[12] an, so lassen sich folgende Kritikbereiche unterscheiden:

o die Kritik an Krieg und Militarismus,
o die Kritik an den ökonomisch-sozialen Verhältnissen und
o die Zivilisationskritik im allgemeinen sowie die Kritik an autoritären Strukturen im besonderen.

Da Beutler und speziell Walter mit ihren Ausführungen bereits einen wesentlichen Beitrag in der Kästner-Forschung geleistet haben, möchte

---

8 GS, Bd. 2, S. 9-10.
9 In „Bei Durchsicht meiner Bücher". GS, Bd. 5, S. 489.
10 GS, Bd. 2, S. 10.
11 Kurt Beutler, a.a.O. S. 83 ff.
12 Dirk Walter, a.a.O. S. 19 ff., S. 56 ff., S. 110 ff.

ich mich auf exemplarische Betrachtungen aus dem Kritikfeld „Krieg und Militarismus“ beschränken, wobei ich auf jene Gedichte eingehe, die Kästner als wichtig genug für die Aufnahme in seinen Auswahlband „Bei Durchsicht meiner Bücher“ erachtete[13].

Die Antikriegsgedichte kommen Kästners selbst umrissener Position als Mahner und Warner am nächsten. Bezieht man an dieser Stelle Kästners zyklisches Weltbild in die Betrachtungen mit ein, wird deutlich, daß er nie Zweifel hegte, der kommende Krieg müsse und werde kommen. Im Verlauf des Kapitels wird sich zeigen, wie stark Kästner nach dem Ende des zweiten Weltkrieges den dritten Weltkrieg kommen sah.

An den Anfang seiner Gedichtauswahl hat Kästner „Kennst du das Land, wo die Kanonen blühn?“ gesetzt. Unter ironischer Anspielung auf Goethes Gedicht „Mignon“[14] zeichnet der Lyriker ein satirisches Bild von Militarismus und Untertanenmentalität:

„Kennst du das Land, wo die Kanonen blühn?
Du kennst es nicht? Du wirst es kennenlernen!
Dort stehn die Prokuristen stolz und kühn
in den Büros, als wären es Kasernen.

Dort wachsen unterm Schlips Gefreitenknöpfe.
Und unsichtbare Helme trägt man dort.
Gesichter hat man dort, doch keine Köpfe.
Und wer zu Bett geht, pflanzt sich auch schon fort.

Wenn dort ein Vorgesetzter etwas will
- und es ist sein Beruf, etwas zu wollen -
steht der Verstand erst stramm und zweitens still.
Die Augen rechts! Und mit dem Rückgrat rollen!

---

[13] Der Band erschien 1946 im Atrium-Verlag Zürich. Als ungekürzte und mit der Erstausgabe verglichene Ausgabe liegt das dtv-Taschenbuch Nr. 11002 (Januar 1989) bei den folgenden Seitenangaben zugrunde. Parallel wird die Seitenzahl in den GS genannt.

[14] Johann Wolfgang von Goethe: Gedenkausgabe der Werke, Briefe und Gespräche. Erster Band. Sämtliche Gedichte. Zürich 1950. S. 111.

Die Kinder kommen dort mit kleinen Sporen
und mit gezognem Scheitel zur Welt.
Dort wird man nicht als Zivilist geboren.
Dort wird befördert, wer die Schnauze hält.

Kennst du das Land? Es könnte glücklich sein.
Es könnte glücklich sein und glücklich machen!
Dort gibt es Äcker, Kohle, Stahl und Stein
und Fleiß und Kraft und andre schöne Sachen.

Selbst Geist und Güte gibt's dort dann und wann!
Und wahres Heldentum. Doch nicht bei vielen.
Dort steckt ein Kind in jedem zweiten Mann.
Das will mit Bleisoldaten spielen.
Dort reift die Freiheit nicht. Dort bleibt sie grün.
Was man auch baut, - es werden stets Kasernen.
Kennst du das Land, wo die Kanonen blühn?
Du kennst es nicht? Du wirst es kennenlernen!" [15]

Schon in diesem 1928 in „Herz auf Taille" publizierten Gedicht werden die Ursprünge des Krieges - wie bei Kästner werkdurchgängig nachzuweisen - auf menschliche *Dummheit*[16] und Unvernunft als Allgemeinfaktoren zurückgeführt („Gesichter hat man dort, doch keine Köpfe"). Der Fingerzeig der Schuld fällt sowohl auf die Herrschenden in einem bürokratisch verschachtelten System als auch auf jene, die sich beherrschen lassen. Der idealistische Außenseiter („Und wahres Heldentum. Doch nicht bei vielen") sieht sich der Masse gegenüber hilflos ausgeliefert, deren Ansinnen sich in Macht- und Sexualtrieb erschöpft.
Im geistigen und politischen Klima der Weimarer Republik prognostiziert der Satiriker die Beständigkeit des strikten Gehorsams und menschlichen Machtstrebens - man wird „das Land" kennenlernen. Man wird

---

[15] „Bei Durchsicht meiner Bücher", S. 13-14. GS, Bd. 1, S. 56.

[16] Auf Kästners schwammigen und immer wieder auftauchenden Begriff *Dummheit* werden wir Mitte dieses Kapitels - in Parallelbildung zu einer Rede von Robert Musil - gesondert eingehen.

„das Land“ ohnehin kennenlernen, weil für den Autor die Vergangenheit mit der Zukunft „zu Bett liegt“[17]. Auch wenn man das nicht näher bezeichnete Land aus historischer Einsicht heraus mit Deutschland gleichsetzt und den Ausblick „Du kennst es nicht? Du wirst es kennenlernen!“ in realgeschichtlichem Kontext als eingetroffene Prophezeiung eingliedert, so bleibt doch eine zwiespältige Wirkung unproblematisiert.
Des Autors Zeitbild steht - ungeachtet der *Prophezeiungen* - in einem Rahmen der Zeitlosigkeit und der Abstraktion, dessen Interieur er geschickt mit konkreten Bildern füllt. Präzise Spitzen und Pointen treffen allgemeine Ja-Sager („Und mit dem Rückgrat rollen!“) und den Erziehungsbereich als auf den Militarismus begrenzten naturgesetzlichen Automatismus („Die Kinder kommen dort mit kleinen Sporen und mit gezognem Scheitel zur Welt“). Anapher und Lautmusikalität sind prägende und tragende Stilelemente.
Die eigentlichen Ursachen für die Dominanz des Militarismus, wie sozialökonomische Wurzeln, kommen in diesem wie auch in anderen Antikriegsgedichten Kästners nicht vor, sondern bleiben auf dehnbare Elemente wie menschliche *Dummheit* und Unvernunft beschränkt und entziehen sich damit weitgehend einer zeitlichen Konkretisierung. Man muß Dieter Posdzech und seinem Hinweis darauf zustimmen, daß Kästner mit der Langlebigkeit sozial-psychologischer Verhaltensweisen rechnen kann, die auch unter veränderten gesellschaftlichen Bedingungen nur schrittweise überwunden werden können[18]. Ferner muß man bei der Betrachtung des Gedichtes beachten, daß jene *konkrete Zeitprophezeiung* aus dem Jahre 1928 datiert. Hier stellt sich die strittige Frage, ob Kästner im Nachhinein einen sicheren politischen Weitblick für sich in Anspruch nehmen kann, wenn ihm der Blick fehlt für die *Rahmenbedingungen.*
Besonders in journalistischen Arbeiten tritt der diesbezügliche Kästnersche Mangel explizit hervor. Interessant sind eingestreute Selbsteinschätzungen:

---

[17] Im Gedicht „Elegie mit Ei“ (1928). GS, Bd. 1, S. 95.

[18] Dieter Posdzech, a.a.O. S. 73.

„Ich gebe zu bedenken, daß ich auf dem Gebiete der Wirtschaft im allgemeinen (...) ein krasser Laie bin.“ [19]

„Ich weiß freilich auch, daß mein Spott ziemlich billig ist. Doch von einem Menschen, der von Parteipolitik nichts versteht, kann man nichts anderes erwarten.“ [20]

In seiner frühen Antikriegslyrik wendet der *Warner* Kästner als *eine* Vorgehensweise jene Methode an, nach der die Rezipienten mit Kriegsgreueln der Vergangenheit als abschreckenden Beispielen konfrontiert werden. In dem in „Bei Durchsicht meiner Bücher“ enthaltenem Gedicht „Verdun, viele Jahre später“ (1932) lautet die Schlußstrophe:

„Auf den Schlachtfeldern von Verdun
wachsen Leichen als Vermächtnis.
Täglich sagt der Chor der Toten:
‚Habt ein besseres Gedächtnis!' “ [21]

Wie in diesem, so wird auch in dem Gedicht „Brief an meinen Sohn“ (1932) der Abschreckungseffekt über die Erinnerung an die unmittelbaren Frontopfer des ersten Weltkriegs erzielt:

„Ich will mit dir nach Vaux und Ypern reisen
und auf das Meer von weißen Kreuzen blicken.
Ich werde still sein und dir nichts beweisen.
Doch wenn du weinen wirst, mein Kind,
dann will ich nicken.“ [22]

Das Bestreben, die Erinnerung wachzuhalten und die Kritik an Krieg und Militarismus allgemein aus historisch-rationaler Einsicht vorzutra-

---

19 In dem Aufsatz „Die Schuld und die Schulden“ (Dezember 1945). GS, Bd. 5, S. 329-333. Hier S. 331.

20 Aus dem in der „Neuen Zeitung“ im November 1946 publizierten und 1948 in „Der tägliche Kram“ aufgenommenen Beitrag „...Und dann fuhr ich nach Dresden“. GS, Bd. 5, S. 86.

21 „Bei Durchsicht meiner Bücher“, S. 34. GS, Bd. 1, S. 270.

22 „Bei Durchsicht meiner Bücher“, S. 21. GS, Bd. 1, S. 226.

gen, beruht auf Kästners persönlichen Erfahrungen aus dem ersten Weltkrieg[23] und hat gleichzeitig Grundsatz-Charakter. Programmatische Appelle gegen das Vergessen von Kriegsereignissen enthält auch der unter dem Titel „Wann war der letzte Krieg?“ [24] im April 1929 von Kästner für die „Neue Leipziger Zeitung“ verfaßte Beitrag, indem er sich gleichzeitig gegen Literatur wendet, die den Krieg romantisiert[25].

In Kästners Antikriegslyrik kommen nicht bloß die toten Opfer der vorderen Reihen vor.

In Gedichten wie „Jahrgang 1899“ (1928)[26], „Sergeant Waurich“(1929)[27] und „Primaner in Uniform“ (1930)[28] reicht die perspektivische Verschiebung hin zu den seelisch zerstörten überlebenden Opfern aus Kästners eigener *verlorener Generation*. Insofern ergibt sich eine

---

[23] Im Jahre 1917 wurde Kästner eingezogen und kam in eine Einjährig-Freiwilligen-Kompanie der Artillerie. Das Fronterlebnis blieb ihm erspart. Biographische Details in Luiselotte Enderle (a.a.O. S. 31 ff.) und Helga Bemmann (a.a.O. S. 38 ff.).

[24] Kästner: Gemischte Gefühle, a.a.O. Bd. 1, S. 160-161.

[25] In diesem Zeitungsartikel dringt Kästners Anliegen in bezug auf eine radikalere und nüchternere *Kriegsliteratur* durch. Implizit übt er Kritik an Erich Maria Remarques Roman „Im Westen nichts Neues“:

„Ich habe einmal während einer Eisenbahnfahrt einen Zugpassagier stundenlang beobachtet, der Remarques ‚Im Westen nichts Neues' las. Dieser Mann führte sich auf, als läse er ein Wilhelm-Busch-Album! Er lachte laut, er schlug sich tatsächlich vor Lesevergnügen auf die Schenkel! Ihn interessierten überhaupt nur die *humoristischen* Partien des Buches (...) ...in fünfzig Jahren wird man gar nicht mehr wissen, daß Krieg war, und die Neugier, Romantik genannt, ist dann wieder einmal soweit! Wir werden daran schuld sein.“ (In Kästner: Gemischte Gefühle, a.a.O. Bd. 1, S. 160-161).

Von einer Besorgnis hinsichtlich des zweiten Weltkrieges ist in diesem Beitrag des *Mahners* und *Warners* erstaunlicherweise nichts zu spüren.

Mit „Wann war der letzte Krieg?“ schien Kästner an eine Diskussion anzuknüpfen, die einen Monat zuvor (März 1929) ihren Anfang in der „Weltbühne“ genommen hatte. Karl Hugo Sclutius begann die öffentliche Debatte mit dem Beitrag „Pazifistische Kriegspropaganda“, in dem er die Abschreckungstechnik der Romane „Im Westen nichts Neues“ (Remarque, 1929) und „Krieg“ (Ludwig Renn, 1928) aufgrund ihrer darin enthaltenen Abenteuereffekte für die Jugend als sozialpsychologisch verfehlt aburteilte. Vgl. dazu auch Dirk Walter, a.a.O. S. 23 ff.

[26] „Bei Durchsicht meiner Bücher“, S. 106-107. GS, Bd. 1, S. 37-38.

[27] „Bei Durchsicht meiner Bücher“, S. 70-71. GS, Bd. 1, S. 101-102.

[28] „Bei Durchsicht meiner Bücher“, S. 47-48. GS, Bd. 1, S. 182-183.

Parallele zu Erich Maria Remarques Vorbemerkungen zu seinem Roman „Im Westen nichts Neues“ (1929):

> „Dieses Buch soll weder eine Anklage noch ein Bekenntnis sein. Es soll nur den Versuch machen, über eine Generation zu berichten, die vom Kriege zerstört wurde - auch wenn sie seinen Granaten entkam.“ [29]

In dem erwähnten Gedicht „Primaner in Uniform“ erreicht der Dichter mit der Gestaltung des lyrischen Ich (Wir) und unter weitgehendem Verzicht auf adjektivisches Beiwerk beim Leser eine höhere Intensität der Betroffenheit, einen stärkeren Grad an Wirklichkeitsnähe - trotz der realen zeitgeschichtlichen Distanz:

> „Der Rektor trat, zum Abendbrot,
> bekümmert in den Saal.
> Der Klassenbruder Kern sei tot.
> Das war das erste Mal.
>
> Wir saßen bis zur Nacht im Park
> und dachten lange nach.
> Kurt Kern, gefallen bei Langemarck,
> saß zwischen uns und sprach.“ [30]

Das sprachlich nüchtern exemplifizierte Einzelerlebnis findet man auch in „Sergeant Waurich“:

> „Das ist nun ein Dutzend Jahre her,
> da war er unser Sergeant.
> Wir lernten bei ihm: ‚Präsentiert das Gewehr!'
> Wenn einer umfiel, lachte er
> und spuckte vor ihm in den Sand.

---

29 Erich Maria Remarque: Im Westen nichts Neues. TB-Ausgabe Berlin-West 1966. S. 5.

30 GS, Bd. 1, S. 182.

(...)
Der Mann hat mir das Herz versaut.
Das wird ihm nie verziehn.
Es sticht und schmerzt und hämmert laut.
Und wenn mir nachts vorm Schlafen graut,
dann denke ich an ihn.“ [31]

Eine weitere spezifische Gestaltungsweise der Kästnerschen Antikriegslyrik bildet die Erzeugung visionärer Stimmungen. Fußend auf den Schrecknissen der Vergangenheit, treten in der Dichtung Wahngebilde und Traumwelten hervor, bei denen zu fragen ist, inwieweit der *prophetische Ausblick* realistisch erscheint, oder ob es sich im zyklischen Weltbild des Autors nicht vielmehr um *prophylaktische Lyrik* jenseits eines konkret faßbaren Zeitbezugs handelt. Die Interpretation von Gedichten wie „Ein Traum macht Vorschläge“ (1928) und „Das letzte Kapitel“ (1930) ist strittig.

„Ich träume - man kann das ja ruhig gestehen - fast nie.
Ich schlafe lieber, sobald ich liege.
Aber kürzlich habe ich trotzdem geträumt, wissen Sie.
Und zwar vom kommenden Kriege.

Aus den Gräbern krochen Millionen Männer hervor
(lauter Freiwillige, wie eine Stimme betonte),
die hoben ihre Gewehre zur Schulter empor
und prüften, wen zu erschießen sich lohnte.“ [32]

Ähnlich beängstigend-finstere Bilder tragen die visionäre Stimmung in „Das letzte Kapitel“ (1930):

„Am 12. Juli des Jahres 2003

---

[31] GS, Bd. 1, S. 101-102.
Das Gedicht ist jeglicher Rationalität entkleidet. In einer Anmerkung fügt der Dichter an, der Name sei authentisch.

[32] „Ein Traum macht Vorschläge“ in „Bei Durchsicht meiner Bücher“, S. 172. GS, Bd. 1, S. 40.

lief folgender Funkspruch rund um die Erde:
daß ein Bombengeschwader der Luftpolizei
die gesamte Menschheit ausrotten werde.
(...)
Am 13. Juli flogen von Boston eintausend
mit Gas und Bazillen beladene Flugzeuge fort
und vollbrachten, rund um den Globus sausend,
den von der Weltregierung befohlenen Mord.

Die Menschen krochen winselnd unter die Betten.
Sie stürzten in ihre Keller und in den Wald.
Das Gift hing gelb wie Wolken über den Städten.
Millionen Leichen lagen auf dem Asphalt.
(...)
Die Menschen lagen gebündelt wie faule Garben.
Andre hingen wie Puppen zum Fenster heraus.
Die Tiere im Zoo schrien schrecklich, bevor sie starben.
Und langsam löschten die großen Hochöfen aus.“ [33]

Dieter Posdzech gibt zu bedenken, daß man diesem Gedicht nicht gerecht würde, läse man es nur als eine desillusionierende, sarkastische Beschreibung selbst verordneter Menschheitsvernichtung. Die humanistische Überzeugungskraft als Warngedicht sieht Posdzech in der unsentimentalen Darstellung der denkbaren, wenn auch widersinnigen Möglichkeit der Selbstvernichtung, die, zwar, ins Groteske gesteigert, dennoch als reale Perspektive eines kommenden letzten Krieges erscheine[34].

In seiner zu diesem Gedicht verfaßten Anmerkung in „Bei Durchsicht meiner Bücher“ (1946) sieht sich Kästner mit seinen dunklen Prognosen - realitätsnah und geschichtlich *objektiv* - ins Recht gesetzt:

---

33 „Bei Durchsicht meiner Bücher“, S. 181-183. GS, Bd. 1, S. 216-217.

34 Dieter Posdzech, a.a.O. S. 77.

> „Anmerkung: Das Gedicht, das vor etwa fünfzehn Jahren entstanden ist, enthält vermutlich eine sachliche Unrichtigkeit. Der Verfasser hat sich wohl im Datum geirrt.“ [35]

Kästner an dieser Stelle als *Zeitpropheten* zu apostrophieren, hieße allerdings, ihn zu überschätzen.
im „Letzten Kapitel“ als Zeichnung seiner Apokalypse scheint eine weltumspannende Solidarität im Vorfeld zu einem zentralistisch gesteuerten Staatenbund mit der Weltregierung geführt zu haben. Bei dem einmütig beschlossenen Vernichtungsschlag gegen die Menschheit besteht kein nachvollziehbarer Handlungsbedarf:

> „Die Weltregierung, so wurde erklärt, stelle fest,
> daß der Plan, endgültig Frieden zu stiften,
> sich gar nicht anders verwirklichen läßt,
> als alle Beteiligten zu vergiften.“ [36]

Das „Letzte Kapitel“ ist bar jeder Kampfeshandlungen und bar jeden Kriegsgeschehens, es gibt weder Sieger noch Besiegte, weder Gegenwehr noch Waffen, sondern nur die Ausmerzung einer ganzen Menschheit im Inferno für alle.
Kästners satirisch-groteske Utopie „Das letzte Kapitel“ fügt sich in sein Modell von Zeitlosigkeit und Abstraktion als ein aufs Geratewohl formuliertes Gedicht mit wissentlich langlebigem Gehalt.
Hier muß die Frage auftauchen, ob eine solch verzerrte Zeitentrücktheit in satirischer Aufbereitung seinerzeit überhaupt so etwas wie Nachdenklichkeit bei den Rezipienten zu erzeugen vermochte.

Im Spannungsfeld zwischen dem fragwürdigen *prophetischen Ausblick* und dem geschichtlichen Rückblick steht der 1931 erschienene Roman „Fabian“, der an dieser Stelle angesprochen werden muß, weil mit der Untergangsvision im vierzehnten der vierundzwanzig szenisch angeleg-

---

[35] „Bei Durchsicht meiner Bücher“, S. 183.
[36] GS, Bd. 1, S. 216.

ten Kapitel eine thematische Anlehung an das Gedicht „Das letzte Kapitel" erfolgt.

Die Kernintention des „Fabian"-Romans liegt in der Schilderung des moralischen Verfalls in der Gesellschaft und in der Problematik, darin moralisch zu existieren.
Unter dem Leitmotiv *Nähe erzeugen, um Distanz zu gewinnen* werden auf einer ersten Vermittlungsebene die Erfahrungen der Hauptfigur Jakob Fabian zu Erfahrungen des Lesers. Bei Fabian handelt es sich um einen 32jährigen, arbeitslosen Germanisten, der das Berlin der Weimarer Republik durchstreift und als ratlos-passiver Beobachter Ausschnitte des Lebens seismographisch erfaßt.
Die Reflexionen Fabians stehen in einer zweiten Vermittlungsebene zwischen Geschehen und Leser. Hinzu kommt Fabians Traum im vierzehnten Kapitel, das den wesentlichen Ideengehalt der übrigen Kapitel trägt und - so Kurt Beutler - das Hauptgeschehen des Romans parallelisiert[37].
In Fabians Traum wird die Thematik einer kriegerischen Konfrontation weitergeführt. Als zeitenthobene Vision treten die Symptome eines Konfliktes zutage, der eher auf bürgerkriegsähnliche Zustände weist:

> „Da fielen Schüsse. Fabian sah hoch. Überall waren Fenster und Dächer. Und überall standen finstere Gestalten mit Revolvern und Maschinengewehren. (...)
> Aus den Dachluken und aus den Giebeln fielen Schüsse in die Tiefe. Aus den Fenstern hingen Verwundete. Auf einer Giebelkante rangen zwei athletische Männer. Sie würgten und bissen einander, bis der eine taumelte und beide abstürzten. Man hörte den Aufschlag der hohlen Schädel. Flugzeuge schwirrten unter der Saaldecke und warfen Brandfackeln auf die Häuser. Die Dächer begannen zu brennen. Grüner Qualm quoll aus den Fenstern." [38]

---

[37] Kurt Beutler, a.a.O. S. 127.
[38] GS, Bd. 2, S. 122.

Konnte eine solch zeitüberdauernd konzipierte Oberflächlichkeit mit dazu beitragen, in dieser Satire vor dem Abgrund zu warnen, dem sich Deutschland und damit Europa näherten[39]? *Dummheit* und Unvernunft stehen auch in diesem Traumabschnitt wieder für die Ursachen blutiger Kampfeshandlungen („hohle Schädel"), während sich der Autor im nachträglichen Vorwort implizit als Deuter und Analytiker der Zeit auszuweisen sucht, also nicht nur als Kenner der Zeit, sondern gleichwohl als ihr *Er-Kenner*.

> „Die große Arbeitslosigkeit, die der wirtschaftlichen folgende seelische Depression, die Sucht sich zu betäuben, die Aktivität bedenkenloser Parteien, das waren Sturmzeichen der nahenden Krise." [40]

Es ist zu fragen, ob diese Prognose auch ihre satirisch eingebetteten konkreten Entsprechungen findet, doch immer wieder stößt man auf das zyklische Weltverständnis des Autors und seines melancholischen, ratlosen und resignativen Stellvertreters im Roman, Fabian, und seiner zweiten Variante einer Konzeption, Labude[41].
In einem Gespräch mit seinem besten Freund Stephan Labude entsinnt sich Fabian seiner Einberufung in den ersten Weltkrieg und stellt Parallelen zur gegenwärtigen Situation auf:

> „Ich saß in einem großen Wartesaal, und der hieß Europa. Acht Tage später fuhr der Zug. Das wußte ich. Aber wohin er fuhr und was aus mir werden sollte, das wußte kein Mensch. Und jetzt sitzen wir wieder im Wartesaal, und wieder heißt er Europa. Und wieder wissen wir nicht, was geschehen wird. Wir leben provisorisch, die Krise nimmt kein Ende." [42]

---

[39] Wortlaut aus Kästners „Fabian"-Vorwort von 1950. Vgl. Anm. 8 in diesem Kapitel.

[40] Aus dem „Fabian"-Vorwort von 1950. Vgl. Anm. 8 in diesem Kapitel.

[41] Vgl. dazu Kurt Beutler, a.a.O. S. 128.

[42] GS, Bd. 2, S. 50.

Die Gedanken um die Problematik menschlichen Existierens allgemein - gepaart mit einer Rat- und Hilflosigkeit sowie Angst vor der Zukunft - verbinden Fabian mit Labude.
Vor Labudes Selbstmord - der Grund liegt in einer vom Hochschulassistenten Weckherlin wissentlich verbreiteten Falschaussage, Labudes Habilitationsschrift sei abgelehnt worden - schreibt dieser seinen Abschiedsbrief an Fabian, in dem es heißt:

> „Europa wird auch ohne mich weiterleben oder zugrundegehen, es hat mich nicht nötig." [43]

Hier wird deutlich, daß sich der Satiriker (Kästner) durch die Hauptfiguren seines Romans versucht hat, nach allen Seiten des weiteren realgeschichtlichen Verlaufs hin abzusichern. Somit lassen sich Kästner keine *zeitprophetischen* Gaben zuweisen, wie er sie auch in „Bei Durchsicht meiner Bücher" [44] deklamierte.
Die zitierte Textpassage zeigt deutlich, daß nicht nur Europas Untergang, sondern ebensogut Europas *Weiterleben* möglich ist. Der Satiriker erweist sich also nicht als radikaler Mahner und Warner, als den er sich später selbst gerne sah, sondern als kompromißfähig und -freudig sowie immer bereit, das berühmte *Hintertürchen* offenzuhalten. *Mehr* als die beiden Möglichkeiten der Zukunft Europas - Untergang oder Weiterleben - gab es schließlich nicht, und in jedem Staat der Erde hat eine solch *zukunftsweisende* geschichtliche Spannbreite auf immer Gültigkeit. Dies verdeutlicht, *wie* banal sich die Zeitprophetie im „Fabian" ausnimmt.
Unbestritten soll bleiben, daß der Roman - obgleich satirisch überzogenes Sittengemälde - zumindest in Ausschnitten ein Bild seiner Zeit um 1931 vermittelt und daß sich viele Intellektuelle im geistigen und politischen Klima der (ausgehenden) Weimarer Republik mit der angesprochenen Ratlosigkeit selbst konfrontiert sahen. Für Hermann Hesse

---

43 GS, Bd. 2, S. 148.

44 Vgl. Anm. 7 in diesem Kapitel.

konnte das Zeitgemäße nicht zeitloser gesagt werden.[45] Hilde Spiel, die „Fabian" als „eines der wichtigsten Lehrbücher der deutschen Nation" [46] einstuft, urteilt:

> „(...) : ein Mann ohne Eigenschaften in der Weimarer Republik, mit dem wir uns, auch wenn wir Mädchen und nicht einmal Deutsche waren, durchaus identifizierten. Seine illusionslose Heiterkeit und unterspielte Verzweiflung, sein schlendernder Gang durch den Alltag, jedem Reiz und Stimulans ausgeliefert, weil die Neugier immer noch über die Trägheit siegt, seine skeptische Suche nach dem ‚System, in dem ich funktionieren kann' - es war ein Lebensgefühl, eine Wesenshaltung, in der wir uns wiedererkannten, Erich Kästners ‚Fabian' war seine Spiegelfigur und unsere Schlüsselfigur: der junge Mitteleuropäer zwischen den Kriegen." [47]

Als Zeitzeugin spricht Hilde Spiel in historischem Rückblick aber auch Kästners nachfolgende Inkonsequenz an:

> „Kästner hat, genauer noch als die gesellschaftlichen Zustände dieser Stadt (Anm.: Berlin, AD), die in ihr vorherrschende resignative Denkrichtung beschrieben. Daß er selbst in ihr verharrte, über den eigenen Schatten nicht springen konnte, war seine Tragik, und er hat es gewußt." [48]

> „Beinahe errechenbar ist der ‚Fabian' - einer hatte ihn schreiben müssen, sollte dieser historische Augenblick, dieser Verfall eines Staates, einer Stadt, nicht unregistriert vorübergehen. Aber

---

[45] Hermann Hesse: „Fabian" (1932). In: Eine Literaturgeschichte in Rezensionen und Aufsätzen. Herausgegeben von Walter Michels. Frankfurt/M 1970. Bd. 2, S. 550.

[46] Hilde Spiel: „Ein Lehrbuch der Nation: Erich Kästners ‚Fabian'". In: In meinem Garten schlendernd. Essays. München 1981. S. 317-324. Hier S. 322.

[47] Hilde Spiel, a.a.O. S. 317.

[48] Hilde Spiel, a.a.O. S. 319.

warum verstummte Kästner, als das Verhängnis eingetreten war?“ [49]

Kann Erich Kästner - vor dem Hintergrund seines „Beschreibung ist Erklärung genug“ [50] - wirklich nachträglich für sich in Anspruch nehmen, er habe die historischen Ereignisse vorausgesehen?
In seiner Arbeit „Die Einschätzung der Gegenwart im deutschen Zeitroman“ [51] sieht Wolfgang Wendler unter Einbezug von Kästners „Fabian“ die Richtung der Neuen Sachlichkeit von Ressentiment, Unsicherheit und Sentimentalität durchzogen. Als Hauptursache dafür führt er die offenbar fragwürdig gewordene Möglichkeit der Persönlichkeit an, sich selbst zu verwirklichen.[52]
Im Spannungsfeld zwischen der Distanz gegenüber dem Bestehenden und der Frage nach dem Kommenden steht Kästners Roman „Fabian“. Doch in diesem satirischen Spiegelbildnis finden sich mit Ehebruch, Arbeitslosigkeit (allerdings nicht jener der unteren gesellschaftlichen Schichten), kapitalistischem Streben, unerfüllter Liebe, manipulierbaren Menschen und vor allem entfesselter, zügelloser Sexualität - durch den von *Erlebnis* zu *Erlebnis* hechelnden Protagonisten Jakob Fabian wird uns ein breites Panorama des Geschlechtslebens geboten - lediglich Ausschnitte von *Symptomen* des *kränkelnden Patienten Zeit*. Eine die gesellschaftlichen Rahmenbedingungen umfassende *Krankheitsanalyse* unterbleibt. Entscheidend ist der Anspruch des Autors, ist die Sichtweise: Aus der Perspektive einer über die materielle Not und die denkbare nackte Existenzangst erhabenen Hauptfigur wird die Welt transparent. Die vom Autor/Erzähler angestrebte Demonstration des moralischen Verfalls der Gesellschaft macht kaum betroffen.
Hans Falladas „Kleiner Mann - was nun?“ (1932) mag als Gegenbeispiel eines vergleichbaren Großstadt- bzw. Berlinromans jener Jahre

49 Hilde Spiel, a.a.O. S. 322-323.

50 Vgl. Anm. 2 in diesem Kapitel.

51 Wolfgang Wendler: „Die Einschätzung der Gegenwart im deutschen Zeitroman“. In Wolfgang Rothe (Hg.): Die deutsche Literatur in der Weimarer Republik. Stuttgart 1974. S. 169-194.

52 Wolfgang Wendler, a.a.O. S. 180.

dienen, der das Problem der Figur und der Figuren in ihrer Zeit überzeugender darstellt.
Die Geschichte vom arbeitslosen Verkäufer Pinneberg und seiner lebenstüchtigen Frau Lämmchen wirkt zeitnah, realistisch und wie eine wahre, ehrliche Abbildung eines Stücks gesellschaftlicher Wirklichkeit. Falladas Intention war keine andere, als den kleinen Mann und sein Schicksal zu schildern und zu zeigen, wie sich dem Kleinbürgertum zu jener historischen Zeitepoche die Welt darstellte.[53] Deutlich tritt in Falladas Roman die Thematik der Diskriminierung von (arbeitslosen) Menschen zutage - ein Problem, das sich in Kästners „Fabian"-Roman nicht stellt, und zum nächsten Etablissementbesuch reicht das Geld der Hauptfigur allemal. Bei Fallada vermag einzig das private Refugium familiärer Liebe die ungelösten gesellschaftlichen Probleme zum Teil abfangen. Es wird deutlich, daß Güte und Treue auch in der schwersten Zeit nicht untergehen müssen, während Fabian im gleichnamigen Roman unmißverständlich feststellt: „Die Familie liegt im Sterben." [54]

In Ergänzung zu Kästners „Fabian" konstatiert Egon Schwarz:

> „Kästner hat uns nicht eine ganze Welt gezeigt. Was er uns vorführt, ist jener Ausschnitt, den ein entfremdeter Akademiker aus dem Kleinbürgertum zu Anfang der dreißiger Jahre wahrnehmen konnte. Vom Leben der Bauern, des konservativen kleinstädtischen oder ländlichen Bürgertums, von der immer noch wichtigen Aristokratie, dem Beamtentum usw. usw. erfahren wir so wenig wie von den Existenzbedingungen des Proletariats. Kein Blick fällt auf die Jugend, kaum einer auf das intellektuelle Leben, die Kunst. Die für die anderen Länder Europas charakteri-

---

[53] Vgl. dazu auch Dieter Mayer (Hg.): Hans Fallada: Kleiner Mann - was nun? Historische, soziologische, biographische und literaturgeschichtliche Materialien zum Verständnis des Romans. Frankfurt/M 1978. S. 89 ff. und S. 110 ff.
Vgl. dazu auch Jürgen C. Thöming: „Hans Fallada. Seismograph gesellschaftlicher Krisen". In Hans Wagener (Hg.): Zeitkritische Romane des 20. Jahrhunderts. Die Gesellschaft in der Kritik der deutschen Literatur. Stuttgart 1975. S. 97-123, hier S. 97 ff.
[54] GS, Bd. 2, S. 73.

> stischen Spannungen treten kaum in Erscheinung, die gesamte sogenannte unterentwickelte Welt bleibt ausgeklammert.“ [55]

Auch von dieser Warte aus kann man den „Fabian“ nicht als *Warn-Roman* klassifizieren.
Die Hauptfiguren bewegen sich auf unterschiedlichen Bahnen. Für den aktivistisch gesonnenen Labude muß eine neue Weltanschauung konstituiert werden[56]; Fabian verharrt in der Beobachter-Rolle des Moralisten:

> „Ich weiß ein Ziel, aber es ist leider keines. Ich möchte helfen, die Menschen anständig und vernünftig zu machen. Vorläufig bin ich damit beschäftigt, sie auf ihre diesbezügliche Eignung hin anzuschauen.“ [57]

In einem Gefilde der Rat- und Hilflosigkeit besitzt der Roman durchaus chronikalischen Charakter, doch die Chronologie der deutschen und europäischen Geschichte hat er nicht vorausgezeichnet. Diese Meinung hatte Kurt Beutler im Zusammenhang mit der *Erfinder-Episode* [58] vertreten: „ Kästner nahm hier als Vision voraus, was einige Jahre später in der Form von Massenvernichtungslagern Realität geworden ist.“ [59]
Beutlers Fazit müssen wir strikt zurückweisen, denn 1931 konnte man realhistorische Ausrottungsaktionen in diesen Ausmaßen und in dieser Brutalität wie unter dem späteren NS-Regime noch nicht einmal als Vision vorausnehmen. Im Fortlauf dieses Kapitels werden wir verstärkt

---

[55] Egon Schwarz, a.a.O. S. 144. Gleichwohl sieht Schwarz die Segmente des modernen Lebens scharf beobachtet und hebt den Eindruck authentischer Wirklichkeit hervor.

[56] GS, Bd. 2, S. 148.

[57] GS, Bd. 2, S. 44.

[58] In Fabians Traum trifft Fabian den *verrückten Erfinder*, der sich in der Gesellschaft den Profitinteressen widersetzt hatte und im *Irrenhaus* gelandet war. Im Traum demonstriert dieser seine neue Maschine: „Eine Maschine, groß wie der Kölner Dom, türmte sich vor ihnen auf. Halbnackte Arbeiter standen davor, mit Schaufeln bewaffnet, und schippten Hunderttausende von kleinen Kindern in einen riesigen Kessel, in dem ein rotes Feuer brannte.“ (GS, Bd. 2, S. 118).

[59] Kurt Beutler, a.a.O. S. 125.

nachweisen, daß Kästner generell ein (gesellschafts-)politischer Weitblick fehlte.

In seiner Antikriegslyrik hat Kästner nur wenige Male die Position des Zeitlosen, des mit konkreten Bildern gestalteten abstrakten Zeitbilds verlassen.
In dem Zusammenhang muß man sich verdeutlichen, daß Erich Kästner in jenen Jahren um 1930 in Berlin als Journalist und Zeitungsdichter tätig war, wobei der *Zeitungspoet* viel vom *Zeitchronisten* übernahm. Kästners Gedichte in den vier Lyrikbänden zwischen 1928 und 1932 waren oftmals zuvor in Zeitungen abgedruckt worden und als Auftragsarbeiten entstanden.
Während er überwiegend das *Wie* und *Was* der menschlichen Handlungen in seiner Lyrik thematisiert, bringt der Autor in den seltensten Fällen so etwas wie *politische Tagesdichtung* hervor. Sein diesbezüglich bissigstes satirisches Gedicht erscheint am 1. Oktober 1930 in der „Weltbühne“, nachdem die Nationalsozialisten bei den Reichstagswahlen vom 14. September 1930 beträchtliche Stimmengewinne erzielt hatten, die die Gefahr eines Rechtsdruckes belegten. Dieses Gedicht, „Ganz rechts zu singen“, taucht in keinem der vier Kästnerschen Gedichtbände auf, dafür jedoch im Auswahlband „Bei Durchsicht meiner Bücher“ (1946), in dem man - laut seinem Vorwort - „eine Auswahl aus meinen vier vor 1933 erschienenen Gedichtbänden“ [60] vorfand. Die von einer Lüge gestützte Hereinnahme von „Ganz rechts zu singen“ schien Kästner wohl opportun, um damit seine *zeitseherischen Gaben* zu stützen.[61]

„Ganz rechts zu singen“ [62] behandelt das sogenannte Dritte Reich:

> „Stoßt auf mit hellem hohen Klang!
> Nun kommt das Dritte Reich!
> Ein Prosit unserm Stimmenfang!

---

[60] „Bei Durchsicht meiner Bücher“, S. 10.
[61] Vgl. dazu auch Anm. 6 in diesem Kapitel.
[62] „Bei Durchsicht meiner Bücher“, S. 75-77. GS, Bd. 1, S. 299-301.

Das war der erste Streich!

Der Wind schlug um. Nun pfeift ein Wind
von griechisch-nordischer Prägung.
Bei Wothans Donner, jetzt beginnt
die Dummheit als Volksbewegung.

Wir haben das Herz auf dem rechten Fleck,
weil sie uns sonst ja nichts ließen.
Die Köpfe haben ja doch keinen Zweck.
Damit kann der Deutsche nicht schießen.

Kein schönrer Tod ist auf der Welt
als gleich millionenweise.
Die Industrie gibt uns neues Geld
und Waffen zum Selbstkostenpreise.

Wir brauchen kein Brot, und nur Eins ist not:
Die nationale Ehre!
Wir brauchen mal wieder den Heldentod
und schwere Maschinengewehre.

Und deshalb müssen die Juden raus!
Sie müssen hinaus in die Ferne.
Wir wollen nicht sterben fürs Ullsteinhaus,
aber für Kirdorf sehr gerne.

Die Deutsche Welle, die wächst heran
als wie ein Eichenbaum.
Und Hitler ist der richtige Mann.
Der schlägt auf der Welle Schaum.

Der Reichstag ist ein Schweinestall,
wo sich kein Schwein auskennt.
Es braust ein Ruf wie Donnerhall:
Kreuzhimmelparlament!

Wir brauchen eine Diktatur
viel eher als einen Staat.
Die deutschen Männer kapieren nur,
wenn überhaupt, nach Diktat.

Ihr Mannen, wie ihr es auch dreht,
wir brauchen zunächst einen Putsch!
Und falls Deutschland daran zugrunde geht,
juvivallera, juvivallera,
dann ist es eben futsch."

Mit seinem ironischen Kommentar in Versform mit urdeutschen Liedanklängen und (Vereins-)Gesellschaftsfloskeln zeigt Kästner an dieser Stelle, daß eine Gefahr real erkannt ist. Sein zeitnahes Gedicht weist nicht nur auf die moralische Labilität des Einzelnen mit Mitläufertum und blindem Gehorsam, sondern auch auf die gesamtgesellschaftliche Einkleidung eines Krieges unter Rückendeckung der Industrie („Die Industrie gibt uns...Waffen zum Selbstkostenpreise", Geheimrat Kirdorf als Vertreter der Schwerindustrie). Auch in anderen Gedichten wie „Knigge für Unterbemittelte" (1928)[63] und „Fantasie von übermorgen" (1929)[64] tauchen Bankpotentaten und Industriemagnaten als Co-Finanziers von Kriegen auf. Eine Strophe im satirischen „Knigge für Unterbemittelte" lautet:

Ihr sollt nicht denken, wenn ihr sprecht!
Gehirn ist nichts für kleine Leute.
Den Millionären geht es schlecht.
Ein neuer Krieg käm ihnen recht.
So macht den Ärmsten doch die Freude!" [65]

Vor dem Hintergrund einer im Gedicht „Ganz rechts zu singen" aufgegriffenen Thematik der Bedrohung der Gesellschaft durch rechts-

---

63 „Bei Durchsicht meiner Bücher", S. 122-123. GS, Bd. 1, S. 90-91.
64 „Bei Durchsicht meiner Bücher", S. 110. GS, Bd. 1, S. 108-109.
65 GS, Bd. 1, S. 91.

radikale Strömungen sucht man Besorgnisse oder Prophezeiungen in Kästners zu jener Zeit abgefaßten Briefen an seine Mutter vergeblich. In einem drei Tage nach den Reichstagswahlen und zwei Wochen vor Erscheinen von „Ganz rechts zu singen" formulierten Brief heißt es lediglich:

> „Mir geht's unberufen großartig. Ich arbeite kolossal - vorläufig Gedichte auf Vorrat, damit ich Geld verdiene, während ich das Singspiel schreibe, und es bekommt mir glänzend." [66]

In Kästners „kleiner Versfabrik" [67] mochte „Ganz rechts zu singen" ebenfalls eines jener Gedichte auf Vorrat gewesen sein, dessen Gehalt sich im Verlauf der Geschichte eher unvorhergesehen als beabsichtigt bewahrheitete. Kästners *Beunruhigungen* mit Blickrichtung Zukunft hatten keine Kontinuität und nicht den deutlichen Charakter einer wirklichen Furcht.

Für diese Tendenz sprechen auch die Antworten Kästners auf eine Umfrage der linksorientierten Zeitschrift „Die neue Bücherschau" im Jahre 1929. Es ging um die Frage an zwölf Autoren ihrer Zeit, wie sie sich ein Kino vorstellten, an dem sie gerne mitarbeiten würden.

Der Massenware-Dichter Kästner sprach sich nicht nur paradoxerweise gegen die Massenware Film aus[68], sondern forderte sogar staatliche Einflußnahme, die nur zu bald in unlauterster Weise höchst gefährliche

---

[66] Kästner: „Mein liebes, gutes Muttchen...", a.a.O. S. 124.

[67] Dies bezieht sich auf das Gedicht „Kurzgefaßter Lebenslauf" aus dem Band „Ein Mann gibt Auskunft" (1930; GS, Bd. 1, S. 178-178, folgendes Zitat S. 179). In einer Strophe heißt es:
„Nun bin ich zirka 31 Jahre
und habe eine kleine Versfabrik."
Ich sehe hier keinen Grund, das lyrische Ich von dem Kästners zu trennen.

[68] In Ingo Tornow (a.a.O. S. 11) wird Kästner zitiert:
„Solange Filme wie Briketts oder Konfektionsanzüge hergestellt werden, solange erreichen gute Manuskripte, begabte Regisseure und verantwortungsbewußte Darsteller nichts weiter, als daß sie in die Maschinerie geraten oder aufs laufende Band. Die Filmgesellschaften sind Fertigwaren-Betriebe, bei denen vorübergehende Stillegung oder Drosselung größere Defizite einbringt. Und so wird an Rohstoffen herangeschleppt, was sich nur irgend findet, auch wenn sich Nichts findet - damit kein Leerlauf entsteht."

Wirklichkeit werden sollte[69]. Kästner räumte darüber hinaus sogar ein, daß eine „solche Revolution (staatliche Einflußnahme - künstlerisches Kontrollkomitee mit finanzieller Exekutive usw.) nicht die mindeste Aussicht auf reelle Verwirklichung“ [70] habe.
Hier läßt sich wieder einmal konstatieren, daß Kästner jener wahre Weitblick fehlte, den er im Nachhinein stets für sich in Anspruch zu nehmen suchte.

Auch wenn Kästner nach eigenem Bekunden nichts von Wirtschaft und Parteipolitik verstand[71], so gehen in „Ganz rechts zu singen“ dennoch die satirischen Spitzen in die richtige Richtung. Der Dichter nennt Namen, deutet auf bei den Nationalsozialisten verhaßtes jüdisches Kapital („Ullsteinhaus“) und auf Adolf Hitler als den gernegroßen Antreiber und Schaumschläger, der die griechisch-nordische Politik-Ästhetik im Zuge der Septemberwahlen 1930 vehement vertreten hatte[72].
Ende 1930 kommt Hitler in dem Gedicht „Brief an den Weihnachtsmann“ noch einmal als despektierliches Objekt der Unterschätzung vor:

„Lieber, guter Weihnachtsmann,
weißt du nicht, wie's um uns steht?
Schau dir mal den Globus an.
Da hat einer dran gedreht.
(...)
Breite deine goldnen Flügel
aus, und komm zu uns herab.
Dann verteile deine Prügel.
Aber, bitte, nicht zu knapp.
(...)
Lege die Industriellen
kurz entschlossen übers Knie.

---

69 Vgl. dazu Ingo Tornow, a.a.O. S. 11.
70 In Ingo Tornow, a.a.O. S. 11.
71 Vgl. dazu die Anmerkungen 19 und 20 in diesem Kapitel.
72 Vgl. dazu Dirk Walter, a.a.O. S. 46.

Und wenn sie sich harmlos stellen,
glaube mir, so lügen sie.
Ziehe denen, die regieren,
bitteschön, die Hosen stramm.
Wenn sie heulen und sich zieren,
zeige ihnen ihr Programm.

Und nach München lenk die Schritte,
wo der Hitler wohnen soll.
Hau dem Guten, bitte, bitte,
den Germanenhintern voll.“ [73]

Das in Kinderreim abgefaßte Hilfe-Ersuchen an eine überirdische Instanz dürfte kaum dazu angetan gewesen sein, die Linie des selbsternannten Warners Kästner fortzusetzen. Kann die infantil herbeigesehnte Prügelstrafe - auch hier schwingt unterspielte Gewalt mit - für die bösen Industriellen und Regierenden mit ihrer naiven Ironie etwas bewirken, vor etwas warnen? In Anlehnung an Theodor W. Adorno gilt es zu bedenken, daß der Satiriker, der das Objekt seiner Angriffe lächerlich macht, in Versuchung gerät, die realen Machtmöglichkeiten und die Schrecken, die vom Kritisierten ausgehen, zu verdecken oder zu unterschätzen.[74] Unter diesem Gesichtspunkt war es sicher kein Zufall, daß „Brief an den Weihnachtsmann“ keine Aufnahme in Kästners Auswahlband nach dem Kriege fand.

Der Dichter konfrontiert die Leser mit einer denkbaren Unterschätzung der Wirklichkeit. Im „Brief an den Weihnachtsmann“ avanciert die imaginäre Abrechnung mit den Machthabern und den Nach-Macht-Strebenden zu einer satirischen Bagatellisierung, deren Oberflächlichkeit im *sprachlichen Handeln* bezeichnend für Kästner ist: „übers Knie legen“, „Hosen strammziehen“, „Hintern vollhauen“.

Im Gedicht „Fantasie von übermorgen“ (1929) hört sich dies ähnlich an:

---

[73] GS, Bd. 5, S. 429-430.

[74] Vgl. dazu auch Dirk Walter, a.a.O. S. 49.

„Und als der nächste Krieg begann,
da sagten die Frauen: Nein!
und schlossen Bruder, Sohn und Mann
fest in der Wohnung ein.
(...)
Sie legten jeden übers Knie,
der diesen Krieg befahl:
die Herren der Bank und der Industrie,
den Minister und General.“ [75]

Generell fehlen Kästner in seiner satirischen *Zeitkritik* phantasievoll-realistische Bilder. Kästners *zeitkritische* Dichtung ist eine Dichtung der Äußerlichkeiten, eine Dichtung ohne tiefe oder langanhaltende Wirkung, ebenso wie jedes leitmotivisch verfolgbare *Übers-Knie-Legen*, *Hosen-Strammziehen* und *Hintern-Vollhauen*. Beschreibung allgemein und Beschreibung der Menschen war Kästner Erklärung genug. Doch konnte es überhaupt Erklärung sein? Konnte Kästner damit - wie von ihm nachträglich für sich in Anspruch genommen - überhaupt warnen wollen?

Die *Zeitkritik* Kästners reduziert sich vielfach auf den *Passepartout*-Begriff *Dummheit*. Im zitierten Gedicht „Ganz rechts zu singen“ (1930) steht der zu jener Zeit im deutschen Reich zunehmende Rechtsradikalismus als eine Urgewalt, die Kästners immerwährendes historisches Zeitgerüst unter dem Leitmotiv *Dummheit* zu füllen vermochte („Dummheit als Volksbewegung“, „Köpfe haben ja doch keinen Zweck“, „kapieren nur nach Diktat“).
Der Faktor *Dummheit* taucht in Kästners Werk immer dann auf, wenn es um gesellschaftliche Phänomene und Mißstände oder um eine gesamtgesellschaftliche Entwicklung geht.
Um eine Definition der *Dummheit* hat sich Kästner in seinen Schriften nie bemüht. Setzt der Autor *Dummheit* mit Charakterlosigkeit gleich, oder nimmt er die Verstandesleistung als Richtmaß?
Im Gedicht „Die Zunge der Kultur reicht weit“ (1928) bleibt die *Dummheit* völlig verschleiert ("Noch gibt es Männer, die im Dunkeln geigen, /

---

[75] GS, Bd. 1, S. 108.

und Leute, die, selbst wenn sie dumm sind, schweigen")[76]; im Gedicht „Marschliedchen" (1932) ist die *Dummheit* an militaristisches Mitläufertum geknüpft („Ihr und die Dummheit zieht in Viererreihen/ in die Kasernen der Vergangenheit")[77], und im Gedicht „Die Welt ist rund" (1928) lautet die vorletzte Strophe:

„Ja, wenn die Welt quadratisch wär!
Und alle Dummen fielen ins Klosett!
Dann gäb es keine Menschen mehr.
Dann wär das Leben nett." [78]

Wie soll man diese Verse werten, die darüber hinaus Eingang in „Bei Durchsicht meiner Bücher" gefunden haben und demzufolge an den bereits zitierten Intentionen gemessen werden müssen, nach denen ein junger Mann (Kästner) mit den Versen habe zeigen wollen, wie es vor 1933 in den Großstädten aussah, und versuchen wollen, durch Ironie, Kritik, Anklage, Hohn und Gelächter zu warnen? Anhand dieser Äußerungen darf man Kästners Lyrik entsprechend einstufen.
Der zitierte *Klosett-Fall der Dummen* verdeutlicht, welch eine Diskrepanz zwischen den von Kästner nachträglich formulierten Absichten und der dichterischen Praxis besteht. *Gebrauchslyrik* im Sinne Kästnerscher Formulierung des seelisch Verwendbaren[79] ist das nicht.
Bertolt Brechts Forderung nach dem *Gebrauchswert* von Literatur („Die ästhetischen Maßstäbe sind zugunsten der Maßstäbe des Gebrauchswertes zurückzustellen" [80]) scheint hier formal und inhaltlich geradezu in ihr Gegenteil verkehrt. Kästners später dargelegte Intention, er habe mit

---

[76] GS, Bd. 1, S. 80.

[77] GS, Bd. 1, S. 273.

[78] GS, Bd. 1, S. 48.

[79] Ich beziehe mich auf die *Prosaische Zwischenbemerkung* im Gedichtband „Lärm im Spiegel" (1929), in der es in bezug auf die *Gebrauchslyriker*, zu denen sich Kästner rechnet, heißt: „Ihre Verse kann das Publikum lesen und hören, ohne einzuschlafen. (...) Verse, die von den Zeitgenossen nicht in irgendeiner Form zu brauchen sind, sind Reimspielereien, nichts weiter." (GS, Bd. 1, S. 126).

[80] Bertolt Brecht: „Forderungen an eine neue Kritik". In Brecht: Gesammelte Werke, Band 18. Frankfurt/M 1967 (Ausgabe 91.-100. Tsd. 1975). S. 113.

Versen wie diesen zu warnen versucht, ist anmaßend, trägt allerdings zur Selbstentlarvung des harm- und ziellosen Dichters bei.

Das Motiv der *Dummheit* taucht zeitgleich zu den Gedichten im „Fabian"-Roman auf und steht dort ebenso undifferenziert. Ein Beispiel bietet ein Dialog zwischen Fabian und der jungen Filmrechtlerin Cornelia Battenberg, seiner späteren unglücklichen Liebe:

> „ ‚(...) Soweit diese riesige Stadt (Anm.: Berlin, AD) aus Stein besteht, ist sie fast noch wie einst. Hinsichtlich der Bewohner gleicht sie längst einem Irrenhaus. Im Osten residiert das Verbrechen, im Zentrum die Gaunerei, im Norden das Elend, im Westen die Unzucht, und in allen Himmelsrichtungen wohnt der Untergang.'
> ‚Und was kommt nach dem Untergang?'
> Fabian pflückte einen kleinen Zweig, der über ein Gitter hing, und gab zur Antwort: ‚Ich fürchte, die Dummheit.' " [81]

Dies ist ein Exempel für die *unechte Tiefe*, gegen die sich Kästner paradoxerweise zu verwahren suchte.[82]

Knüpft man an die Frühwerk-Lyrik an, stößt man auch im Spätwerk auf den Terminus *Dummheit* im dichterisch luftleeren Raum, so in „Niedere Mathematik" aus dem Epigramm-Band „Kurz und bündig" (1948):

> „Ist die Bosheit häufiger
> oder die Dummheit geläufiger?
> Mir sagte ein Kenner
> menschlicher Fehler
> folgenden Spruch:
> ‚Das eine ist ein Zähler,
> das andere Nenner,

---

[81] GS, Bd. 2, S. 148.

[82] In „Kästner über Kästner": „Er ist (...) spinnefeind der unechten ‚Tiefe', die im Lande der Dichter und Denker nie aus der Mode kommt (...)." (GS, Bd. 5, S. 304).

> das Ganze - ein Bruch.' “ [83]

Auch das im selben Band veröffentlichte Epigramm „In memoriam memorae“ gibt keinen Aufschluß über den Sinngehalt der *Dummheit*:

> „Die Erinn'rung ist eine mysteriöse
> Macht und bildet die Menschen um.
> Wer das, was schön war, vergißt, wird böse.
> Wer das, was schlimm war, vergißt, wird dumm.“ [84]

Als undefinierter und stets undifferenzierter Begriff steht *Dummheit* zentral im Kästnerschen Werk und scheint als vorgeschobener Ausdruck immer dann willkommen zu sein, wenn der Autor seine Absichten nicht konkret darzulegen vermag.
Mit Blick auf den - wie auch immer gearteten - Kampf gegen die *Dummheit* herrscht in „Eine kleine Sonntagspredigt“ (1947)[85] über Sinn und Wesen der Satire und die Aufgaben des Satirikers ein (pseudo-) engagierter Ton vor:

> „Der satirische Schriftsteller ist, wie gesagt, nur in den Mitteln eine Art Künstler. Hinsichtlich des Zwecks, den er verfolgt, ist er etwas ganz anderes. Er stellt die Dummheit, die Bosheit, die Trägheit und verwandte Eigenschaften an den Pranger.“ [86]

Kästner, der sich selbst als satirischer Schriftsteller bezeichnet hat[87], scheint auf die Wirkung solcher Passagen bei seiner Leserschaft zu setzen; mit dem Gebrauch einer Phrase aus dem sprachlichen Alltag („an den Pranger stellen“) wird auch hier wieder ein für Kästner typisches Stilmittel deutlich.

---

[83] GS, Bd. 1, S. 334-335.
[84] GS, Bd. 1, S. 326.
[85] GS, Bd. 5, S. 117-120.
[86] GS, Bd. 5, S. 119.
[87] GS, Bd. 5, S. 117.

In der zitierten Passage nimmt der Autor - mit der scheinbar idealistischen Gesinnung eines allwissenden Außenstehenden - honorige Ziele für sich in Anspruch, die auf den ersten Blick *Größe* offenlegen mögen, dann allerdings zum Widerspruch reizen.
Aufs Neue hat Kästner nicht nur den Weg des geringsten Widerstands gewählt, sondern auch den der größten Breitenwirkung: Gegen *Dummheit* anzugehen, kann nie falsch sein, und niemand widerspricht.
Das Licht fällt hier jedoch auf Kästner, der eindeutig zur Schau trägt, daß er sich für klug hält, obwohl es - folgt man einem Gedanken Robert Musils[88] - allgemein für ein Zeichen von Dummheit gilt, dies zu tun.
Kästners Kritik ist oberflächlich und ungeliedert. Er fühlt, daß etwas falsch ist, kann allerdings nicht angeben, was. In seinen Satire-Umschreibungen in „Eine kleine Sonntagspredigt“ geht Kästner zwar - oberflächlich - auf Absicht, Zweck und Methode ein, doch übergeht er ein wesentliches Merkmal der Satire: die der (schlechten) Wirklichkeit entgegengehaltene Norm.[89] Folgt man der Definition von Jürgen Fritz, so wird in der Satire nicht über den Widerspruch zwischen der vorgefundenen Wirklichkeit und der Norm gesprochen, sondern dieser Widerspruch wird unmittelbar vorgeführt und sichtbar gemacht und als *Kontrast* zwischen dem, was ist, und dem, was sein soll, sinnfällig.[90] Auf solche Definitionen läßt Kästner sich nicht ein. So avanciert der Begriff der *Dummheit häufig* zum Lückenfüller und untermauert Kästners deskriptive Gestaltungsarmut.

„Was ist eigentlich Dummheit?“ fragt Robert Musil zu Beginn seines 1937 in Wien gehaltenen Vortrags „Über die Dummheit“ [91]. Musils Ausführungen wenden sich gegen Vorurteile, einseitige Blickwinkel und den willkürlichen Vielverwendungscharakter des Begriffes Dummheit. Er setzt zu Definitionsversuchen an und bekennt sich von Anfang an zu

---

[88] Der Gedanke stammt aus der Rede „Über die Dummheit“, vgl. Anmerkung 91.

[89] Zur Definition von Satire vgl. auch Jürgen Fritz: Satire und Karikatur. Fächerübergreifender Unterricht in Deutsch - Politik - Kunst - Musik. Braunschweig 1980. S. 12 ff.

[90] Jürgen Fritz, a.a.O. S. 13.

[91] Vortrag auf Einladung des Österreichischen Werkbunds, gehalten in Wien am 11. und wiederholt am 17. März 1937. In Robert Musil: Gesammelte Werke, Band II. S. 1270-1291. Reinbek bei Hamburg 1978. Die zitierte Textstelle steht auf S. 1273.

seiner Schwäche: „(...) ich weiß nicht, was sie (Anm.: die Dummheit, AD) ist." [92]

Ich habe Robert Musils Rede ausgewählt, um zu sehen, wie ein zur gleichen Zeit schreibender Autor dieses Problem angeht und sich dazu stellt.

Im Gegensatz zu Musil muß man bei Kästner annehmen, er wisse genau, was Dummheit bedeute. Mehr als überhebliches Wortgeklingel mit dem peinlichen Unterton gepachteter Weisheit ist es bei Erich Kästner jedoch nicht: Die *an den Pranger gestellte Dummheit* offenbart lediglich ein erstaunlich *dümmliches* Vorstellungsbild ohne klare Aussage. In seiner Rede wendet sich Musil gerade gegen solche Oberflächlichkeiten:

> „Der Gebrauch dieser Worte (Anm.: ‚dumm' und ‚gemein', AD) ist der schlichteste und schlechteste abwehrende Ausdruck, der sich finden läßt, er ist der Anfang einer Erwiderung und schon auch ihr Ende." [93]

Ziel der Rede Musils ist es, Gedankenanstöße zu geben, die den Gebrauch deutlicherer Worte als jenem der *Dummheit* bewirken sollen. Im Sinne Musils („...je undeutlicher ein Wort ist, um so größer ist der Umfang dessen, worauf es bezogen werden kann" [94]) wäre auch Kästner mit seinem *Dummheits*-Begriff gefordert gewesen, den abstrakten Bereich zu verlassen und seine Worthülse mit Inhalt zu füllen.

Das Motiv der *Dummheit* bei Kästner weist nicht - wie man auf den ersten Blick meinen könnte - auf einen breiten Interpretationsspielraum, sondern auf die Enge im Denken des Autors sowie auf seine Furcht und Flucht vor Problemen jedweder Art. Zupackende schriftstellerische Tatkraft läßt sich Kästner ebensowenig attestieren wie eine durchgängige Klarheit und Genauigkeit. Robert Musils Äußerungen zu gezieltem bzw. ziellosem Handeln kann man - zumindest zum Teil - auf Kästner münzen:

---

[92] Robert Musil, a.a.O. S. 1272.

[93] Robert Musil, a.a.O. S. 1281.

[94] Robert Musil, a.a.O. S. 1283.

> „Und wirklich läßt sich an dem rechten Gebrauch des Vorwurfs, etwas sei wahrhaftig eine Dummheit oder eine Gemeinheit, nicht nur ein Aussetzen der Intelligenz erkennen, sondern auch die blinde Neigung zum sinnlosen Zerstören oder Flüchten.“ [95]

Jenes auf Kästners anwendbare *Flüchten* findet seine Entsprechung im Gebrauch eines allgemeinen und sinnarmen Wortes wie dem der *Dummheit*. In Anlehnung an Musil weist dies auf Sprachlosigkeit, Gedankenlosigkeit und einen schweren Zustand der Unzulänglichkeit.[96] Kästners verschwommene Ziele, wie jenes, Dummheit, Bosheit, Trägheit und verwandte Eigenschaften *an den Pranger stellen* zu wollen, wirken überzogen und abgehoben und deuten auf einen Satiriker, der sich wohlgefällig über allem schweben sah.
Bescheidung als das von Musil angesprochene letzte und wichtigste Mittel gegen die Dummheit[97] war Erich Kästner fremd. Als Obermoralist und Allerweltsmoral-Apostel trat er einzig durch sich selbst überschätzende Wertungen bei gleichzeitigem Entzug vor konkret-faßbarer Verantwortung hervor. Mit der Überbetonung des Predigens und Appellierens suchte der Schriftsteller diese Schwächen wissentlich zu kaschieren.

In die Reihe der - an der dichterischen Praxis gemessenen - maßlosen Selbstüberschätzungen Erich Kästners gehören auch Definitionsversuche und Ansprüche in bezug auf den Terminus „Gebrauchslyrik“.
Im Anschluß an eine - nicht nur auf Kästner beschränkte - Erörterung zur *Gebrauchslyrik* wird deutlicher als bisher zur Debatte stehen, ob Kästner mit seiner Lyrik und Prosa wirklich eine *prophetische* Voraussicht für sich in Anspruch nehmen konnte.

---

95 Robert Musil, a.a.O. S. 1283.
96 Robert Musil, a.a.O. S. 1284.
97 Robert Musil, a.a.O. S. 1290.

Grundsätzlich beinhaltet der Begriff „Gebrauchslyrik“ die Relation zwischen Schreiber und Publikum, zwischen Form und Inhalt, zwischen Tendenz und Qualität. Eine einheitliche Definition des in den zwanziger Jahren des 20. Jahrhunderts aufgekommenen Ausdrucks gibt es nicht.
Bertolt Brecht und Kurt Tucholsky sahen den Sinn von „Gebrauchslyrik“ und „Gebrauchsliteratur“ generell in unmittelbarem Zusammenhang mit einer politischen Funktion.[98]
Auch Walter Benjamin erwartete von der „Gebrauchslyrik“ - politisch - verändernde Kraft[99], während sich Erich Kästners Definition von „Gebrauchslyrik“ eher auf das Gedicht als leichtverdaulichen Konsumartikel „zum Sofortessen“ richtete. Dies zeigt sich in seinem Anfang 1930 für die „Neue Leipziger Zeitung“ verfaßten Artikel „Ringelnatz und Gedichte überhaupt“:

> „Es ist wirklich keine Schande, Verse zu schreiben, die den Zeitgenossen begreiflich erscheinen! Die ‚reinen' Dichter dichten Konservenlyrik, nur zum Aufheben, für die Ewigkeit und für noch spätere Doktorarbeiten. Die Gebrauchslyriker schreiben aber für heute, zum Sofortessen; wahrscheinlich halten ihre Produkte nicht sehr lange und verderben rasch.“ [100]

---

98 Vgl. dazu auch Karl Riha: „Literatur und Gebrauchsliteratur“. In Ludwig Fischer (Hg.): Gebrauchsliteratur. Methodische Überlegungen und Beispielanalysen. Stuttgart 1976. S. 86-98. Hier S. 87.
In seinem Beitrag „Gebrauchslyrik“ spricht Kurt Tucholsky vom Ziel der unmittelbaren Wirkung der Gebrauchslyrik und setzt in diesem aus dem Jahre 1928 datierenden Definitionsversuch hinzu:
„(...) die Verse der Gebrauchslyrik sind gereimtes oder rhythmisches Parteimanifest.“ (In Kurt Tucholsky: Gesammelte Werke, Band 6. Reinbek bei Hamburg 1960. S. 317).
Vgl. dazu auch Horst Belke: Literarische Gebrauchsformen. Düsseldorf 1973. S. 19 ff. In Anlehnung an Bertolt Brecht schlußfolgert Belke: „Der Gebrauchswert besteht also in der Gesellschaftsbezogenheit, d.h. in der gesellschaftsverändernden Wirkung des Textes. Er ist ein Faktor im gesellschaftlichen Gesamtprozeß der Umgestaltung der Realität.“ (S. 19).

99 Dies wird - abgesehen von „Linke Melancholie“ (1931; a.a.O.) - in zwei weiteren Beiträgen deutlich: „Gebrauchslyrik? Aber nicht so!“ (1929; Gesammelte Schriften, Bd. III. Frankfurt/M 1972. S. 183-184) und „Der Autor als Produzent“ (1934, a.a.O.).

100 Kästner: Gemischte Gefühle, a.a.O. Bd. 1, S. 175-177. Hier S. 176.
Die *andere Dichtung* bezeichnet Kästner als „Lyrik im luftleeren Raum“ (S. 175).

Das Kästnersche „zum Sofortessen“ steht im Gegensatz zu den Vorbemerkungen Bertolt Brechts zu seiner im Jahre 1927 veröffentlichten „Hauspostille“ :

> „Diese Hauspostille ist für den Gebrauch der Leser bestimmt. Sie soll nicht sinnlos hineingefressen werden.“ [101]

In diesem Zusammenhang muß man sich vergegenwärtigen, daß viele der Kästnerschen Gedichte vor der Publikation in den Lyrikbänden in Tageszeitungen und Wochenblättern veröffentlicht worden waren und dort - so Walter Benjamin - *wie ein Fisch durchs Wasser flitzten* [102].

Bereits in den Definitionen offenbart sich der entscheidende Unterschied zwischen Kästner und Brecht in bezug auf den Gebrauchswert von Literatur (Lyrik): Breitenwirkung versus Tiefenwirkung.
Zu seiner Kunst für die Massen äußerte sich Kästner in der „Prosaischen Zwischenbemerkung“ im Gedichtband „Lärm im Spiegel“ (1929):

> „Zum Glück gibt es ein oder zwei Dutzend Lyriker - ich hoffe fast, mit dabei zu sein -, die bemüht sind, das Gedicht am Leben zu erhalten. Ihre Verse kann das Publikum lesen und hören, ohne einzuschlafen; denn sie sind seelisch verwendbar. Sie wurden im Umgang mit den Freuden und Schmerzen der Gegenwart notiert; und für jeden, der mit der Gegenwart geschäftlich zu tun hat, sind sie bestimmt. Man hat für diese Art von Gedichten die Bezeichnung ‚Gebrauchslyrik' erfunden, und die Erfindung beweist, wie selten in der jüngsten Vergangenheit wirkliche Lyrik war. (...)

---

[101] Bertolt Brecht: Hauspostille. In: Gesammelte Werke, Bd. 8. Frankfurt/M 1967 (91.-100. Tsd. 1975). Hier „Anleitung zum Gebrauch der einzelnen Lektionen“, S. 169.
[102] Walter Benjamin: „Linke Melancholie“, a.a.O. S. 279.

> Es gibt wieder Verse, bei denen auch der literarisch unverdorbene Mensch Herzklopfen kriegt oder froh in die leere Stube lächelt. Es gibt wieder Lyriker, die wie natürliche Menschen empfinden und die Empfindungen (und Ansichten und Wünsche) in Stellvertretung ausdrücken." [103]

Von politischen oder gesellschaftsverändernden Absichten durch die „Gebrauchslyrik" ist in den - auf die eigene Lyrik adäquat zurechtgebogenen - Ausführungen Kästners nicht die Rede.
In der „Prosaischen Zwischenbemerkung" werden lediglich noch die schöngeistigen Lyriker diffamiert. Über Kästners unglaubliche und literarisch gewalttätige Herabsetzung der „Lyriker mit dem lockig im Winde wallenden Gehirn"[104] („Leider gibt es das noch nicht: die Talentlosen auf operativem Wege zeugungsunfähig zu machen"[105]) wird im sechsten Kapitel „Toleranter Magister und liberaler Menschenfreund?" ausführlicher zu reden sein.
Hier geht es zunächst um die Kästnerschen Intentionen seiner „Gebrauchslyrik": Ausdruck von repräsentativen Empfindungen, Ansichten und Wünschen. So muß es denn überraschen, wenn man das zu Beginn dieses Kapitels angesprochene Vorwort zum Auswahlband „Bei Durchsicht meiner Bücher" (1946) heranzieht und nun belehrt wird, der *Zeitseher* Kästner habe mit seinen Versen vor dem weiteren geschichtlichen Verlauf warnen wollen[106].
Die Selbstüberschätzung Kästners überschreitet hier das Limit, mochte er sich im Rückblick noch so sehr *prophetische* Bedeutungsschwere attestieren. Von zukunftsweisenden Aspekten liest man in der „Prosaischen Zwischenbemerkung" nichts. Im Gegenteil: Alles zielte auf die „Gegenwart" ab.

Kästners „Gebrauchslyrik" war nicht mehr und nicht weniger als eine beschreibende, eine zuweilen lebendige und überzogene Illustration des

---

[103] GS, Bd. 1, S. 125-126.
[104] GS, Bd. 1, S. 125.
[105] GS, Bd. 1, S. 125.
[106] Vgl. Anm. 7 in diesem Kapitel.

Hier und Heute. Die Tagesdichtung des *Zeitchronisten* war bar jeder analytischen Funktion. Ein Effekt war unbestritten, daß man seine kurzweiligen Gedichte las und verstand und sich darüber amüsierte. Aber konnten sie wirklich - wie von Kästner im Nachhinein selbst und in Sekundärquellen von Albert Morhof[107], John Winkelman[108], Kasimir Edschmid[109], Luiselotte Enderle[110], Rudolf Walter Leonhardt[111] und anderen gelegentlich behauptet - diese *prophetische* Voraussicht für sich in Anspruch nehmen?
Manche der in „Bei Durchsicht meiner Bücher" aufgenommenen Gedichte wie „Moralische Anatomie" (1928)[112] und „Polly oder das jähe Ende" (1929)[113] deuten eher auf eine süffisant-provokativ vorgetragene Schlüsselloch-Effekthascherei hin, denn auf Warnungen oder verhüllte Appelle zur moralischen Läuterung des Individuums. In „Moralische Anatomie" hört sich das so an:

> „Da hat mir kürzlich und mitten im Bett
> eine Studentin der Jurisprudenz erklärt:
> Jungfernschaft sei, möglicherweise, ganz nett,
> besäß aber kaum noch Sammlerwert.
>
> Ich weiß natürlich, daß sie nicht log.
> Weder als sie das sagte,
> noch als sie sich kenntnisreich rückwärtsbog
> und nach meinem Befinden fragte.
> Sie hatte nur Angst vor dem Kind.

---

107 Albert Morhof: „Erich Kästners ironisches Weltbild". In: Freude an Büchern, III. Jg., Heft 2, 1952. S. 33-34. Morhof spricht hier auch vom Apokalyptischen der Kästnerschen Visionsfähigkeit (S. 33).

108 John Winkelman, Diss., a.a.O. S. 51 f. und S. 128 f. Er stützt seine Behauptungen in erster Linie mit dem „Fabian"-Roman.

109 Kasimir Edschmid, a.a.O. S. 80.

110 Luiselotte Enderle, a.a.O. S. 7.

111 Rudolf Walter Leonhardt: Vorwort im Auswahlband „Kästner für Erwachsene". Zürich 1966. S. 5-9. Hier S. 5.

112 „Bei Durchsicht meiner Bücher", S. 153. GS, Bd. 1, S. 80.

113 „Bei Durchsicht meiner Bücher", S. 151-152. GS, Bd. 1, S. 146-147.

Manchmal besucht sie mich noch.
An der Stelle, wo andre moralisch sind,
da ist bei ihr ein Loch.." [114]

Das mögliche moralisch aktivierende Moment *Nähe erzeugen, um Distanz zu gewinnen* geht in diesem Gedicht nicht auf. Dazu läßt der Dichter den Rezipienten die Situation zu sehr auskosten. Es fehlt eine drastische Darstellung, die so etwas wie Ekel oder Abscheu evozieren könnte. Als verwerflich erscheint gegenüber dem passiven Mann hier lediglich die aktive, wollüstige Frau, was Parallelen zum „Fabian"-Roman aufwirft.[115]

---

[114] John Winkelman (Diss., a.a.O. S. 90) spricht in bezug auf die dargestellte Frau von einer „degraded creature".
Dirk Walter (a.a.O. S. 151) setzt einen diskussionswürdigen Ansatz hinzu, wenn er darauf verweist, der Sprecher nutze das Objekt seiner Kritik zugleich, um das eigene Renommee zu steigern. Man muß Walter zustimmen, der weder Anhaltspunkte noch Gründe sieht, das lyrische Ich von dem Kästners zu trennen.
Interessant ist es, den Gedanken im Sinne von Karl Kraus fortzuführen, der immer zuerst die *sprachlichen Untaten* seiner Gegner anprangerte, die nach Kraus' Auffassung nur in anderer Gestalt ihrer eigenen moralischen Verfehlungen erschienen. Daß Kästner dahingehend einer jener *Wasser-Prediger* und *Wein-Trinker* war, ist unbestritten. Darüber geben alleine die von seiner langjährigen Lebensgefährtin Luiselotte Enderle *selektierten* Briefe an seine Mutter Aufschluß (Kästner: Mein liebes, gutes Muttchen..., a.a.O. Hier besonders S. 111, S. 116, S. 140, S. 181 und S. 182). Dies mag lediglich angedeutet bleiben, denn es kann und soll nicht Sinn der vorliegenden Arbeit sein, sich moralisierend mit dem Privatmann Kästner auseinanderzusetzen.

[115] Beispiele im „Fabian" bieten die Prostituierten in entsprechenden Etablissements und die nymphomanische Rechtsanwaltsgattin Irene Moll. Zwei kurze Auszüge sollen als Belege dienen.
a. Etablissementbesuch von Fabian und Labude:
„, ‚Paula hat früher in einer Konservenfabrik gearbeitet', sagte die Blonde, nahm Fabians Hand und fuhr sich mit dieser so lange über die Brüste, bis die Brustwarzen groß und fest wurden. ‚Gehen wir dann ins Hotel?' fragte sie.
‚Ich bin überall rasiert', erläuterte die Magere und war nicht abgeneigt, den Nachweis zu erbringen. Labude hielt sie mühsam vor dem Äußersten zurück." (GS, Bd. 2, S. 45).
b. Fabians Liebesabenteuer bei Frau Moll daheim:
„, ‚So, nun wird der kleine Junge geschlachtet', sagte die Blondine. Sie trug jetzt einen Schlafanzug aus schwarzen Spitzen. Er trat einen Schritt zurück. Sie aber rief ‚Hurra!' und sprang ihm derart an den Hals, daß er die Balance verlor, kippte und samt der Dame auf den Fußboden zu sitzen kam." (GS, Bd. 2, S. 17-18).

„Moralische Anatomie“ und das folgende Gedicht „Polly oder das jähe Ende“ können zwar als Versuche Kästners gewertet werden, seinen Beitrag zur Enttabuisierung des Themas Sexualität in seiner Zeit zu leisten, doch ernstzunehmende Warngedichte waren sie nicht.
In „Polly oder das jähe Ende“ ist die Sexualität vom privaten Bereich der *Moralischen Anatomie* in den geschäftlichen des *ältesten Gewerbes der Welt* verlegt:

„Sie war am ganzen Körper blond,
soweit sie Härchen hatte.
Bis zum Betthimmel reichte ihr Horizont.
Ihre Seele war wie aus Watte.
(...)
Wie dem auch sei, sie starb zum Schluß
(obwohl sich das nicht schickte)
bei einem komplizierten Kuß,
an welchem sie erstickte.

Das war sehr peinlich für den Mann.
Er pfiff, soviel ich glaube:
‚Rasch tritt der Tod den Menschen an.'
Dann machte er sich aus dem Staube.“ [116]

Die Frau als - frei verfügbares - Objekt der Lust und Begierde wird - mit Blick auf die Wirkung beim Massenpublikum - der Lächerlichkeit preisgegeben. Kästners satirische Verse gewinnen an Breite, was sie an Tiefe verlieren.
Eine ähnliche Vorgehensweise offenbart das Anti-Homosexuellen-Gedicht „Ragout fin de siècle“ (1930). Aus dem Blickwinkel des Obermoralisten wird die Perversion einer Minderheit auf- und angegriffen. Nach der Kästnerschen Definition seiner *Gebrauchslyrik* hat man es auch hier mit *wirklicher Lyrik* zu tun und kann die Verse seelisch verwenden.
In „Ragout fin de siècle“ heißt es:

---

116 GS, Bd. 1, S. 146-147.

„Hier wurden vor lauter Perversion
Vereinzelte wieder normal.
Und käme Dante in eigner Person -
er fräße vor Schreck Veronal.
Hier findet sich kein Schwein zurecht
Die Echten sind falsch, die Falschen sind echt,
und alles mischt sich im Topf,
und Schmerz macht Spaß, und Lust zeugt Zorn,
und oben ist unten, und hinten ist vorn.
Man greift sich an den Kopf.

Von mir aus schlaft euch selber bei!
Und schlaft mit Drossel, Fink und Star
und Brehms gesamter Vogelschar!
Mir ist es einerlei.

Nur schreit nicht dauernd wie am Spieß,
was ihr für tolle Kerle wärt!
Bloß weil ihr hintenrum verkehrt,
seid ihr noch nicht Genies.

Na ja, das wäre dies.“ [117]

Andersartige sind - des billigen Effektes wegen - dem Spott des Dichters ausgesetzt, der kaum dazu beigetragen haben dürfte, den Einzelnen moralisch zu läutern.
Die Legitimation, Homosexualität per se zu verdammen, wirkt in der letzten Strophe verkrampft und ist historisch unglaubwürdig. Als „tolle Kerle“ und „Genies“ dürften sich die Homosexuellen um 1930 kaum *am Spieß schreiend* bezeichnet haben. Im Reichsstrafgesetzbuch von 1871 enthielt der Paragraph 175 die im Jahre 1935 noch verschärfte Bestimmung, widernatürliche Unzucht zwischen Personen männlichen Geschlechtes sei mit Gefängnis zu bestrafen.

---

[117] GS, Bd. 1, S. 169-170.

Kästners Gedicht entblößt weniger die Angesprochenen, denn vielmehr seinen Verfasser als moralische Oberinstanz, die wild mit dem Finger droht und den durch nichts gerechtfertigten Maßstab anlegt („normal werden", „Man greift sich an den Kopf").
Über die Toleranz Homosexuellen gegenüber machte sich zu jener Zeit Kurt Tucholsky Gedanken:

> „Mir ist die sexuelle Beziehung eines Mannes zu einem Manne schlecht vorstellbar - aber niemals wagte ich, dieses mein Sentiment zur Grundlage einer Sittenlehre zu machen." [118]

Das Gedicht „Ragout fin de siècle" steht auch für die Intoleranz und Oberflächlichkeit in Kästners Schriften und deutet auf einen sozialen und gesellschaftlichen Verantwortungsentzug des Autors. Trifft das in „Polly oder das jähe Ende" verwendete Motiv des Sich-aus-dem-Staube-Machens nicht auf Kästners gesamte Frühwerk-Lyrik zu?

In ihrer Zeit ist Kästners *Zeitkritik*, die es nicht war, gelegentlich selbst kritisiert worden. Die Kritiken von Ernst Jirgal (1932)[119] und Walter Benjamin (1931, 1934)[120] zielten in dieselbe Richtung; beide konstatierten jene Oberflächlichkeit, die sich bei Kästner als werkdurchgängig erwiesen hat. Der *Warner* und *Zeitprophet* Kästner war ein Verdränger und Wegdränger.
Gerade Oberflächlichkeit und Harmlosigkeit der Dichtung sorgten dafür, daß die Kästnerschen Verse sich dem Leser niemals verinnerlichen konnten. War er nicht vielmehr ein - unbestritten - unterhaltsamer Modedichter, der - er hat es selbst gesagt - dem Publikum gefallen und so je nach Gelegenheit eine schlechte Figur machen wollte?
Mit seiner breiten thematischen Streuung und seinem sanft-ironischen und fröhlich-frivolen Ton vermochte Kästner - wie wir bei einer späteren exemplarischen Stilanalyse eingehend sehen werden - nicht zu verlet-

---

118 Zitiert nach Karl Riha („Literatur und Gebrauchsliteratur", a.a.O.). Hier S. 95.
119 Ernst Jirgal, a.a.O.
120 Walter Benjamins „Linke Melancholie" und „Der Autor als Produzent", a.a.O.

zen, nicht zu beunruhigen und nicht zu ängstigen, was einen echten Mahner, Warner und Zeitpropheten ausgemacht hätte.
Wenn Helga Bemmann in Pro-Kästnerschem Sinne davon spricht, der Dichter sei in der Wahl der Sprache konzilianter als andere Autoren seiner Zeit gewesen[121], dann greift sie in verschobener Perspektive lediglich das auf, was Ernst Jirgal bereits 1932 als Kästners ungefährlichen, nur über die Haut der Dinge tänzelnden Witz bezeichnet hatte[122]. Jirgal gelangte zu dem zweifelsfrei grobschlächtig formulierten Fazit:

> „Sobald Kästner zu letzter Tiefe will, kommt ein sentimentaler Moralist zutage. Denn er kann den Weltbetrieb bekotzen, aber er kann nicht ins Weltinnere stoßen. Er zeigt den Kot. Und wie ein Clown macht er Kugeln daraus. Und das Publikum freut sich darob, unterhält sich damit.“ [123]

In Kästners Frühwerk-Lyrik erkennt man keine tiefere Schicht unter einer *sozialkritischen* Oberflächlichkeit. Als *Volksdichter* betätigte er sich häufig als thematischer Lückenfüller, glossierte mal soziale Randgruppen wie Prostituierte („Ballgeflüster“, 1928[124], „Eine Animierdame stößt Bescheid“, 1932[125]), mal die männlichen Vertreter der Hautevolee („Die Welt ist rund“, 1928[126], „Direktor Körner ist unaufmerksam“, 1932[127]), dann die weiblichen Repräsentanten der High-Society („Ganz besonders feine Damen“, 1929[128], „Höhere Töchter im Gespräch“, 1930[129]), die vornehme Gesellschaft als Ganzes („Vornehme Leute, 1200 Meter hoch“, 1929[130]), schließlich Beamte („Hymnus an die Zeit“, 1928[131]),

---

121 Helga Bemmann, a.a.O. S. 210.

122 Ernst Jirgal, a.a.O. S. 466.

123 Ernst Jirgal, a.a.O. S. 468.

124 GS, Bd. 1, S. 70-71.

125 GS, Bd. 1, S. 261-262.

126 GS, Bd. 1, S. 46-47.

127 GS, Bd. 1, S. 256.

128 GS, Bd. 1, S. 103-104.

129 GS, Bd. 1, S. 208-209.

130 GS, Bd. 1, S. 150-151.

131 GS, Bd. 1, S. 44-45.

Volksrepräsentanten („Lob der Volksvertreter", 1929[132]), Bankiers („Hymnus auf die Bankiers", 1929[133]) und - wie bereits gesehen - immer wieder Militärs.
Am bezeichnendsten für Kästners weites und vor allem fragwürdiges Verteilungsprinzip in seiner *Gebrauchslyrik* erscheinen die zitierten Schlußverse im Anti-Transvestiten-Gedicht „Ragout fin de siècle" („Bloß weil ihr hintenrum verkehrt, / seid ihr noch nicht Genies. / Na ja, das wäre dies"[134]). Hier gilt für den *Warendichter* ein Thema als erleichtert abgehakt, als in die lyrische Tat umgesetzt und erledigt.
So nimmt es nicht wunder, daß sich in Kästners Gedichten häufig ein Klischee an das nächste reiht, was der These von einer häufig auszumachenden Substanzlosigkeit in seiner Lyrik noch mehr an Gewicht verleiht und die Wertung *Zeitkritik* in weite Ferne rückt. Themen werden nicht nur breit gestreut, sondern jede Einheit für sich wird vom dichtenden Allerweltsmoral-Apostel gleichsam in eine Schablone gezwängt. Heraus kommen dann locker formulierte Assoziationen mit gängigen Vorstellungsbildern, gepaart und angereichert mit ein wenig Lexikonwissen und Schulweisheiten: *zum Sofortessen*. Vieles erzeugt nicht mehr als *billige Lacher*. Kurt Tucholskys Gedanken über die Satire („Was darf die Satire?", 1919) lassen sich leicht auf Kästner und dessen *satirische* Gedichte anwenden:

> „Satire ist eine durchaus positive Sache. Nirgends verrät sich der Charakterlose schneller als hier, nirgends zeigt sich fixer, was ein gewissenloser Hanswurst ist, einer, der heute den angreift und morgen den." [135]

Diese Passage impliziert eine auf Kästner anwendbare Konzeptlosigkeit und eine Enge im Denken. Kurt Tucholsky fordert hinsichtlich der Satire auch packende, kompromißlose und - trotz der Übertreibungen - auch

---

[132] GS, Bd. 1, S. 104-105.

[133] GS, Bd. 1, S. 135-136.

[134] GS, Bd. 1, S. 170.

[135] Kurt Tucholsky (Ignaz Wrobel): „Was darf die Satire?" In Tucholsky: Gesammelte Werke, Bd. I. Reinbek bei Hamburg 1960. S. 362.

eine realitätsnahe Darstellung. Ferner plädiert er für die Ehrlichkeit des Satirikers und resümiert:

> „Der deutsche Satiriker tanzt zwischen Berufsständen, Klassen, Konfessionen und Lokaleinrichtungen einen ständigen Eiertanz. Das ist gewiß recht graziös, aber auf die Dauer etwas ermüdend. Die echte Satire ist blutreinigend: und wer gesundes Blut hat, der hat auch einen reinen Teint.“ [136]

Blutreinigende Satire im Tucholskyschen Sinne hat Kästner nicht geschrieben. Die erwähnten *billigen Lacher* in Kästners *Menschen-Beschreibungen* orientieren sich an Klischees und an allgemeinen Urteilen und Vorurteilen - und damit am Geschmack der Lesermassen. Es sind Klischees der Äußerlichkeiten.

Im Gedicht „Offener Brief an Angestellte“ (1929) reduziert sich die Typen-Zeichnung auf äußere Merkmale, genauer auf das beliebte Prototyp-Motiv des korpulenten, glatzköpfigen und zigarrerauchenden Dienstherrn:

> Vorgesetzte tragen feiste
> Bäuche unter dem Jackett.
> Feist ist an dem Pack das meiste,
> und sie gehn nur quer ins Bett.
> (...)
> Nagelt ihnen auf die Glatzen
> kalten Braten und Coupons!
> Blast sie auf, und wenn sie platzen!
> Gibt es schönre Luftballons?“ [137]

In einer gelegentlich menschenverachtenden Typologie der Äußerlichkeiten und des Vordergründigen stellt der Dichter einen unmittelbaren Zusammenhang zwischen Aussehen und Handeln her.

---

[136] Kurt Tucholsky zitiert nach Jürgen Fritz, a.a.O. S. 210.
[137] GS, Bd. 1, S. 117-118.

In dieses Feld greift noch der diskutierte Vielverwendungsbegriff *Dummheit*, so auch in dem Gedicht „Karriere?“ (1930). Junge Damen mit dem Berufswunsch *Modell* müssen hier als Opfer Kästnerscher *Gebrauchslyrik* herhalten. Der vermeintliche Mangel an Intelligenz wird vom Dichter gleichgesetzt mit potentieller Erfolglosigkeit und Handlungsunfähigkeit. „Karriere?“ gibt erneut darüber Aufschluß, wie sehr Kästner die Einsicht in gesamtgesellschaftliche Zusammenhänge übertüncht und sich ihrer verweigert:

> „Es gibt da eine Sorte junger Damen,
> die haben nichts, als etwas anzuziehn.
> Sie tragen reichlich parfümierte Namen
> und sind aus - oder wollen nach - Berlin.
>
> Sie sitzen ohne Appetit zu Haus.
> Sie können nicht mehr, nur noch künstlich, lachen.
> Da ziehen sie sich an und gehen aus
> und wollen eiligst Karriere machen.
> (...)
> Ein hübscher Kopf ist fraglos ein Talent.
> Und nichts spricht gegen einwandfreie Beine.
> Doch das alleine? Nichts als das alleine
> ist etwas wenig, falls ihr sonst nichts könnt.“ [138]

Hoffnungslosigkeit und soziale Not zu Zeiten der Weltwirtschaftskrise werden in diesem 1930 publizierten Gedicht nicht nur negiert, sondern zum satirischen Gespött erhoben. Der Dichter erweist sich somit als Ignorant von Einzelschicksalen im Zusammenhang mit sozialen und gesellschaftlichen Problemen und mit einer Arbeitslosenzahl von rund 3,2 Millionen Menschen zu Jahresbeginn 1930 in Deutschland. Zwei Jahre darauf sollte sogar die Sechs-Millionen-Marke überschritten werden, und in realem Rahmen wurde das Arbeitslosenproblem als „grauenhaftes Elend“ (Wilhelm Eggert, Sekretär des Allgemeinen Deut-

---

[138] GS, Bd. 1, S. 199-200.

schen Gewerkschaftsbundes, 1932)[139] skizziert und in den „Rahmen unermeßlichen materiellen und moralischen Elends" (Reichskanzler Heinrich Brüning bei einer Rede vor der Auslandspresse, 1932)[140] gestellt. Der Berliner Kolumnist „Rumpelstilzchen" beschrieb die Arbeitslosigkeit der Künstler im Jahre 1930 unter anderem wie folgt:

> „In dem großen Saal, in dem jetzt an Tischen, auf Stühlen, auf Bankreihen Hunderte von arbeitssuchenden Mimen, Sängerinnen, Tänzerinnen, Statisten sitzen und jeden Eintretenden mustern, ob er am Ende Aufnahmeleiter sei, befindet sich auch noch oben die mittlere Rangloge, von der sich einmal ein in die Amorsäle verschlagenes englisches Girl, nachdem es sich Kleider und Wäsche vom Leibe gerissen, nackt kopfüber ins Parkett stürzte. Heute sucht hier niemand Vergnügen, sondern Arbeit, Arbeit, Arbeit." [141]

Beschreibungen wie diese verdeutlichen das Hoffen und Bangen und die Hoffnungslosigkeit in jener Epoche, was zu erklären hilft, daß es manche trieb, Chancen selbst auf geringste Verdienstmöglichkeiten wahrzunehmen und einen kleinen Absprung aus dem Massenelend zu schaffen. In Irmgard Keuns Roman „Das kunstseidene Mädchen" (1932) wird dies aus der Ich-Perspektive der 18jährigen Doris, die sich vor dem Eintritt in die Arbeitslosigkeit als Sekretärin bei einem Rechtsanwalt verdingt und dann mit großen Hoffnungen von der Provinz in die Weltstadt Berlin kommt, prägnant verdeutlicht. Keun hat die Problematik literarisch ausgeleuchtet. Die folgende kurze Passage mag einen perspektivischen Gegenpol in Prosa zum Kästnerschen Gedicht „Karriere?" vor Augen führen, aus dem im Anschluß weitere Strophen zitiert werden. In Irmgard Keuns Roman „Das kunstseidene Mädchen" liest man:

---

139 Zitiert nach Dieter Mayer (Hg.): Hans Fallada: Kleiner Mann - was nun? Historische, soziologische, biographische und literaturgeschichtliche Materialien zum Verständnis des Romans. Frankfurt/M 1978. S. 19.

140 Zitiert nach Dieter Mayer (Hg.), a.a.O. S. 20.

141 Zitiert nach Dieter Mayer (Hg.), a.a.O. S. 22.

„Jetzt sitze ich hier in einem Lokal und habe furchtbar viel Leberwurst gegessen, trotzdem jeder Bissen mir im Hals würgte, aber ist dann doch runtergegangen, und hoffentlich schadet es mir nicht auf die entsetzliche Aufregung. Denn ich bin aus meiner Stellung entlassen und zittre in den Gliedern. Und nach Hause gehn habe ich geradezu Angst, ich kenne meinen Vater als ausgesprochen unangenehmen Menschen ohne Humor, wenn er zu Hause ist." [142]

In Kästners Gedicht „Karriere?" heißt es:

„Sie lächeln uns aus jedem Magazine,
auf Kunstdruckblättern, gut getroffen an.
‚Ramona in der kleinsten Flugmaschine.'
Die Leute staunen, was Ramona kann.

Als hätte sie nie anderes getan,
sieht man sie lächelnd an Volant und Steuer.
In Wirklichkeit fährt sie bloß Straßenbahn.
Und oft ist ihr auch dieses noch zu teuer.

Sie lächeln auch aus allen Modeheften
und tragen Samt und Seal und Crepe de chine.
Doch das gehört ja alles den Geschäften!
Ramona selbst hat wenig anzuziehn.

So lächelt ihr euch Löcher in die Backen.
Es ist ja möglich, daß es Grübchen sind.
Doch echten Perlenschmuck und Zobeljacken
erwirbt man nicht mit Lächeln, liebes Kind.
(...)
Was nützen Photos in den Magazinen?
Was soll das Lächeln und das ganze Drum und Dran,

---

[142] Irmgard Keun: Das kunstseidene Mädchen. Zitiert aus der dtv-Taschenbuch-Ausgabe 1989, 3. Auflage 1991. S.15.

wenn man sich schließlich kaum zwei Apfelsinen,
obwohl man gerne möchte, kaufen kann?“ [143]

Der von oben lässig herabschauende Lyriker („...erwirbt man nicht mit Lächeln, *liebes Kind*“[144]) geht das Thema sozialen Elends lapidar an, was wiederum Licht auf ihn als jemanden wirft, der als Nicht-Betroffener wirklichkeitsfremd und gleichgültig vorgeht. Von der Warte des Unbeteiligten aus läßt sich leicht urteilen und verurteilen, und eine Vorgeschichte - die zitierte Passage aus Irmgard Keuns Roman „Das kunstseidene Mädchen“ gibt ein Beispiel - interessiert ihn nicht im mindesten. Der überheblich agierende Dichter mokiert sich über Frauen, die aus der Hoffnungslosigkeit und der Armut heraus versuchen, in Form einer - wie auch immer gearteten - Modellkarriere einen *letzten Strohhalm* zu greifen und ohne staatliche Unterstützung darum bemüht sind, sich ein finanzielles Existenzminimum zu schaffen. Kästners *Beschreibung ist Erklärung genug* steckt auch hier wieder in einer Sackgasse.

Häufig werden bei Kästner - wie auch in „Karriere?“ - *Schönheit* und *Dummheit* zu einem untrennbaren Begriffspaar verkoppelt. Dies gilt ebenso für das Gedicht „Höhere Töchter im Gespräch“ (1930):

„Ihr Kopf ist hübsch und ziemlich hohl.
Sie fühlen sich trotzdem sehr wohl.
Was läßt sich daraus schließen?
man schaut sie sich zwar gerne an,
doch gefielen sie erst dann,
wenn sie das Reden ließen.“ [145]

Die abqualifizierende Charakterisierung anhand von Äußerlichkeiten bleibt bei Kästner nicht auf die Lyrik beschränkt, sondern reicht vom Ro-

---

[143] GS, Bd. 1, S. 200.
[144] Kursiv-Hervorhebung von mir, AD.
[145] GS, Bd. 1, S. 209.

man „Fabian“[146] über die Unterhaltungsromane[147] bis zu Kinderbüchern[148], Aufsätzen und Reden[149]. In seiner Rede „Über das Verbrennen von Büchern“ (1958) tritt dies bei Kästners Skizzierung des einstigen Reichspropagandaministers Joseph Goebbels deutlich hervor:

> „Der kleine Hinkende Teufel, nicht der von Le Sage, sondern der aus Rheydt im Rheinland, dieser mißratene Mensch und mißglückte Schriftsteller, hatte das Autodafé fehlerlos organisiert.“ [150]

Die historische Schuld eines hauptverantwortlichen Kriegsverbrechers wie Joseph Goebbels war jedermann bekannt. Durch Verweise auf körperliche Deformationen wird Goebbels als *hinkender Teufel* und *mißratener Mensch* von Kästner zusätzlich herabgesetzt. Ähnlich war auch Kurt Tucholsky in seinem Gedicht „Joebbels“ verfahren, doch den entscheidenden Unterschied zu Kästnerschen Diffamierungen markieren auch wieder Perspektive und Funktion. Im „Joebbels“-Gedicht liest man:

> „Mit dein Klumpfuß - seh mal, bein andern

---

[146] Beim „Fabian“ weist Dieter Mank (a.a.O. S. 26) auf die Romanfiguren Direktor Breitkopf, Filmmagnat Makart und Universitätsassistent Weckherlin hin und spricht von „einem gleichsam ästhetischen Rassismus“ (S. 25-26). Auch andere Randfiguren im Romangeschehen werden immer wieder jener Typologie der Äußerlichkeiten als Kriterium der negativen Charakterisierung ausgesetzt; Prostituierte sind auch hier wieder Paradebeispiele (GS, Bd. 2, S. 44 f.).

[147] Im Unterhaltungsroman „Drei Männer im Schnee“ (1934) gilt dies für die sexuell aktiven Frauen im Grandhotel (vgl. dazu Dieter Mank, a.a.O. S. 69 f.). Im Roman „Die verschwundene Miniatur“ (1935) trifft dies auf Mitglieder der Diebesbande zu (vgl. dazu Dieter Mank, a.a.O. S. 76 f.).

[148] Im Bereich der Kinderbücher schließt sich werkdurchgängig der Kreis von „Emil und die Detektive“ (1929) bis zu „Der kleine Mann und die kleine Miss“ (1967). Im „Emil“-Roman ist es beispielsweise der Herr im steifen Hut (GS, Bd. 6, S. 233), in Kästners letztem Buch sind es der Kahle Otto (S. 32 f.) und die Nebenfigur Lopez (S. 105 f.).

[149] Die sonderbare deskriptive Gestaltung zeigt sich zum Beispiel im Zeitungsbeitrag „Streiflichter aus Nürnberg“ (GS, Bd. 5, S. 326). Hier berichtet Kästner über den Beginn des Nürnberger Prozesses gegen Kriegsverbrecher und schildert Walter Funk als molluskenhaft und „mit blassem, häßlichem Froschgesicht“.

[150] GS, Bd. 5, S. 573-574.

da sacht ick nischt; det kann ja jeda ham.
Du wißt als Recke durch de Jejend wandern
und paßt in keen Schützenjrahm?
In Sportpalast sowie in deine Presse,
da haste eine mächtig jroße Fresse.
Riskierst du wat? - De Schnauze vornean.
Josef, du bist'n kleener Mann.“ [151]

Tucholskys satirische Kritik zielt im Ton der *Berliner Schnauze* auf die verlogene Propaganda und die Manipulation der Massen ab. Der Widerspruch wird bloßgestellt: Das Nazi-Regime und seine Repräsentanten sind nicht das, was sie zu sein vorgeben. Goebbels wird als *Antityp* des *Herrenmenschen* vorgeführt und dient als Beleg für das Mißverhältnis zwischen Anspruch und Wirklichkeit[152]: *Klumpfuß-Joebbels* paßt in keinen Schützengraben. So erfüllt die satirische Veranschaulichung mit den Extremen zwischen der nationalsozialistischen Rassenideologie und der Erscheinung von einem körperlich deformierten Führer bei Tucholsky eine deutliche Funktion, während Kästners Äußerungen eben keine Funktion erfüllen, die über artikulierten Haß hinausreichen würde.

Angesichts einer allgemein fragwürdigen Vorgehensweise und einer Dichtung bar jeden Gebrauchswertes bietet sich zum Schluß dieses Sinnabschnittes ein Blick auf ein einprägsames Beispiel und damit auf das Gedicht „Sogenannte Klassefrauen“ (1930)[153] an.

Die Grundvoraussetzung *Dummheit* legitimiert hier zunächst den in der Sprache des starken Mannes abgefaßten Spott; durch gestiegenes Selbstbewußtsein des *schwachen Geschlechts* fühlt der Dichter (Mann) sich in seiner tradierten Rolle bedrängt und kann dem nur Negationen entgegenhalten. Der höhnische Ton steigert sich zum Ende des Gedichtes hin zu einer Aggressivität, die weit über das Ziel hinausschießt:

---

[151] Kurt Tucholsky: „Joebbels“. In Tucholsky: Gesammelte Werke. Band III. Reinbek bei Hamburg 1960. S. 790.

[152] Vgl. dazu auch Fürgen Fritz, a.a.O. S. 13 ff.

[153] GS, Bd. 1, S. 84.

„Sind sie nicht pfui teuflisch anzuschauen?
Plötzlich färben sich die ‚Klassefrauen',
weil es Mode ist, die Nägel rot!
Wenn es Mode wird, sie abzukauen
oder mit dem Hammer blauzuhauen,
tun sie's auch. Und freuen sich halbtot.

Wenn es Mode wird, die Brust zu färben
oder, falls man die nicht hat, den Bauch...
Wenn es Mode wird, als Kind zu sterben
oder sich die Hände gelbzugerben,
bis sie Handschuhn ähneln, tun sie's auch.

Wenn es Mode wird, sich schwarzzuschmieren...
Wenn verrückte Gänse in Paris
sich die Haut wie Chinakrepp plissieren...
Wenn es Mode wird, auf allen Vieren
durch die Stadt zu kriechen, machen sie's.

Wenn es gälte, Volapük zu lernen
und die Nasenlöcher zuzunähn
und die Schädeldecke zu entfernen
und das Bein zu heben an Laternen -
morgen könnten wir's bei ihnen sehn.

Denn sie fliegen wie mit Engelsflügeln
immer auf den ersten besten Mist.
Und das Schienbein würden sie sich bügeln!
Und sie sind auf keine Art zu zügeln,
wenn sie hören, daß was Mode ist.

Wenn's doch Mode würde, zu verblöden!
Denn in dieser Hinsicht sind sie groß.
Wenn's doch Mode würde, diesen Kröten
jede Öffnung einzeln zuzulöten!
Denn dann wären wir sie endlich los!“

In „Sogenannte Klassefrauen" dominiert eine plumpe Direktheit auf gewaltsamer Schiene. Dies ist umso unverständlicher, da der Dichter am Schreibtisch - im Falle von Kästner eher im Kaffeehaus - gewirkt hatte, und da es sich bei den *Zielobjekten* geschürter Aggression, den geschminkten Frauen, nicht um gesellschaftsbedrohende Faktoren handelte.

Bei dem die modischen Frauen anklagenden Modedichter Kästner - alleine diese Konstellation reizt zum Widerspruch - wird ein Haß auf avantgardistische Strömungen des Feminismus transparent, der im ironisch-bösen Wunsche gipfelt, „diesen Kröten jede Öffnung einzeln zuzulöten".

Ebenso wie Kästner hegte im selben Jahre 1930 der Publizist und Politiker Alfred Rosenberg (1893-1946) als einer der führenden Theoretiker der NS-Weltanschauung in seinem Hauptwerk „Der Mythus des 20. Jahrhunderts" eine Aversion bezüglich jener Frauen, die von ihrem althergebrachten und in der Gesellschaft zugewiesenen Platz abgerückt waren. Rosenberg sprach von geschminkten Wesen mit lila Kleidern und Lackpumps, die man in den Großstädten umhertrippeln sehe[154].

Mit *schwarzem Humor* oder *satirischem Gehalt* kommt man Kästners Gedicht nicht bei. Die Definition Kästners vom satirischen Schriftsteller und dessen Absichten („Er hält den Menschen einen Spiegel, meist einen Zerrspiegel vor, um sie durch Anschauung zur Einsicht zu bringen"[155]) geht hier nicht auf.

Man hat es vielmehr mit der ironischen Bosheit eines Dichters zu tun, der auf Einverständnis und breite Rückendeckung mit Blick auf die Rezipienten setzt[156]. In „Sogenannte Klassefrauen" stößt man auf eine subjektive Aggression, die man ins Verhältnis zu Kästners Selbstdeutungen (*Rationalist* [157], *aktiver Pazifist reinsten Wassers* [158]) und zu

---

[154] Alfred Rosenberg: Der Mythus des 20. Jahrhunderts. München 1930. S. 502. Zitiert nach Rita Thalmann: Frausein im Dritten Reich. München und Wien 1984. S. 78.

[155] In „Eine kleine Sonntagspredigt" (1947, a.a.O.). GS, Bd. 5, S. 119.

[156] Vgl. dazu auch Konrad Ehlich (Hg.): Sprache im Faschismus. Frankfurt/M 1989. S. 20 ff. („Faschismus und sprachliches Handeln").

[157] In „Kästner über Kästner" (a.a.O.). GS, Bd. 5, S. 304.

[158] In „Süddeutsche Zeitung" vom 30. Juli 1969 unter dem Titel „Mit Erich Kästner unterhielten sich..." (S. 13).

Urteilen aus der Sekundärliteratur (*Antimilitarist und Antifaschist*[159]) setzen muß. Die Motive der Gewalt in Kästners Schriften treten im fünften Kapitel ausführlicher in den Blickpunkt; von der Oberflächlichkeit im - zuweilen von Brachialgewalt geprägten - *sprachlichen Handeln* war in bezug auf die Motive vom *Hosen strammziehen*, *Übers Knie legen* und *Hintern vollhauen* bereits die Rede[160].

Im „Klassefrauen"- Gedicht wird man zunächst mit harmlos-*dümmlichen* Vorstellungsbildern wie dem *Blauhauen* der Nägel bei gleichzeitigem *Halbtotfreuen* konfrontiert, was in Richtung perverser psychischer Disposition weist, bei körperlicher Schmerzzufügung Lust und Freude zu empfinden.

Für gewichtiger halte ich des Dichters satirische Reduktion der Frauen auf die Ebene des Animalischen. Von *verrückten Gänsen* und *Kröten* ist die Rede, deren einzige *Verfehlung* es ist, als Menschen (Frauen) selbstbewußt in der Öffentlichkeit aufzutreten. Die Schlußverse vom *Zulöten jeder Öffnung* und vom *Loswerden* der *Kröten* unterscheiden sich kaum vom (späteren) realgeschichtlichen Jargon der Nationalsozialisten, als es um „lebensunwertes Leben"[161], um „minderwertig"[162], um „Ausmerze und Auslese", „Auslöschen", „Unschädlichmachung" und „Ausrottung" ging[163]. Der „Untermensch" wurde als „furchtbare Kreatur...mit menschenähnlichen Gesichtszügen - geistig, seelisch jedoch

---

159 In Rainer Otto und Walter Rösler: Kabarettgeschichte. Abriß des deutschsprachigen Kabaretts. Berlin-Ost 1977. S. 111.

160 Vgl. Anmerkungen 73 f. in diesem Kapitel.
Ich verweise hier auf einen Zusammenhang zwischen Leben und Werk. *Brachialgewalt* in der Erziehung seines eigenen, 1957 geborenen Sohnes hielt Kästner für völlig unbedenklich. Dies dringt im Band „Briefe aus dem Tessin" (a.a.O.) an seine Freundin und Mutter des gemeinsamen Sohnes, Friedel Siebert, durch. In einem Brief vom 14. Oktober 1962 empfiehlt er: „Hau den Jungen ein bisschen!"
Der Abschluß eines Briefes vom 23. April 1964 lautet: „Wenn der kleine Kästner frech wird, dann pflück ihm eine! Vom immergrünen Watschenbaum!"

161 Siehe Rita Thalmann, a.a.O. S. 209.

162 Siehe Antonius Wolf: Wandel im Jargon des Nationalsozialismus. Pädagogische Hochschule Freiburg im Breisgau 1991. S. 36.

163 Antonius Wolf, a.a.O. S. 39. Das Vokabular bezog sich auf jene, die dem Nationalsozialismus hinderlich waren (schwere Behinderte, erblich Unerwünschte, Kapitalverbrecher, Zigeuner).

tiefer stehend als jedes Tier"[164] verachtet. Die Reduktion auf das Animalische war in der ideologischen Sprache des Nationalsozialismus populär.

Ich möchte nicht mißverstanden werden, indem ich Anklage gegen den Dichter Kästner erhebe. Es geht einzig darum, dichterisches Schaffen und maßlose Selbstein- und -überschätzung in ein Verhältnis zueinander zu setzen und nachzuweisen, daß Kästner keine *zeitseherischen* Gaben im Hinblick auf den Untergang Deutschlands und Europas für sich in Anspruch nehmen konnte.

Zur Selbstüberschätzung des Dichters gehört bei „Sogenannte Klassefrauen" auch die Frage nach der Position. In Dolf Sternbergers „Aus dem Wörterbuch des Unmenschen" findet man in übertragenem Sinne Aufschluß zu Kästner:

> „Aber die Sprache verrät ebensoviel, als sie verbirgt. So sieht der teuflische Pferdefuß der anmaßlichen Selbstüberhebung des Menschenbehandlers eben aus dem Worte selbst hervor: Wer Menschen behandeln will, Menschen schlechthin, wer sich in der Menschenbehandlung üben will, der setzt sich selber über die Menschen." [165]

Die Relation zwischen *Wer steht oben?* und *Wer steht unten?* tritt deutlicher hervor, wenn man die Endverse der *Sogenannten Klassefrauen* mit den auf Villon zurückgehenden Schlußversen in der „Ballade, in der Macheath jedermann Abbitte leistet"[166] aus Bertolt Brechts „Dreigroschenoper" vergleicht:

> „Man schlage ihnen ihre Fressen

---

[164] Das Zitat stammt aus „Der Untermensch", einem Flugblatt aus dem SS-Hauptamt, 1935. Aufgenommen in Renate Meurer und Reinhard Meurer: Texte des Nationalsozialismus. Beispiele - Analysen - Arbeitsanregungen. München 1982. S. 104.

[165] Dolf Sternberger/Gerhard Storz/Wilhelm E. Süskind: Aus dem Wörterbuch des Unmenschen. 3. Auflage Hamburg und Düsseldorf 1968. S. 133.

[166] Das folgende Zitat wurde von Brecht wörtlich aus einer von K.L. Ammer übersetzten und seinerzeit vergriffenen Villon-Ausgabe von 1907 entnommen. Daran entzündete sich der Plagiatsstreit zwischen Alfred Kerr und Brecht. Vgl. dazu Bertolt Brecht: Dreigroschenbuch. Texte - Materialien - Dokumente. Frankfurt/M 1960. S. 202 ff.

Mit schweren Eisenhammern ein.
Im übrigen will ich vergessen
Und bitte sie, mir zu verzeihn." [167]

Die Aggressivität in der Tonlage und das Motiv des *Tötungswunsches* scheinen bei Brecht/Villon und Kästner gleich, doch geht es um Perspektive und Zielgruppe.
In der „Dreigroschenoper" sieht Edelschurke Macheath dem Tode durch den Strang entgegen und holt zu einem - vermutlich letzten - gesellschaftskritischen Schlag gegen die „Polizistenhunde"[168] als repressive Staatsvertreter aus. Auf verlorenem Posten gibt er sich konsequent und stolz und behält die ihm eigene Würde, sich nicht im letzten Moment zu erniedrigen. Die Extremsituation forciert ein sprachliches Handeln, das bei Brecht/Villon situationsgemäß als böse Satire wirkt und der kritischen Tendenz des Werkes entspricht.
Die Abrechnung in Kästners *Sogenannten Klassefrauen* erfolgt hingegen ohne Handlungszwang und vom *hohen* geistigen Podest des Dichters aus. Ein Vorurteil bildet die Basis für das satirisch eingefaßte (Todes-)Urteil. Die außerhalb jeden Verhältnisses stehende ironische Bosheit wirft ihr Licht nicht auf die *Verstöße* moderner, emanzipierter Frauen, sondern auf den Literaten. So also sieht die Menschenbehandlung eines selbsternannten *Gebrauchslyrikers*, *Pazifisten*, *Moralisten*, *Rationalisten* und *Urenkels der deutschen Aufklärung* aus. Mit solchen Versen also wollte der Satiriker die Menschen durch Anschauung zur Einsicht bringen.
Kästners Gedicht „Sogenannte Klassefrauen" von 1930 steht als Musterbeispiel für Dolf Sternbergers These, „daß der Unmensch nicht erst im Jahre 1933 in der Sprache aufgetreten ist - so wenig, wie er im Jahre 1945 abgetreten wäre."[169]
Konnte Kästner mit seiner tiefgangfreien Dichtung überhaupt etwas bewirken, was er später mit der Absichts-Erklärung von der *Besserung der Menschen* für sich zu deklamieren suchte?

---

[167] In Bertolt Brecht: Dreigroschenbuch, a.a.O. S. 62.
[168] In Bertolt Brecht: Dreigroschenbuch, a.a.O. S. 61.
[169] Dolf Sternberger u.a., a.a.O. (Ausgabe von 1968). S. 15.

Erich Kästners Selbstbeweihräucherungsformeln sollten nicht über das hinwegtäuschen, was Walter Benjamin in „Linke Melancholie“ (1931) zurecht als doppelbödige Haltung einer gequälten Stupidität entlarvte[170] und feststellte:

> „Dieser Dichter ist unzufrieden, ja schwermütig. Seine Schwermut kommt aber aus Routine. (...) Routiniert sind die Anmerkungen, mit denen Kästner seine Gedichte einbeult, um diesen lakkierten Kinderbällchen das Ansehen von Rugbybällen zu geben. Und nichts ist routinierter als die Ironie, die den gerührten Teig der Privatmeinung aufgehen läßt wie ein Backmittel. Bedauerlich nur, daß seine Impertinenz so außer allem Verhältnis ebensowohl zu den ideologischen wie zu den politischen Kräften steht, über die er verfügt.“ [171]

Für Walter Benjamin war Kästner ein Produzent lyrischer Massenware, ein Dichter auf einem verlorenen Posten als einer angenehmen Ausweich-Position fernab von realgesellschaftlicher Problematik und schriftstellerischer Verantwortungsübernahme.
Es ist erstaunlich, daß sich das Benjaminsche Urteil genreübergreifend auf das Gesamtwerk anwenden läßt. Opportunismus und stetige Kompromißbereitschaft waren kennzeichnend für Kästner. Dessen Frühwerk-Lyrik sah Walter Benjamin ob ihrer Oberflächlichkeit und bar jeden politischen Aktivismus wirkungslos verpuffen, mochte sie auch „Gegenstände der Zerstreuung, des Amüsements“[172] bieten und „belustigend auf ein großes und in seinem Geschmack unsicheres Publikum“[173] wirken. Benjamin konstatierte:

> „Die Verwandlung des politischen Kampfes aus einem Zwang zur Entscheidung in einen Gegenstand des Vergnügens, aus einem Produktionsmittel in einen Konsumartikel - das ist der letzte

---

[170] Benjamin: „Linke Melancholie“, a.a.O. S. 282.
[171] Benjamin: „Linke Melancholie“, a.a.O. S. 280.
[172] Benjamin: „Linke Melancholie“, a.a.O. S. 281.
[173] Benjamin: „Linke Melancholie“, a.a.O. S. 282.

große Schlager dieser Literatur. Kästner, der eine große Begabung ist, beherrscht ihre sämtlichen Mittel mit Meisterschaft.“ [174]

Lag der zweifelhafte Gebrauchswert der Kästnerschen Lyrik nicht vielmehr darin, daß sich die Leser kurz vor Lachen auf die Schenkel schlagen sollten? Die Vermutung liegt nahe, daß der Dichter um eine ernsthafte Auseinandersetzung mit seiner Zeit nicht bemüht war, so sehr er sich im Nachhinein als *Warner*, *Mahner* und *Zeitprophet* in den Vordergrund zu drängen suchte. Alleine ein Kurt Tucholsky war - wie wir gegen Ende des dritten Kapitels gesehen haben - durch seine produktive Existenz und Konsequenz eine Art lebendiger Kritik an Kästner als Moralisten mit doppeltem Boden.

In der Krisensituation Ende der zwanziger und zu Beginn der dreißiger Jahre konnte der selbsternannte *Menschenverbesserer* Kästner mit seinen Schriften weder zu einer zeitkritischen Haltung noch zu einer geistigen und politischen Orientierung der Menschen beitragen.

---

174 Benjamin: „Linke Melancholie“, a.a.O. S. 281.
In seinen Ausführungen „Rationalist und Romantiker. Verteidigung von Kästners linker Melancholie“ (a.a.O.) anläßlich der Verleihung des Erich-Kästner-Preises 1979 ist es Peter Rühmkorf nicht gelungen, Kästner in Anlehnung des Benjaminschen Vorwurfs der *linken Melancholie* stichhaltig zu verteidigen. Kästners oberflächliche Schilderungen und Wertungen scheinen für Rühmkorf unproblematisch zu sein, wenn es zum Beispiel um die Hautevolee geht. Rühmkorf: „Das nimmt sich dann in der Praxis so aus, daß Kästner die Bourgeoisie genau als jene Fassade darstellt, die diese künstlich aufrecht zu halten sucht. Wo immer herrschende Klasse ins Bild gerät - egal, ob hohe Herren oder feine Damen - steht ihr lasiertes Äußeres gleichzeitig für ein kläglich erloschenes Inneres, und wo der Dichter noch mal Glanzlicht-extra draufgibt, da kann man sicher sein, daß es nicht nur zum Schmuck geschieht.“ (S. 32).
Im Sinne von Walter Benjamin halten wir dagegen, daß es sich gerade um weitere Schmuckelemente jener leichtverdaulichen Lyrik „zum Sofortessen“ handelte.
Die These Benjamins zu Kästners zweifelhafter Position („Nie hat man in einer ungemütlichen Situation sich's gemütlicher eingerichtet“; in „Linke Melancholie“, a.a.O. S. 281) ist in einer Rezension zur Herausgabe von Kästners *Literarischer Publizistik* im Jahre 1989 von Gabriele Killert aufgegriffen worden: „Kästner fühlt sich zwar oft unwohl, die Welt erscheint ihm oft ‚schon seltsam', aber er hat sein kleines Nest darin, von dem er sich nie sehr weit entfernt. Daher ist sein Witz, sofern es ihm gelingt, sich dumm statt schlau zu stellen, defensiver Art.“ (Im Artikel „Redlichkeit mit Pfiff“, taz, 8. Juni 1990).

Gesellschaftliches Verantwortungsbewußtsein erschöpfte sich bei Erich Kästner in der von Walter Benjamin treffend formulierten Mischung aus Süffisanz und Fatalismus, die an die Stelle echter Menschlichkeit getreten war[175]. Das vordergründige Wettern gegen „die Dummheit, die Bosheit, die Trägheit und verwandte Eigenschaften“[176] verdeutlicht die generelle Kästnersche Ausweichhaltung.

Auf welchem Niveau sich das angesprochene gesellschaftliche Verantwortungsbewußtsein im Hinblick auf die Verbesserung der Welt und der Menschen widerspiegeln konnte, hat Alfred Döblin in jenen Jahren mit seinem Werk „Wissen und Verändern!“ (1931)[177] gezeigt.
Döblins offene Briefe an einen jungen Studenten gehören in die Reihe der sich damals häufenden Analysen der Zeit, die einem weitverbreiteten Gefühl der Unsicherheit und einem Bedürfnis nach geistiger Klärung entsprachen.[178]
Döblin ging es nicht darum, „durch ‚Aktionen' in die Welt einzugreifen“[179], sondern an das Selbstbewußtsein des liberalen deutschen Bürgertums zu appellieren, das von ihm 1931 als „elend, verängstigt, ideenlos“[180] bezeichnet wurde. Die Schrift bezweckte die Stärkung einer Republik, die vom deutschen Bürger im Stich gelassen wurde.[181]
Alfred Döblin trug seine Kritik an der bürgerlichen Klassengesellschaft und am kapitalistischen Wirtschaftssystem vor. In seiner „Verpflichtung, geistige Hilfe zu leisten“[182] trat Döblin für den Sozialismus und dessen

---

175 Benjamin: „Linke Melancholie“, a.a.O. S. 283.

176 Kästner: „Eine kleine Sonntagspredigt“, a.a.O. GS, Bd. 5, S. 119.

177 Alfred Döblin: Der deutsche Maskenball von Linke Poot (1921). Wissen und Verändern! Offene Briefe an einen jungen Menschen (1931). Olten und Freiburg im Breisgau 1972. S. 127-266.

178 Dazu zählten unter anderem Gottfried Benns „Fazit der Perspektiven“ (1930), Karl Jaspers' „Die geistige Situation der Zeit“ (1931) und Franz Werfels „Realismus und Innerlichkeit“ (Rede von 1931, gedruckt 1932). Vgl. auch das Nachwort des Herausgebers bei der Döblin-Ausgabe (a.a.O. S. 310).

179 Alfred Döblin, a.a.O. S. 135.

180 Alfred Döblin, a.a.O. S. 143.

181 Vgl. das Nachwort des Herausgebers der Döblin-Ausgabe, a.a.O. S. 318.

182 Alfred Döblin, a.a.O. S. 132.

Leitsätze „Freiheit, spontaner Zusammenschluß der Menschen, Ablehnung jeden Zwanges, Empörung gegen Unrecht und Zwang, Menschlichkeit, Toleranz, friedliche Gesinnung“[183] ein und resümierte in seinen abschließenden Ausführungen „Die Wege des Sozialismus“ :

> „Ich weiß, dies sind Wege des Sozialismus kaum für heute, kaum für morgen, für ein spätes Übermorgen: das kann jedoch nicht hindern, die Hauptaufgabe des Sozialismus, soweit er kämpft, zu sehen in der Niederringung der Macht- und Gewaltinstinkte von Menschen und Menschengruppen und in der systematischen Zerstörung des Nährbodens dieser Instinkte.“ [184]

Als Ausblick blieb Döblin, eine bewußte und selbstbewußte Stärkung des Einzelnen im Staatsgebilde vor Augen zu führen:

> „Ziehen sich viele Menschen vom Staat zurück, überlassen sie ihn den Raubrittern. Eroberst du den Staat, so hast du ihn, und er hat dich, und du bist gewesen. Es kann sich nur um eine machtvolle Steigerung der wirklichen, das heißt der kleinen gesellschaftlichen Gruppen und ihres ‚privaten' Lebens und um eine von da betriebene Entkräftigung des Staates handeln.“ [185]

Trotz der in der ideologischen Rezeption aufgegriffenen Schwächen der Döblinschen Schrift[186] beweist sich - im Gegensatz zur Oberflächlichkeit in den Texten Erich Kästners -, daß der Autor um die Ernsthaftigkeit einer tiefergehenden Diskussion bemüht war.

---

183 Alfred Döblin, a.a.O. S. 141.

184 Alfred Döblin, a.a.O. S. 264.

185 Alfred Döblin, a.a.O. S. 266.

186 Als gewichtige Schwäche wurde gewertet, daß ganz unzureichend von dem damals nicht mehr zu übersehenden Nationalsozialismus die Rede war. Außerdem wurde Döblin vorgeworfen, sein Verfahren, einerseits den Sozialismus als Ziel bejaht und andererseits den Klassenkampf als Mittel abgelehnt zu haben, sei widersprüchlich gewesen. Vgl. dazu das Nachwort des Herausgebers in der Döblin-Ausgabe, a.a.O. S. 315.

Döblins Ausgangsappell „Denken geht dem Handeln voraus“[187] markiert den Unterschied zu den - scheinbaren - Weltverbesserungsintentionen Kästners, denen in dessen Schriften Ungenauigkeiten und banale Halbheiten entsprachen. Jene Substanzlosigkeit dürfte den Rezipienten kaum zum Denken animiert und eine Besserung des Menschen durch Einsicht bewirkt haben. Wir kommen nun auf die *unechte Tiefe* in Kästners *Zeitkritik* zu sprechen.

Kästner hat die vergeistigte Lyrik, die *reinen Dichter* und das L'art pour l'art mit dem Argument verdammt, es stecke nichts drin, und die Gedichte klängen hohl.[188] *Hohlklang* kann man der Kästnerschen „Gebrauchslyrik“ nicht ankreiden, aber steckte dort etwas drin?
Ursachenforschung und Analyse hat Kästner nie betrieben. Auch wenn er in seiner Antikriegs-Lyrik gelegentlich auf Millionäre und Industrielle als Mit-Finanziers von Kriegen weist, so kommt in seiner Geschichtsschreibung dennoch nicht vor, wie Kriege gemacht werden und wer sie vorbereitet[189]. Ähnliches ist auf andere Kritikbereiche übertragbar. Der Faktor soziale Hilflosigkeit entfällt, wenn es um Prostituierte geht oder um junge Damen mit der Hoffnung auf eine Modellkarriere zu Zeiten der Weltwirtschaftskrise, um dem Strudel der Arbeitslosigkeit zu entrinnen.

---

187 Alfred Döblin, a.a.O. S. 134.

188 In „Prosaische Zwischenbemerkung“ aus „Lärm im Spiegel“ (1929). GS, Bd. 1, S. 125.

189 Vgl. dazu Heinz Kamnitzer, a.a.O. S. 49. Für Kamnitzer war dies schon 1962 ein gesamtwerkbetreffender Aspekt.
In Ergänzung dazu muß das Fazit im Aufsatz von Dieter Posdzech (a.a.O. S. 78) angeführt werden, dessen Inhalt auch für andere Bereiche als ausschließlich den der Antikriegslyrik gilt:
„Zwar sicherte sich Kästner mit seiner Gestaltungsweise, durch die gesellschaftliche Phänomene psychologisiert bzw. politische Zusammenhänge weitgehend auf moralische Verhaltensweisen zurückgeführt wurden, eine länger anhaltende Wirkung, allerdings wurde sie damit erkauft, daß etwa im Vergleich zu den Antkriegsgedichten Weinerts und Tucholskys nicht die tieferen Ursachen, sondern lediglich die Symptome militaristischer und faschistischer Politik - das allerdings in sehr treffsicheren Satiren - aufgedeckt wurden.“
Die Psychologisierung gesellschaftlicher Phänomene ist in Posdzechs Wortlaut allerdings zweifelhaft. Kästner war nach eigenem Bekunden „kein beruflicher Tiefseelentaucher“ (GS, Bd. 6, S. 144), und Erklärungen erfolgten zumeist in Form des Verweises auf immergültige Faktoren wie *Dummheit*, *Bosheit* und *Unvernunft*.

War Kästner in seiner Frühzeit nicht häufig nur auf lyrische Selbstschau bedacht, im Sinne Walter Benjamins mit Gedichten nur als Ware und mit aktuellen Themen als Aufmachern?
Anders gefragt: Können Kästners Spitzen treffen? Vermögen sie die Menschen zum Nachdenken anzuregen und zu bessern, und können sie *zeitkritisch* genannt werden? Wie gestaltet Kästner seine Kritik?
Nehmen wir uns zunächst eine exemplarische Betrachtung des Gedichtes „Zeitgenossen, haufenweise" (1929)[190] - in Parallelbildung zu anderen Gedichten - vor.

„Es ist nicht leicht, sie ohne Haß zu schildern,
und ganz unmöglich geht es ohne Hohn.
Sie haben Köpfe wie auf Abziehbildern
und, wo das Herz sein müßte, Telefon.

Sie wissen ganz genau, daß Kreise rund sind
und Invalidenbeine nur aus Holz.
Sie sprechen fließend, und aus diesem Grund sind
sie Tag und Nacht - auch sonntags - auf sich stolz.

In ihren Händen wird aus allem Ware.
In ihrer Seele brennt elektrisch Licht.
Sie messen auch das Unberechenbare.
Was sich nicht zählen läßt, das gibt es nicht!

Sie haben am Gehirn enorme Schwielen,
fast als benutzten sie es als Gesäß.
Sie werden rot, wenn sie mit Kindern spielen.
Die Liebe treiben sie programmgemäß.

Sie singen nie (nicht einmal im August)
ein hübsches Weihnachtslied auf offner Straße.
Sie sind nie froh und haben immer Lust
und denken, wenn sie denken, durch die Nase.

---

190 „Bei Durchsicht meiner Bücher", S. 155-156. GS, Bd. 1, S. 106-107.

Sie loben unermüdlich unsre Zeit,
ganz als erhielten sie von ihr Tantiemen.
Ihr Intellekt liegt meistens doppelt breit.
Sie können sich nur noch zum Scheine schämen.

Sie haben Witz und können ihn nicht halten.
Sie wissen vieles, was sie nicht verstehn.
Man muß sie sehen, wenn sie Haare spalten!
Es ist, um an den Wänden hochzugehn.
Man sollte kleine Löcher in sie schießen!
Ihr letzter Schrei ist noch ein dernier cri.
Jedoch, sie haben viel zuviel Komplicen,
als daß sie sich von uns erschießen ließen.
Man trifft sie nie!“

Kästner war dieses Gedicht wichtig genug, um es auch als *Warngedicht* in seinen Auswahlband „Bei Durchsicht meiner Bücher“ aufzunehmen. Bei „Zeitgenossen, haufenweise“ handelt es sich um eines jener typischen zeitlosen Kästner-Gedichte mit Abruf-Charakter. Es betrifft alle und trifft doch keinen. Es trifft zu und ist gleichwohl nicht treffend. Die Zielgruppe ist hier eine Zielmasse: beamtete und angestellte Durchschnittsmenschen mit ihren mittleren bis hohen Posten. Das immer wieder herauszustellende Ziel des Verfassers ist die Besserung der Menschen, denen hier *Dummheit*, Monotonie der Zivilisation und Entmenschlichung in Kästners satirischem Zerrspiegel vor Augen gehalten werden. Jeder, der das Gedicht liest, wird sich schmunzelnd selbst ausnehmen angesichts von Kästners ungefährlichem Witz[191].
Der alten Goetheschen Forderung nach der Dichtung, die weder zu loben noch zu tadeln, sondern darzustellen habe, widersetzt sich der Lyriker schon in der Eingangsstrophe. Mit dem erläuternden Kommentar setzt er sein Werturteil an den Anfang und sucht es in der Folge mit „Haß“ und „Hohn“ zu exemplifizieren; damit stellt sich der selbsternannte Rationalist einmal mehr bloß.

---

[191] Vgl. dazu Ernst Jirgal, a.a.O. S. 466.

Wie auch in dem thematisch ähnlich gelagerten „Der geregelte Zeitgenosse" (1932)[192] wettert der Dichter *gegen etwas*, nimmt Partei gegen eine nicht näher definierte Spezies von Menschen, deren Alltag ihm so gewöhnlich vorkommt und deren Gefühle ihm so mechanisch erscheinen.
Die Intention des Gedichtes, also die Parteinahme *für etwas*, bleibt völlig verschleiert. Überraschen muß der satirisch eingebettete *Tötungswunsch* des selbsternannten aktiven Pazifisten reinsten Wassers. Die letzte Strophe wirft eine Parallele zu dem in diesem Kapitel ausführlich besprochenen Gedicht „Sogenannte Klassefrauen" auf. Das *Tötungsmotiv* basiert auf einem banalen Unbehagen des „Gebrauchslyrikers", das außerhalb jeden Verhältnisses zur gesellschaftlichen Wirklichkeit steht. Auch hier ist man wieder beim Vokabular aus dem *Wörterbuch des Unmenschen* angelangt.
Dessen ungeachtet ist „Zeitgenossen, haufenweise" flüssig gestaltet, sowohl mit seinem tänzelnden Takt als auch mit dem Endreim als Kreuzreim. Die Reimpaare sind für den Rezipienten leicht zu erahnen. Kästner ist auch hier wieder seiner Devise nachgekommen, der Mensch lache über Kontraste.[193] Er erreicht den Effekt der Verdinglichung über die sprachliche Zusammenführung von Mensch und Waren, von Organischem und Anorganischem: „Köpfe wie auf Abziehbildern", „wo das Herz sein müßte, Telephon", „In ihren Händen wird aus allem Ware", „In ihrer Seele brennt elektrisch Licht". Diese Bildhaftigkeit weist auf Entmenschlichung und auf eine Mechanisierung von Gefühlen, Sinnen und Sinnlichkeit („Die Liebe treiben sie programmgemäß"). Berufs- und Privatleben bilden eine Einheit, ähnlich wie im Gedicht „Chor der Girls" (1929)[194].
Kästners „Zeitgenossen, haufenweise" ist geprägt von Anaphora („Sie", „In", „Man") und Alliterationen („Haß-Hohn", „Gehirn-Gesäß"). *Dummheit* ist - wie so häufig bei Kästner - der Grund allen Übels, aber es gibt kei-

---

192 „Bei Durchsicht meiner Bücher", S. 40-41. GS, Bd. 1, S. 269.

193 In Kästner: „Gedanken über das Lachen". In: Gesammelte Schriften für Erwachsene. Bd. 8: Vermischte Beiträge III. München, Zürich 1969. S. 295.

194 „Bei Durchsicht meiner Bücher", S. 23-24. GS, Bd. 1, S. 143-144.

ne wirkliche Frage nach dem *Woher* und *Warum* [195], noch nach dem *Wohin*.
Der von Kästner postulierte unmittelbare *Gebrauchswert* seiner Lyrik ist nicht festzustellen. Entspräche die Oberflächlichkeit des dichterisch Dargestellten dem Inhalt, so wäre das adäquat, und sie hätte ihre Funktion erfüllt. Doch jene Oberflächlichkeit des Dargestellten entspricht der Aussage - und das ist fatal. Die Schlußstrophe impliziert konjunktivisch: Man müßte *etwas* tun. Aber was?

Kästner war stets ein Andeuter gesellschaftlicher Symptome, doch ihr Deuter in Gestalt des *Mahners* und *Warners* gewesen zu sein, würde das Bild verzerren. Man könnte ihn eher als harm- und wirkungslosen Murrer an der gesellschaftlichen Oberfläche bezeichnen. Bereits im Frühwerk dringt jene Ratlosigkeit durch, die - wie wir sehen werden - im Spätwerk nuanciert ihre Fortsetzung findet.
Bezeichnend für die Kästnersche Doppelbödigkeit im Sinne von Zwiespältigkeit sind seine späteren Rückblicke in bezug auf das Verhältnis zwischen politisch-geschichtlichem Verlauf und der Rolle der Literatur - und damit seiner eigenen Position.
Stellt man beispielsweise die Aussagen seines Essays „Über das Auswandern“ (1947)[196] und seiner in die Gesammelten Schriften aufgenommenen Rede „Über das Verbrennen von Büchern“ (1958)[197] gegenüber, so ergibt sich kein einheitliches Bild. Auch hier zeigt sich, *wie* schwer Kästner sich fassen lassen will, da er sich stets das berühmte *Hintertürchen* offenhält.

---

[195] Als charakteristisch für diese Grundhaltung ist das Gedicht „Wieso Warum?“ (1928; GS, Bd. 1, S. 91) anzusehen, das wie folgt endet:
„Warum sind tausend Kilo eine Tonne?
Warum ist dreimal Drei nicht Sieben?
Warum dreht sich die Erde um die Sonne?
Warum heißt Erna Erna statt Yvonne?
(...)
Und warum fragt der Mensch bei jedem Quark: Warum?“

[196] GS, Bd. 5, S. 90-92.

[197] GS, Bd. 5, S. 571-578.

In der Rede „Über das Verbrennen von Büchern“ kommt Kästner zu dem Fazit:

> „Die Ereignisse von 1933 bis 1945 hätten spätestens 1928 bekämpft werden müssen. Später war es zu spät. Man darf nicht warten, bis der Freiheitskampf Landesverrat genannt wird. Man darf nicht warten, bis aus dem Schneeball eine Lawine geworden ist. Man muß den rollenden Schneeball zertreten. Die Lawine hält keiner mehr auf. Sie ruht erst, wenn sie alles unter sich begraben hat. Das ist die Lehre, das ist das Fazit dessen, was uns 1933 widerfuhr. Das ist der Schluß, den wir aus unseren Erfahrungen ziehen müssen, und es ist der Schluß meiner Rede. Drohende Diktaturen lassen sich nur bekämpfen, ehe sie die Macht übernommen haben. Es ist eine Angelegenheit des Terminkalenders, nicht des Heroismus.“ [198]

Zunächst ist ernsthaft zu fragen, ob hier nicht Kästners Nichtigkeitserklärung für sein gesamtes Frühwerk durchdringt, da die Ereignisse nationalsozialistischer Herrschaft „spätestens 1928“ hätten bekämpft werden müssen. Man *könnte* es so auslegen, aber nicht im Sinne Erich Kästners.
Die Jahreszahl 1928 ist das Erscheinungsjahr seines ersten Gedichtbandes „Herz auf Taille“ - und scheint deswegen nicht zufällig vom Redner gewählt. Kästner legt die Ausführungen eher als eine Art verbalen Schutzmantel um sein Frühwerk, um damit gleichsam die praktische Wirkungslosigkeit seiner Gedichte und seines „Fabian“-Romans glaubhaft zu machen, obgleich er - außerhalb jeden Zusammenhangs mit dem NS-Regime - im Jahre 1928 geschrieben hatte, jede Bemühung, die Menschheit zu verbessern, werde an deren Unverbesserlichkeit scheitern[199].

Immer wieder tritt bei Kästner jenes Spannungsfeld auf zwischen realistisch-rationaler Einsicht und jener vordergründig beharrlichen Trotzhal-

---

[198] GS, Bd. 5, S. 578.

[199] In Kästners Zeitungsbeitrag „Kritik des idealistischen Sozialismus“, a.a.O.

tung und naiven Verweigerung, die eigene Erkenntnis anzuerkennen. Alles, was inmitten dieses Spannungsfeldes liegt, ist ein Konglomerat aus Idealismus, Selbstrechtfertigung, Allerwelts-Moralismus, Legitimation der eigenen Arbeit, Schuldfrage, Hoffnung sowie Augenwischerei gegenüber sich selbst und gegenüber anderen.

Kästner ist schwer zu fassen, und Widersprüche stehen gegeneinander.
Wie verhält sich seine 1958 vorgebrachte Erkenntnis, die „Ereignisse" hätten spätestens 1928 bekämpft werden müssen, zum 1950 formulierten „Fabian"-Vorwort[200], in dem Kästner als ein Ziel des 1931 erschienenen Romans ausgibt, er habe mit allen Mitteln in letzter Minute Gehör und Besinnung erzwingen wollen?
In welchem Verhältnis steht sein 1946 in „Bei Durchsicht meiner Bücher" postulierter *prophetischer* Ausblick, den er mit den Frühwerk-Gedichten (bis 1932) gegeben haben will, zu dem im Jahre 1947 publizierten Beitrag „Über das Auswandern"?
„Über das Auswandern" kann man als unfreiwilligen Selbstentlarvungs-Beitrag Kästners ansehen, der seinen für sich in Anspruch genommenen historischen Weitblick und seine eigene Haltung in ein fragwürdiges Abseits setzt.
Kästner blickt - anknüpfend an die Auswanderungsdiskussion der Jugend im Nachkriegs-Deutschland - auf das Jahr 1933 zurück, damit auch auf das Auswandern von Vertretern der deutschen Intelligenz. Zu Beginn seines Beitrages gibt er sich im Nachhinein einmal mehr als ein Analytiker aus, der er im Grunde nie war:

> „Am selben Tage, an dem, vor nun fast vierzehn Jahren, in Berlin das Reichstagsgebäude brannte, traf ich, aus Meran kommend, in Zürich ein, wohin mir ein deutscher Verleger entgegengereist war. Er gab mir den Rat, in der Schweiz zu bleiben; und einige Kollegen, die bereits emigriert waren, Anna Seghers befand sich unter ihnen, teilten seine Meinung. Die deutschen Zeitungsagenturen meldeten, die Kommunisten hätten den Reichs-

---

[200] Vgl. Anm. 8 in diesem Kapitel.

> tag angezündet. Uns allen war klar, daß es sich im Gegenteil um ein Manöver Hitlers handelte, hinter dem sich nichts weiter verbergen konnte als die Absicht, geplante innenpolitische Gewaltmaßnahmen mit dem Schein des Rechts in Gegenmaßnahmen umzufälschen. Er fingierte diesen Angriff seiner politischen Feinde, um ihre Vernichtung als bloße Selbstverteidigung hinzustellen." [201]

Kästner kommt im folgenden auf seine Position und die eigene Entscheidung zu sprechen:

> „Daß ich trotzdem nach Berlin zurückkehren wollte, führte in dem kleinen Züricher Café zu lebhaften Auseinandersetzungen. Kurz bevor mein Zug aus Zürich abfuhr, kam am Nebengleis ein Zug aus Deutschland an. Dutzende von Bekannten und Kollegen stiegen aus. Sie waren über Nacht geflohen. Der Reichstagsbrand war das Signal gewesen, das sie nicht übersehen hatten. Als sie mich und meine Absicht erkannten, verstärkten sie den warnenden Chor der Freunde. Ich aber fuhr nach Berlin zurück und bemühte mich in den folgenden Tagen und Wochen weitere Gesinnungsgenossen von der Flucht ins Ausland abzuhalten. Ich beschwor sie zu bleiben. Es sei unsere Pflicht und Schuldigkeit, sagte ich, auf unsere Weise dem Regime die Stirn zu bieten. Der Sieg dieses Regimes und die schrecklichen Folgen eines solchen Sieges seien, sagte ich, natürlich nicht aufzuhalten, wenn die geistigen Vertreter der Fronde allesamt auf und davon gingen. Sie hörten nicht auf mich. Hätten sie auf mich gehört, dann wären sie heute wahrscheinlich alle tot. (...) Ich trüge dafür die Schuld.." [202]

Bei der eingehenderen Untersuchung der zitierten Abschnitte geht es nicht um Schuld-Fragen, sondern um die Problematik: Wo steht hier der *Zeitkritiker* und insbesondere der *Zeitprophet*, der - laut Vorwort in „Bei

---

[201] GS, Bd. 5, S. 90.
[202] GS, Bd. 5, S. 90-91.

Durchsicht meiner Bücher" - den Untergang Deutschlands vorausgesagt haben wollte?
Impliziert nicht gerade der Beitrag „Über das Auswandern", *wie* sehr Kästner ein wirklicher Weitblick gefehlt hatte? Die Quintessenz eines Satzes wie „Der Sieg dieses Regimes und die schrecklichen Folgen eines solchen Sieges seien, sagte ich, natürlich nicht aufzuhalten, wenn die geistigen Vertreter der Fronde allesamt auf und davon gingen" muß doch lauten: Wäre die deutsche Intelligenz 1933 geschlossen im Lande geblieben, hätte man noch etwas ändern und aufhalten können. Diese Schlußfolgerung läßt sich mit Kästners fragwürdigem apostrophierten *prophetischen* Ausblick kaum in Einklang bringen, was zumindest als Indiz dafür gewertet werden kann, daß Kästner als populärer *kritischer*, aber harmloser Zeitgenosse die Prämissen und Bedingungen der Zeit nicht wirklich zu begreifen und konkret zu verarbeiten mochte, sondern statt dessen satirische Lyrik und Prosa in ein weitgehend unverbindliches zeitloses Gefüge einreihte.
Kästners Biographin und Lebensgefährtin Luiselotte Enderle hat zumindest eingeräumt, daß Kästner sich in der Dauer des faschistischen Regimes getäuscht habe.[203]
Die Frage nach Kästners eigener Position zwischen *Damals* (1933) und *Heute* (1947) ist in „Über das Auswandern" schnell verwischt: „Sie hörten nicht auf mich. Hätten sie auf mich gehört, dann wären sie heute wahrscheinlich alle tot." Von Kästner wußte man 1947, daß er in Deutschland geblieben war[204] - und überlebt hatte. Doch die Auseinan-

---

203 Luiselotte Enderle 1966/1989, a.a.O. S. 62.

204 Hermann Kesten faßt in seinem Vorwort zu den GS Kästners Gründe für dessen Bleiben zusammen (S. 22):
„Er erwiderte, er wolle bleiben, seiner Mutter wegen, und um Augenzeuge der kommenden Greuel zu sein, er wolle den Roman der Nazidiktatur schreiben, und er wolle dabeigewesen sein, als ihr zukünftiger Ankläger."
Kästner selbst hat seinen Verbleib in Deutschland in seinem Zeitungsbeitrag „Gescheit, und trotzdem tapfer" (1946; GS, Bd. 5, S. 21-24) zu erklären versucht und dabei in den Zusammenhang mit den Re-education-Bemühungen der US-Amerikaner kurz nach dem zweiten Weltkrieg gestellt:
„Alle Amerikaner, die sich amtlich mit mir abgeben mußten, haben mich gefragt, warum ich in Deutschland geblieben sei, obwohl ich doch nahezu zwölf Jahre verboten war. (...) Ich habe ihnen nämlich gesagt: ‚Ein Schriftsteller will und muß erleben, wie das Volk, zu dem gehört, in schlimmen Zeiten sein Schicksal erträgt. Gerade dann ins

dersetzung mit seiner eigenen Position - bzw. der Verzicht darauf - offenbart einen Mangel an Konsequenz und eine Ausweichhaltung in seinen Schriften, die charakteristisch ist für die Haltung des Ver- und Wegdrängers im gesamten Werk.

Vor den kommenden Ausführungen möchte ich zweierlei herausstellen. Zum einen hat sich Kästner nie in den direkten Dienst des faschistischen Regimes gestellt, und andererseits kann es nicht Ziel der vorliegenden Arbeit sein, sich anmaßen wollen, über jemanden zu *richten*. Gleichwohl fallen bei Kästner einige Widersprüche auf. Der folgende Exkurs soll die angesprochene ratlos-unschlüssige Art des Verdrängens, Wegdrängens und Ausweichens in seinem Werk erhellen.

Niemand hätte Kästner ein mögliches späteres Eingeständnis verübelt, während der nationalsozialistischen Epoche, um des nackten Überlebens willen, Konzessionen begangen und Selbstverleugnung betrieben zu haben, wie mit der Flucht in die Unverbindlichkeit von Kinderbüchern, Lustspielen und Unterhaltungsromanen sowie mit dem Schreiben von Drehbüchern. Man hätte Kästners Mut bei einem solchen Bekenntnis bewundert.
Statt dessen präsentiert sich in seinen späteren Schriften immer wieder ein anderes Bild, das so bezeichnend ist für Kästners allgemeine Verzerrungs-, Verfälschungs- und Beschönigungsversuche im gesamten Werk und eine *schizophren* zu nennende Haltung verdeutlicht[205], die sich - wie wir bislang gesehen haben - auf den Sektor *Weltbild und Ge-*

Ausland zu gehen, rechtfertigt sich nur durch akute Lebensgefahr. Im übrigen ist es seine Berufspflicht, jedes Risiko zu laufen, wenn er dadurch Augenzeuge bleiben und eines Tages schriftlich Zeugnis ablegen kann.' " (GS, Bd. 5, S. 23-24).
Nach dem zweiten Weltkrieg trugen die US-Amerikaner Kästner die Leitung des Feuilletons der „Neuen Zeitung" in München an. Im Mai 1991 hatte ich Gelegenheit, mit einem Weggefährten Kästners aus jener Zeit persönlich zu sprechen. Er war damals ein junger Nachwuchsjournalist im Feuilleton. Über Kästners Statement gegenüber den US-Amerikanern konnte er nur schmunzeln und bestätigte mir den Faktor *seiner Mutter wegen*.

205 Hermann Kestens Urteil über die Kästnerschen Unterhaltungsromane ist in diesem Zusammenhang interessant: „(...) wie von einem ‚doppelten Erich' verfaßt, einem reizend begabten, charmanten, durchaus liebenswürdigen Zwillingsbruder von Erich Kästner, der unter demselben Namen publizierte." (GS, Bd. 1, S. 23).

schichtsverständnis ebenso erstreckt hat wie auf den Bereich *Zeitkritik* und *Zeitprophetie*.

In seinen Schriften hat Kästner in Nachbetrachtung des öfteren betont, er habe zwischen 1933 und 1945 nicht geschrieben.
So präsentiert er in seinem im Februar 1946 in der Kinderzeitschrift „Pinguin" veröffentlichten Beitrag „Die Chinesische Mauer" seinen Lebenslauf und schreibt in der Chronologie:

> „Hitler kam an die Macht, und Goebbels verbrannte meine Bücher. Mit der literarischen Laufbahn war es Essig.
> Das war 1933. Zwölf Jahre Berufsverbot folgten. Es gibt sicher schlimmere Dinge, aber angenehmere gibt es wahrscheinlich auch...Nun schreiben wir das Jahr 1946, und ich fange wieder einmal mit gar nichts und von vorne an." [206]

Kästner hatte zwölf Jahre lang Berufsverbot? An dieser Stelle ist es sinnvoll, die Werke aufzulisten, die in jenem Zeitabschnitt entstanden sind:

o Kinderbücher
Das fliegende Klassenzimmer, 1933
Emil und die drei Zwillinge, 1934
Till Eulenspiegel (Bilderbuch), 1938

o Unterhaltungsromane
Drei Männer im Schnee, 1934
Die verschwundene Miniatur, 1935
Georg und die Zwischenfälle (später Der Kleine Grenzverkehr), 1938

---

[206] GS, Bd. 5, S. 54.
Der fatale Effekt an diesem in „Der tägliche Kram" aufgenommenen Artikel ist, daß Kästner als Gewährsmann für sich selbst in einem Publikationsorgan für Kinder eben jene Kinder beschwindelt, die er an anderen Stellen seiner Schriften zu Mut, Aufrichtigkeit, Tapferkeit, Ehrlichkeit und Charakterfestigkeit auf dem Weg über die Literatur zu erziehen sucht.

o Drehbücher
Münchhausen, 1942/43
Der kleine Grenzverkehr, 1943
Ich vertraue dir meine Frau an, 1943[207]

o Lustspiele und Komödien[208]
Verwandte sind auch Menschen, 1937
Die Frau nach Maß, 1938
Das goldene Dach, 1939
Seine Majestät Gustav Krause, 1940

o Vermischtes[209]
Das lebenslängliche Kind (Theaterstück nach dem Roman Drei Männer im Schnee), 1934
Dr. Erich Kästners lyrische Hausapotheke (Gedichtauswahl), 1936
Der Zauberlehrling (Romanfragment, Erstausgabe 1959), 1936
Die Doppelgänger (Romanfragment, Erstausgabe 1959), 1939
Das Haus Erinnerung (Theaterstück, Erstausgabe 1948), 1940
Chauvelin oder Lang lebe der König (Theaterstück, Erstausgabe 1950), 1940
Das doppelte Lottchen (Film-Treatment, Buch-Erstausgabe 1949), 1942
Zu treuen Händen (Theaterstück, Erstausgabe 1948), 1943

Die Bücher des mit Publikationsverbot im Inland belegten Erich Kästner erschienen in jenen Jahren im Atrium-Verlag Zürich.

---

207 Ingo Tornow (a.a.O. S. 8) geht bei „Ich vertraue dir meine Frau an" lediglich von einer Überarbeitung des Drehbuchs durch Erich Kästner aus. Als Drehbuchautoren werden offiziell Helmut Weiss und Bobby E. Lüthge genannt (Tornow, a.a.O. S. 24).

208 Ingo Tornow (a.a.O. S. 72 ff.) geht erstmals in der heutigen Forschung auf jene Stücke ein, die Kästner unter dem Pseudonym Eberhard Foerster herausbrachte. Der mit Kästner befreundete Bühnen- und Filmautor Eberhard Keindorff gab in Absprache mit Kästner das Pseudonym als seines aus.

209 Die Korrektheit der aufgelisteten Schreibdaten ist gewährleistet, da sie von Kästners Lebensgefährtin Luiselotte Enderle angeführt worden sind (a.a.O. S. 69-70 und S. 137-138).

Man muß sich die quantitativ nicht unbedeutende Anzahl der Kästnerschen Werke 1933 bis 1942/43 - danach erst erfolgte ein endgültiges Schreibverbot - vor Augen halten, wenn man den im Juli 1946 ebenfalls im „Pinguin" veröffentlichten Beitrag „Der tägliche Kram" liest. Kästner behält seine verwirrende und zeitgeschichtlich opportun scheinende Strategie des Verdrängens und Wegdrängens bei:

> „Dieser meiner prähistorischen Büroschemelepoche entsann ich mich also, als mir vor einem Jahr würdig aussehende Männer eine Feuilletonredaktion antrugen. Und an noch etwas anderes dachte ich. Daran, daß ich zwölf Jahre lang auf den Tag gewartet hatte, an dem man zu mir sagen würde: ‚So, nun dürfen Sie wieder schreiben.' " [210]

An seiner Strategie der Lebenslauf-Glättung hält der opportunistische Erich Kästner ein ums andere Mal fest:

> „Für jene unter ihnen, die es nicht wissen, wäre allenfalls noch nachzutragen, daß er während des Dritten Reiches, obwohl verboten, freiwillig in Deutschland geblieben ist."
> („Kästner über Kästner", 1952) [211]

> „Dem sorgfältigen Leser wird auffallen, daß in der chronologischen Anordnung des Buchs die Zeitspanne 1934 bis 1944 ausgespart worden ist. An dieser auffälligen Sparsamkeit trägt nicht der Autor die Schuld. Er durfte damals, von Staats wegen, nicht schreiben."
> („Erich Kästner: Eine Auswahl", 1956) [212]

> „Und da kam Hitler an die Macht.
> Knauf, der sozialistische Haudegen, geriet ins Konzentrationslager. Mir wurde das Schreiben verboten. Ohser blieb verschont und zeichnete seine lustigen Bilderserien."

---

[210] GS, Bd. 5, S. 73-74.
[211] GS, Bd. 5, S. 304-305.
[212] GS, Bd. 5, S. 540.

(„Heiteres von E.O. Plauen“, Hannover 1957) [213]

Man sieht, daß bei Kästner nicht mehr alleine von Berufs-, sondern vom Schreibverbot schlechthin die Rede ist.
In seiner Ansprache zur Verleihung des Georg-Büchner-Preises 1957 wendet Kästner die Variante der diplomatisch-geschickten Auslassung an:

> „Die Croquis sieht so aus: Im Herbst 1927 erschien mein erstes Buch, ein Gedichtband. Im Mai 1933 fand die Bücherverbrennung statt, und unter den vierundzwanzig Namen, mit denen der Minister für literarische Feuerbestattung seinen Haß artikulierte, war auch der meine. Jede künftige Veröffentlichung in Deutschland wurde mir streng untersagt. Im Laufe der nächsten Jahre wurde ich zweimal verhaftet, und bis zum Zusammenbruch der Diktatur stand ich unter Beobachtung. Nach dem Zusammenbruch war ich einige Jahre Redakteur, und dann erst, nach rund fünfzehnjähriger Pause, erschien in Deutschland mein nächstes Buch.“ [214]

Nicht zuletzt aufgrund eigener und wiederholter Äußerungen Kästners hat sich national und international das Bild vom 1933 bis 1945 verbotenen und mit Schreibverbot belegten Schriftsteller durchgesetzt und zu Verzerrungen geführt.[215]

---

213 GS, Bd. 5, S. 562.

214 GS, Bd. 5, S. 546.

215 Die Einschätzungen vom *insgesamt* verbotenen Schriftsteller sind auch in wissenschaftlichen Untersuchungen getroffen worden.
Beispiele bieten Reinaldo Bossmann („Er blieb zwölf Jahre lang ein verbotener Schriftsteller“, a.a.O. S. 17) und Renate Benson („Während der Jahre des Schreibverbots...“, a.a.O. S. 57).
In dem Buch „Levende Talen“ (Berichten en mededelingen van de „Verenigung van leraren in levende talen“, Auswahl G.G. Ellerbroek, Groningen und Djakarta 1956) heißt es zu Erich Kästner: „Zijn kinderboeken, o.a. Emil und die Detektive, hadden succes, en zijn toekomst scheen verzekerd, tot in 1933 Hitler aan de macht kwam en Goebbels zijn boeken liet verbranden. (...) Twaalf jaar schrijfverbod volgden.“ (S. 634-635).

Wenn man all die Selbstwertungen und Selbsteinschätzungen Kästners liest, läßt dies - selbst wenn man um die Vielzahl der entstandenen (Maulkorb-)Arbeiten jener Jahre weiß - nur einen Schluß zu: Er distanziert sich nachdrücklich von seiner Schaffens-Epoche zu Zeiten der nationalsozialistischen Herrschaft.

Umso merkwürdiger ist, daß Kästners Distanzierung in der Praxis anders aussieht, sobald es opportun erscheint. So hebt er in „Kästner über Kästner" (1952) in heiterem Eigenlob seiner während des Berufs- bzw. Schreibverbotes geschriebenen humoristischen Unterhaltungsromane hervor, die „in manchen Krankenhäusern verordnet werden wie Zinksalbe und Kamillenumschläge" [216].

In einer für Kästner typischen Absurdität stellt sich dar, daß er jene zwischen 1934 und 1938 verfaßten Unterhaltungsromane in den fünfziger Jahren zu Drehbüchern umarbeitet.

Nach Kästners Drehbuchvorlagen werden „Die verschwundene Miniatur" (1954, Regie: Carl Heinz Schroth), „Drei Männer im Schnee" (1955, Regie: Kurt Hoffmann) und „Salzburger Geschichten" (1956, Regie: Kurt

---

In ihrem Buch „Der Kampf um den Leser im Dritten Reich" (Worms 1980) klassifiziert Gisela Berglund Erich Kästner als „Inneren Emigranten", dessen Bücher emigrierten, räumt aber gleichwohl ein, daß es überhaupt schwierig sei, die Grenzen zu ziehen zwischen Inneren Emigranten, Nichtnationalsozialisten und Mitläufern (S. 95).
Zurecht hat Herbert Wiesner in seinem Beitrag „Innere Emigration. Die innerdeutsche Literatur im Widerstand 1933-1945" (in Hermann Kunisch, Hg.: Handbuch der deutschen Gegenwartsliteratur, Band II, 2. Auflage, München 1970, S. 383-408) Erich Kästner von der literarischen Inneren Emigration ausgeschlossen (zitiert nach Ralf Schnell: Literarische Innere Emigration 1933-1945, Stuttgart 1976, S. 171).
Wendet man Kästners Haltung auf *das* Manifest der Inneren Emigration an, muß man ihn ebenfalls ausklammern. In jenem Manifest von Frank Thiess, abgedruckt am 18. August 1945 in der „Münchener Zeitung", heißt es unter anderem:
„(...), denn die Welt auf die wir uns stützten, war ein innerer Raum, dessen Eroberung Hitler trotz allen Bemühungen nicht gelungen ist. Wohl konnte er die Seele in einen hypnotischen Schlaf versenken, den deutschen Geist von jeder schöpferischen Teilnahme absperren, doch als Elemente nicht zerstören." Es muß verwundern, daß Thiess in einer sich anschließenden Aufzählung an Schriftstellern auch Erich Kästner anführt, wo dieser mit seinen Schriften, zumindest zwischen 1933 und 1942/43, nicht von jeder schöpferischen Teilnahme abgesperrt war. Thiess-Zitate in J.F.G. Grosser: Die große Kontroverse. Ein Briefwechsel um Deutschland. Hamburg, Genf, Paris 1963. S. 23-24.

216 GS, Bd. 5, S. 303.

Hoffmann) verfilmt.[217] Bei dem letztgenannten Film handelt es sich um ein Remake des bereits 1943 unter dem Titel „Der kleine Grenzverkehr“ (Regie: Hans Deppe) verfilmten Romans „Georg und die Zwischenfälle“. Kästner hatte 1943 dasselbe Pseudonym Berthold Bürger benutzt wie als Drehbuchautor zum umstrittenen UFA-Jubiläumsfilm „Münchhausen“ (1942/43, Regie: Josef von Baky).
Zu seinen Drehbuch-Aktivitäten während des Dritten Reiches hat Kästner nie eindeutig Stellung bezogen, vor allem nicht zum Skript für den Monumentalfilm „Münchhausen“, das er nach einer dubiosen, von oberster staatlicher Stelle erteilten Sondergenehmigung hatte schreiben dürfen.[218] Das Schweigen des Erich Kästner, der sonst so sehr darauf bedacht war, seine Leistungen hervorzuheben, nimmt vorab jenen Argumentationen den Wind aus den Segeln, in denen man sich im Nachweis von gewissen Formen publizistischen Widerstands versucht hat. Alleine wegen des „Münchhausen“-Drehbuchs zum großen 25jährigen Jubiläum der „Universum Film Aktiengesellschaft“, kurz UFA, deren Kontrolle die Nationalsozialisten in jenen Jahren innehatten, gehört Kästner in weite Ferne der *Inneren Emigration.*
„Münchhausen“ war einer jener Streifen der *reinen Unterhaltung*, der die Volksmassen von den sie mehr und mehr bestürzenden Realitäten ihres Lebens ablenken sollte.[219] Über die Intentionen eines solchen, von der Leistungskraft der UFA international und national Zeugnis ablegenden Films mußte sich Drehbuchautor Kästner im klaren gewesen sein. Reichspropagandaminister Joseph Goebbels hatte häufig genug auf die Aufgaben der Unterhaltungsfilme hingewiesen:

---

217 Detaillierte Informationen zu diesen Film-Arbeiten Kästners findet man bei Ingo Tornow (a.a.O. S. 58 ff., S. 65 f. und S. 67 ff.).
Auch zum Film „Das fliegende Klassenzimmer“ (1954, Regier: Kurt Hoffmann) nach dem 1933 publizierten gleichnamigen Roman schrieb Kästner das Drehbuch.

218 Vgl. dazu Luiselotte Enderle (1966/1989, a.a.O. S. 73 ff.) und Helga Bemmann (a.a.O. S. 351 ff.).

219 Vgl. dazu Albert Wilkening/Heinz Baumert/Klaus Lippert: Kleine Enzyklopädie - Film. Leipzig 1966. S. 420 ff.
Vgl. dazu auch Christa Bandmann/Joe Hembus: Klassiker des deutschen Tonfilms 1930-1960. München 1980. S. 13.
Vgl. dazu auch Ulrich Gregor/Enno Patalas: Geschichte des Films. Band 2: 1940-1960. München, Gütersloh, Wien 1973. S. 308.

> „(...) in einer Zeit, in der der gesamten Nation so schwere Lasten und Sorgen aufgebürdet werden, ist auch die Untorhaltung staatspolitisch von besonderem Wert. Sie steht deshalb auch nicht am Rande des öffentlichen Geschehens und kann sich nicht den Aufgaben der politischen Führung entziehen."
> (12. Oktober 1941)
> „(...)Auch die gute Laune ist kriegswichtig. Sie zu erhalten, und zwar gerade dann, wenn wir besonders schwere Belastungen zu ertragen haben, ist ein dringendes Erfordernis einer erfolgreichen Kriegführung an der Front und in der Heimat."
> (1. März 1942) [220]

Auf den Interpretationsspielraum zwischen möglichen *zeitkritischen* Anspielungen und gewaltverherrlichenden Sätzen als Anbiederungsmaßnahmen gegenüber den NS-Machthabern werden wir in bezug auf das „Münchhausen"-Drehbuch gegen Ende des fünften Kapitels im Zusammenhang mit der Thematik von Gewalt und adäquatem Vokabular in Kästners Schriften zu sprechen kommen.[221]

---

[220] Beide Zitate in Francis Courtade/Pierre Cadars: Geschichte des Films im Dritten Reich. München, Wien 1975. S. 222.

[221] Die Wiederaufführung des „Münchhausen"-Films im Jahre 1978 - die Friedrich-Wilhelm-Murnau-Stiftung zeigte ihre rekonstruierte Fassung - führte im deutschen Feuilleton auch hinsichtlich der Position Erich Kästners zu einer kontroversen Aufnahme.
Volker Baer („Im Widerspruch zur Zeit" in „Der Tagespiegel", 25. Juni 1978, S. 5) wertete den Streifen mitsamt seiner ganzen Phantastik als einen „Film gegen seine Zeit".
Ebenfalls in Pro-Kästnerschem Sinne urteilte Wilfried Wiegand („Die Wahrheit des Scheins" in „Frankfurter Allgemeine Zeitung", 5. Juli 1978, S. 21): „ ‚Münchhausen' gibt nicht eine Minute lang die Fiktion als Wirklichkeit aus. Vielmehr wird hier anderthalb Stunden lang aus immer neuem Schein so viel an Wahrheit herausdestilliert, wie in einer Welt der Lüge eben möglich war. Diese listenreiche Dialektik macht ‚Münchhausen' mehr zu einem Werk Erich Kästners als Josef von Bakys."
Karsten Witte („Das Braun von Agfacolor" in „Frankfurter Rundschau", 4. Juli 1978, S. 8) stellte den Zusammenhang von „Reisen und Aufklärung, von Phantastik und Erfahrungskritik" vor dem Hintergrund akuter Eroberungsphantasien sowie Stillstand und Verklärung in Frage.

Hiermit endet der Exkurs. Auf einer anderen Ebene ist Kästners doppelbödige Haltung demonstriert worden, die sein *gesamtes* Werk mit inkonsequenten und opportunistischen Elementen durchzieht.
Das einprägsamste Beispiel war hierbei die Drehbuchvermarktung seiner Unterhaltungsromane aus jener Zeit, da er nach eigenen Angaben nicht hatte schreiben dürfen bzw. mit „Berufsverbot" belegt war. So als sah die Moral des *Moralisten* in Wirklichkeit aus.

Wir knüpfen nun am Aspekt der Oberflächlichkeit in Verbindung mit der Kästnerschen Rat- und Hilflosigkeit an und stellen zunächst die Frage, ob er sie je bemüht hat, Lösungen, Alternativen oder Auswege für menschliches Handeln in der Gesellschaft aufzuzeigen.
Man könnte an dieser Stelle einwenden, als Schriftsteller sei dies nicht seine Aufgabe gewesen. Wir halten dem Kästners propagierten *Gebrauchswert* seiner Literatur entgegen und - was wichtiger ist - eine Selbstdeutung, die über das Schriftstellerische hinausreicht. Der Autor, dem Vernehmen nach ein satirischer Schriftsteller[222], sah sich in seiner - sozialen und gesellschaftlichen - Funktion als weltverbessernder Oberlehrer:

> „Satiriker können nicht schweigen, weil sie Schulmeister sind. Und Schulmeister müssen schulmeistern." [223]

Von dieser Warte aus hätte man bei Kästner eine moralische Verpflichtung erwarten können, greifbarere Perspektiven zu bieten als lediglich ein allgegenwärtiges Wettern gegen *Dummheit* und *Bosheit*.

Heino Eggers („Die Zeit ist ganz kaputt" in „Vorwärts", 27. Juli 1978, S. 26) sah jenen Film als eine Lügengeschichte mit umgekehrten Vorzeichen und als einzigen wahrhaft ehrlichen Film der braunen Schreckensherrschaft.
Andreas Conrad („Münchhausens stumpfe Spitzen gegen die Inquisition" in „Der Tagesspiegel", 5. November 1989, S. 42) urteilte später, der Film habe - auch ohne faschistische Ideologie zu transportieren - eine zentrale Funktion innerhalb der braunen Propagandamaschinerie glänzend erfüllt.

222 In seiner Rede zur Verleihung des Georg-Büchner-Preises 1957. GS, Bd. 5, S. 545.

223 Im Vorwort zu „Bei Durchsicht meiner Bücher". GS, Bd. 5, S. 489.

Als Ausgangspunkt einer exemplarischen Betrachtung dient das 1929 geschriebene Hörspiel „Leben in dieser Zeit", eine „Lyrische Suite in drei Sätzen", ein Mixtum compositum Kästnerscher Gedichte[224], das gleichzeitig eine thematische Nähe zum „Fabian"-Roman aufweist.

Im Zentrum der später als Schauspiel an zahlreichen Theaterbühnen gespielten Suite steht das Grau des großstädtischen Alltags: die Monotonie des geregelten Berufslebens, Liebe und abgestumpfte Gefühle, Unterwürfigkeit und *Dummheit* des Einzelnen, Ehebruch, Sehnsucht nach Kindheit und Natur, Menschenverachtung und Suizid-Gedanken. Der Dutzend- und Durchschnittsmensch Kurt Schmidt präsentiert sich weitgehend als Sprachrohr des Autors und wird vom Sprecher in diesem Wogen von Hoffnung und Hoffnungslosigkeit eingeführt:

> „(...)
> Die Zeit marschierte wie ein Grenadier.
> Im gleichen Schritt und Tritt. Und Schmidt lief mit.
> Die Zeit verging. Und Schmidt verging mit ihr.
> Er merkte eines Tages, wie er litt.
>
> Er sah, er hatte sich geirrt.
> So war's. Und es stand fest, daß es so blieb.
> Und er begriff, daß es nie anders wird.

---

224 In „Leben in dieser Zeit" (GS, Bd. 4, S. 209-243) hat Kästner einige Gedichte komplett oder teilweise eingearbeitet bzw. später aus dem Hörspiel ausgekoppelt. Hierbei handelt es sich um die Gedichte „Wiegenlied" (GS, Bd. 1, S. 42-43 als Entsprechung zu „Chanson Nr. 6 ‚Das Wiegenlied väterlicherseits' ", GS, Bd. 4, S. 221-222), „Die Welt ist rund" (GS, Bd. 1, S. 46-48 als Entsprechung zu „Chanson Nr. 2 ‚Das Chanson von der Majorität' ", GS, Bd. 4, S. 214-215), „Ein paar neue Rekorde" (GS, Bd. 1, S. 113-114 als Entsprechung zu „Chanson Nr. 3 ‚Der kleine Rekordgesang' ", GS, Bd. 4, S. 216) und „Möblierte Melancholie" (GS, Bd. 1, S. 152 als Entsprechung zu „Chanson Nr. 5 ‚Die möblierte Moral' ", GS, Bd. 4, S. 219-220).
Interessant ist das Gedicht „Kurt Schmidt, statt einer Ballade" (GS, Bd. 1, S. 161-162) im Vergleich zu „Chanson Nr. 1 ‚Kurt Schmidt, statt einer Ballade' " (GS, Bd. 4, S. 212-213) und der Schmidt-Figur im gesamten Hörspiel. Wieder ist des Dichters Pendeln zwischen den Extremen bei einer Thematik zu erkennen. Während im Hörspiel der Selbstmord als Lösung für Probleme nachhaltig verworfen wird (vgl. „Chanson Nr. 13 ‚Das Lied mit den Pistolenschüssen' "; GS, Bd. 4, S. 233 ff.), endet das Gedicht im Gedichtband „Ein Mann gibt Auskunft" (1930) mit dem Suizid Kurt Schmidts.

Und was er hoffte, rann ihm durch ein Sieb.“ [225]

Trotz diesem eingangs formulierten und im zyklischen Weltbild verankerten Pessimismus sucht der Autor im dritten Satz eine Art Versuchsfeld anzulegen, um seinen - wie auch immer gearteten - Vorstellungen auf Besserung Raum zu geben und einen Durchbruch beim *Null-Wachstum* der inneren menschlichen Entwicklung zu erzielen. Als Voraussetzung und Durchhalteparole wird zunächst das lyrische Plädoyer gegen den Selbstmord ausgegeben:

„War dein Plan nicht: irgendwie
alle Menschen gut zu machen?
Morgen wirst du drüber lachen.
Aber, bessern kann man sie!
Ja, die Bösen und Beschränkten
sind die meisten und die Stärkern.
Aber spiel nicht den Gekränkten!
Bleib am Leben, sie zu ärgern.“ [226]

Dergestalt unter Zugzwang gesetzt, wird in der Folge deutlich: Es muß *etwas* geschehen.

„Männerstimme (...):
Vom Nichterschießen wird man auch nicht heiter.
Schmidt:
Da weiß ich keinen Rat. Das tut mir leid.
Denn ausgerechnet das fehlt unsrer Zeit.
Männerstimme:
Was fehlt ihr, meinen Sie?
Schmidt:
Die Heiterkeit.“ [227]

---

[225] GS, Bd. 4, S. 212-213.
[226] GS, Bd. 4, S. 234.
[227] GS, Bd. 4, S. 235.

Neben den Faktor *Heiterkeit* als Voraussetzung für eine Welt- bzw. Menschenverbesserung setzt der Autor den von Schmidt formulierten Schluß:

> „Wir sind, um froh zu sein, zu wenig klug.“ [228]

Doch auch in „Leben in dieser Zeit“ bleibt trotz des Bewußtseins um das Sein jenes vorzugsweise konjunktivisch zu formulierende *Es müßte etwas geschehen* ein blutarmes Drängen.
Als Lösungs-Perspektiven werden noch die Ironie zur Verkleinerung des Kummers[229], die generelle Hoffnung auf Besserung in kommenden Generationen[230] und das eindringliche Menetekel in Richtung Durchstehvermögen und *Es-wird-schon-gut-gehen* aufgeboten:

> „Schmidt: (...)
> Nein, die Welt hat euch wieder am Genick,
> mit Stadt und Steuer, Stube und Fabrik,
> dann pfeift euch eins und denkt dabei:
> Nun grade!
> Frauenstimme:
> Nun grade? Und das bessert das Geschick?
> Schmidt:
> Das Leben ist kein Kuchen.
> Männerstimme:
> Oh, wir wissen!
> Schmidt:
> Ich weiß es auch. Doch hat das Sträuben Zweck?
> Da hilft nur eines: Feste reingebissen!
> Trotzdem! Nun grade!
> Frauenstimme:
> So kommt man vom Fleck?

---

228 GS, Bd. 4, S. 235.

229 GS, Bd. 4, S. 236-237.

230 GS, Bd. 4, S. 235 und S. 243. Das Hörspiel endet mit Kurt Schmidts Appell:
„Denkt an die, die später kommen! (...)
Denkt an sie!“ (S. 243).

Schmidt:
Vom Fleck? Nicht immer. Aber drüberweg.
Es schmeckt nicht gut und nicht nach Schokolade.
Beißt trotzdem rein und denkt dabei:
Chor:
Nun grade!
Schmidt:
So ändert sich das Leben nicht, indes:
Ihr ändert euch und ändert, dadurch, es!“ [231]

„Feste reingebissen!“ steht hier als Perspektive. Ein solch konkretes und jedermann verständliches Bild verhält sich gegenläufig zu einer konkreten Aussage. Denn was soll man nun damit anfangen?
Durch die von Kästner verwendeten Phrasen und Floskeln („jemanden am Genick haben“, „sich eins pfeifen“, „vom Fleck kommen“) mag beim Rezipienten jenes Verbrüderlichungs-Gefühl des *Einer von uns* entstehen, was die grundsätzliche Rat- und Hilflosigkeit des Dichters auf den ersten Blick übertüncht. Der Zukunfts-Ausblick richtet sich nicht auf eine Veränderung der gesellschaftlichen Verhältnisse, sondern lediglich auf eine Veränderung in der *Einstellung* des Einzelnen zu den gesellschaftlichen Rahmenbedingungen - hin zu mehr heiterem Fatalismus.
Auch in Kästners späterer Werk-Phase nach dem zweiten Weltkrieg setzt sich im wesentlichen die Substanzlosigkeit in seinen Schriften fort. Erneut versucht er sich als *Zeitprophet* und *Warner* vor dem kommenden Krieg, wobei er vielfach Motive aus seinen früheren Schriften aufgreift; bei aller Uneinheitlichkeit im Kästnerschen Werk deutet dies auf die einheitliche Fortführung einer Linie.
Als Kabarettautor („Die Schaubude“) steht Erich Kästner in den Nachkriegsjahren im Zuge von Wolfgang Borcherts formulierter „Ankunft zu neuen Ufern“ auf einem Höhepunkt seines Schaffens, doch der pathetische Neubeginn dauert bei ihm nicht lange. Im Jahre 1969 urteilt Kästner rückblickend in einem Interview:

> „Ich habe nur bis 1948 geglaubt, daß es in der richtigen Richtung weitergeht. Aber unter Adenauer ist dann so vieles falsch

---

[231] GS, Bd. 4, S. 239.

> gemacht worden: es gab zum Beispiel keine eigene deutsche Diplomatie, vielmehr wurden nur brav die politischen und sonstigen Wünsche der Amerikaner erfüllt. Gewiß: ohne den Marshallplan und ohne die Tüchtigkeit der Arbeiter wäre der Krieg schließlich doch noch ‚gewonnen' worden. Aber aus der Not gleichzeitig eine Tugend zu machen - das wurde auf der ganzen Linie versäumt.“ [232]

Auch in Interviews - nicht anders als in seinen Schriften - haftet Kästner eine floskelhafte Ausweichhaltung an („in der richtigen Richtung weitergehen“, „etwas falsch machen“, „aus der Not eine Tugend machen“), die, auf sein literarisches Werk bezogen, im fünften Kapitel zur „fatalen Unbestimmtheit des Moralisten“ genauer zu untersuchen ist.
Der zitierte Interview-Teil wurde von uns deswegen gewählt, weil er den resignativen Unterton erklären hilft, der in dem zu Jahresbeginn 1951 verfaßten Einleitungs-Gedicht zu dem in München unter Leitung von Trude Kolman neueröffneten Kabarett „Die kleine Freiheit“ durchdringt:

> „Der Titel des Programms - DIE KLEINE FREIHEIT -
> klingt eigentlich, als wüßten wir Bescheid.
> Der Titel des Programms - DIE KLEINE FREIHEIT -
> stammt nicht von uns. Den Titel schrieb - die Zeit.
>
> Die große Freiheit ist es nicht geworden.
> Es hat beim besten Willen nicht gereicht.
> Aus Traum und Sehnsucht ist Verzicht geworden.
> Aus Sternenglanz ist Neonlicht geworden.
> Die Angst ist erste Bürgerpflicht geworden.
> Die große Freiheit ist es nicht geworden,
> die kleine Freiheit - vielleicht.
>
> Wir sind so frei! Das heißt: Soweit's erlaubt ist.
> Wir sind so frei! (Soweit man's überhaupt ist.)

---

232 Adalbert Reif: „Ich habe schon resigniert. Ein Gespräch mit Erich Kästner zu seinem 70. Geburtstag“. In: Die Tat, 34. Jg., Nr. 45, Zürich, 22. Februar 1969. S. 33.

Wir dürfen wieder zittern, wenn wir frieren.
Wir dürfen staunend vor Geschäften stehn.
Wir dürfen atmen, lachen, vegetieren.
Wir dürfen schimpfen und den Kopf verlieren.
Wir dürfen, wenn's so weitergeht, marschieren.
Wir sind so frei. Wir werden ja sehn.

Der Titel des Programms - DIE KLEINE FREIHEIT -
hat seinen Grund. Sie wissen nun Bescheid.
Der Titel des Programms - DIE KLEINE FREIHEIT -
stammt nicht von uns. Der Autor heißt: DIE ZEIT!." [233]

Kästners zeitnah aufpolierte und allgemeinverständlich gehaltene *Zeitkritik* mit obligatem Kollektiv-Schulterschluß mit der Masse („Wir dürfen wieder zittern, wenn wir frieren. / Wir dürfen staunend vor Geschäften stehn") ist im Grunde überhaupt keine - und steht damit auf derselben Ebene wie die *Zeitkritik* im Frühwerk.
Kästners *Zeitkritik* tendiert mehr in Richtung zeitlose Zeit-Beckmesserei, in der sich ein notorischer und auch mit sich selbst unzufriedener Nörgler frei von Besserungs-Konzepten widerspiegelt.

Von der Außenseiter-Position her läßt sich zwischen dem *Nörgler* Kästner und der Werkfigur des *Nörglers* in Karl Kraus' Tragödie „Die letzten Tage der Menschheit" (1922) eine Parallele erkennen. Der Kraussche *Nörgler* ist allerdings nicht nur - wie Kästner - *Beobachter* der Zeitphänomene, sondern er bemüht sich um Analyse und um eine Einordnung zum Beispiel der militaristischen Auswüchse in breitere politische, gesellschaftliche, philosophische und psychologische Zusammenhänge. Als vergeblicher Fürsprecher einer untergehenden Menschheit bewegt sich der *Kraus-Nörgler* konsequent zwischen krankhaftem Querulanten-

---

233 GS, Bd. 5, S. 175.

tum und moralistischer Clownerie.[234] Die Sprache des *Kraus-Nörglers* wirkt generell kompromißloser als die des *Nörglers* Kästner.[235]

Einen Zwang zum gesellschaftlichen Handeln kann und will sich der Dichter Kästner - immerhin ein selbsternannter Schulmeister - nicht auferlegen. Kästner schreibt, aber er schreibt letztlich nur *gegen etwas*. Sobald er *für etwas* schreibt, versandet alles in abstrakten Gebilden. Fabians verzweifelter Satz

> „Wo ist das System, in dem ich funktionieren kann?“ [236]

scheint als symptomatisch auf Kästners Schriften übertragbar. Gleichermaßen läßt sich auch Kurt Tucholskys Kästner-Kritik weiterverfolgen, der bereits 1930 konstatiert hatte:

> „Er weicht dem Olymp sehr geschickt aus - ich weiß nicht, wie sein Himmel aussieht.“ [237]

Wie nun sähe Kästners „große Freiheit“ aus, zu der es nach dem zweiten Weltkrieg beim besten Willen nicht gereicht hat?
In letzter Konsequenz müßte das heißen, jedes System, grundsätzlich jeden Staat als über- und allmächtigen Unterdrücker und Inhaber von Legislative und Exekutive abzulehnen. Doch auf diesbezügliche Definitionen läßt sich Kästner nicht ein. Aus seinem Blickwinkel klingt lediglich eine generelle Daseinsproblematik an („Wir sind so frei! Das heißt: Soweit's erlaubt ist. / Wir sind so frei! (Soweit man's überhaupt ist.)“). Die Grundsatzfrage nach der Freiheit und seinen Vorstellungen davon kann Kästner nicht beantworten; in seinen unklaren und unstrukturierten Idealen geht er nicht soweit, die Existenz von Grenzen, Währung, Infra-

---

[234] Vgl. dazu auch Manfred Schneider: Die Angst und das Paradies des Nörglers. Versuch über Karl Kraus. Frankfurt/M 1977. S. 18.

[235] Ich nenne ein Beispiel aus dem ersten Akt, 29. Szene: „Die deutsche Bildung ist kein Inhalt, sondern ein Schmückedeinheim, mit dem sich das Volk der Richter und Henker seine Leere ornamentiert.“ (S. 200 in folgender Ausgabe: Karl Kraus: Die letzten Tage der Menschheit. Frankfurt/M 1986).

[236] GS, Bd. 2, S. 42-43.

[237] Kurt Tucholsky: „Auf dem Nachttisch“, a.a.O. S. 860.

struktur usw. als Beschneidungsfaktoren der Freiheit in Frage zu stellen. So reduziert sich bei Kästner vieles auf ein Wettern gegen (politische) Verantwortungsträger und Militarismus, gegen Charakterlosigkeit und *Dummheit* - ganz so wie im Frühwerk und als Wahl des bequemsten Weges für den, der sich trotz populärer Strophen einer wahren Verantwortungsübernahme entzieht und sich sein Verhältnis zur Wirklichkeit gerade so zurechtschiebt, wie er es passend findet.
Allerdings hat Kästner in den „Nachträglichen Vorbemerkungen“ zu Beginn seines Auswahlbandes „Die kleine Freiheit“ (1952) Industrielobby und Wiederaufrüstungsbestrebungen vergleichsweise konkret angeprangert und sich in seinem *zyklischen* Weltbild und Geschichtsverständnis bestätigt gesehen:

> „Wir hatten gemeint, sie (Anm.: die Volksvertreter, AD) kehrten ihre Gesichter der Zukunft zu. Das war ein fundamentaler Irrtum gewesen. Was wir für ihre Gesichter gehalten hatten, waren Masken. Die Gesichter selber blickten sehnsüchtig in die Vergangenheit. Dort leuchteten ihre Ideale, und dort winkten die Geschäfte. Dort leuchten die Ideale, und dort winken die Geschäfte. (...)
> Mit der Entflechtung der Konzerne und der Demontage der Rüstungswerke begann es. Mit der Rückgabe des Kruppschen Vermögens und dem Bau ‚europäischer' Kasernen hörte es auf. Hörte es auf? Im laufenden Geschäftsjahr unserer Republik ist für den Kasernenbau zwischen Rhein und Elbe eine Summe vorgesehen worden, mit der statt dessen vierhunderttausend Wohnungen errichtet werden könnten. (...)
> Man baut Flugzeuge und Panzer nicht, um sie eines Tages fabrikneu zu verschrotten. Solch eine Fehlinvestition kann sich kein Kanonenkönig und kein Kanonenpräsident leisten.“ [238]

Mit Militarismus und Aufrüstung lehnt Kästner einerseits Bestrebungen des *Staates* ab, spricht sich aber implizit für andere Vorhaben *jenes*

---

[238] GS, Bd. 5, S. 178.

Staates aus (hier Wohnungsbau), der allgemein die „große Freiheit" unterdrückt.
Wie eine anzustrebende Gesellschaftsreform für Kästner aussieht und sich die Rolle des Einzelnen in der Gemeinschaft definieren sollte, erfährt man bei ihm nicht. Ein Gegenbeispiel bietet Alfred Döblin mit seiner in diesem Kapitel bereits besprochenen Schrift „Wissen und Verändern!" (1931). Döblin ging es auch darum, politisch Farbe zu bekennen; mit den angeführten Leitvorgaben „Freiheit, spontaner Zusammenschluß der Menschen, Ablehnung jeden Zwanges, Empörung gegen Unrecht und Zwang, Menschlichkeit, Toleranz, friedliche Gesinnung"[239] sollte das Bewußtsein für den zu erreichenden Sozialismus geschaffen werden. Soweit hätte Kästner niemals gehen wollen noch können. Unverbindlicher war für ihn auch im späteren Werk der Rückzug auf die Rolle des *Warners* und *Mahners* vor dem kommenden Kriege („Man baut Flugzeuge und Panzer nicht, um sie eines Tages fabrikneu zu verschrotten" [240]); dies war auch im Einleitungs-Gedicht zur „Kleinen Freiheit" angeklungen („Wir dürfen, wenn's so weitergeht, marschieren").
Hier knüpft er nahtlos an seine dem Frühwerk immanenten Appelle und an seine *Prophylaxe-Arbeit* an - in der Gewißheit, daß sich seine Prophezeiungen irgendwann im Verlauf der Geschichte aufs Neue bewahrheiten.

Kästner als *Zeitpropheten* trifft man jedoch nicht nur in seinen Erwachsenen-Schriften, sondern auch im Kinderbuch „Die Konferenz der Tiere" (1949). Hier präsentiert der Autor die häusliche Idylle einer Löwenfamilie im Zusammenhang mit düsteren Zukunftsaussichten:

> „Als Alois ins Schlafzimmer trat, riefen seine Kinder: ‚Bitte, bitte, lies uns noch was vor!' Da griff der Vater zum ‚Allgemeinen Sahara-Anzeiger', sagte: ‚Seid schon still!' und las: ‚Vier Jahre nach dem Krieg, der die halbe Welt zerstört hat, und dessen

---

[239] Alfred Döblin, a.a.O. S. 141.

[240] GS, Bd. 5, S. 178. Glücklicherweise ist diese rhetorische Prognose Kästners in historischem Ablauf mit den Verschrottungsaktionen von Waffenarsenalen und Panzern widerlegt worden.

> Folgen auch heute noch nicht abzusehen sind, kursieren bereits Gerüchte von einem neuen Kriege, der sich heimlich vorbereite und nächstens...'
> ‚Höre sofort auf, Alois!' rief da seine Frau. ‚Still! Das ist nichts für kleine Löwen!' " [241]

Auch das Kabarett-Chanson „Solo mit unsichtbarem Chor" (1952) rollt die Thematik des dritten Weltkriegs in zyklischem Verständnis wieder auf:

> „General: (...)
> Wir kommen, sehn und siegen
> in ziemlich allen Kriegen,
> ganz wurscht, unter welcher Regierung.
> Das ist eine Frage der Führung.
> Na also und hurra:
> Drum sind wir wieder da.
> (...)
> Hauptsache, daß wir wieder Ordnung kriegen.
> Und daß wir wieder gegen England fliegen.
> (...)
> Hauptsache, daß wir wieder Ordnung kriegen.
> Und das deutsche Rückgrat wieder gradebiegen.
> Und daß wir wieder mal richtig liegen.
> Und, wenn es sein muß, zum drittenmal siegen!" [242]

Nicht nur in Kabarett-Texten hat sich Kästner in satirischer Überspitzung mit dem dritten Weltkrieg auseinandergesetzt, sondern auch in Reden und Text-Beiträgen. 1954 plädiert er in einer Rede in München dafür, der Jugend Vorbilder zu schaffen, „bevor der Hahn zum dritten Male kräht" [243]. Und in seinem Vorwort zu einem 1956 publizierten

---

241 GS, Bd. 7, S. 342.
242 GS, Bd. 5, S. 212-213.
243 GS, Bd. 5, S. 519.

Kästner-Auswahlband tritt er einmal mehr als selbsternannter *Warner* auf den Plan:

> „Dieses Taschenbuch enthält Arbeiten aus etwa dreißig Jahren. Die Auswahl reicht von Anklagen gegen die Nachlaßverwalter des ersten bis zu Warnungen vor den Formgestaltern des dritten Weltkrieges." [244]

In dem zitierten Chanson „Solo mit unsichtbarem Chor" greift Kästner mit dem „Rückgrat" als dem Symbol der Unterwürfigkeit eines seiner beliebtesten Frühwerk-Motive wieder auf.[245] Seine satirischen Oberflächen-Warnungen wiederholen und präsentieren sich ähnlich blutarm wie im Frühwerk.

Kästners generelles Sich-gemütlich-Machen auf dem wissentlich verlorenen Posten hat auch bei einigen Zeitgenossen in späteren Jahren Unmut hervorgerufen. In ihrer „Anfrage an Erich Kästner" (1953) bringt Ruth von Büren die Kästnersche Haltung mit ihren rhetorischen Fragen treffend auf den Punkt. Hintergrund ihres Ärgers gegenüber Kästner war dessen Ablehnung, den Stockholmer Appell gegen die Atombombe zu unterschreiben.

> „Glauben Sie auch heute noch, daß es genügt, wenn man satirisch auf die Folgen des Krieges hinweist, die sich durch die Fortschritte der Technik von Mal zu Mal verschärfen? Sollte man nicht lieber einen Ausweg zeigen? " [246]

---

[244] GS, Bd. 5, S. 540.

[245] Das „Rückgrat"-Motiv im Frühwerk findet sich beispielsweise in den Gedichten „Hymnus an die Zeit" (GS, Bd. 1, S. 45) und „Kennst du das Land, wo die Kanonen blühn?" (GS, Bd. 1, S. 56).

[246] Ruth von Büren: „Anfrage an Erich Kästner". In: Neue deutsche Literatur, 1. Jg., Heft 2, Berlin-Ost 1953. S. 203-204. Hier S. 204.
Zumindest im Jahre 1961 hat Kästner jene von Ruth von Büren geforderte gegenwartsbezogene Aktivität beherzigt. Unter dem Motto des Ostermarsches 1961 „Keine Experimente. Keine Atomrüstung. Wir protestieren gegen die atomare Bewaffnung der Bundeswehr" fungierte Kästner als Redner auf dem Königsplatz in München und appellierte dabei an den „gesunden Menschenverstand". Den Wortlaut dieser An-

Einen Ausweg hat Kästner nie gezeigt, obgleich ihn die Militarismus- und Kriegs-Thematik auch im Spätwerk weiter beschäftigt hat, wie das Theaterstück „Die Schule der Diktatoren“ (1956) und sein Journal der letzten Monate des zweiten Weltkriegs, „Notabene 45“ (1961), belegen. Ähnlich wie im Frühwerk, so sucht Kästner auch in jenen Jahren *seelische Entlastung*: Dies zeigt die Parallelproduktion von Erwachsenenschriften und Kinderbüchern. Der Autor flüchtet von der Welt der Erwachsenen in die Welt der Kinder („Don Quichotte“, Bilderbuch, 1956, und „Als ich ein kleiner Junge war“, 1957, als Kontraste zu „Die Schule der Diktatoren“; „Gullivers Reisen“, 1961, sowie „Das Schwein beim Friseur“, 1962, als Kontraste zu „Notabene 45“).

Erich Kästners zeitferne *Zeitkritik* kulminiert im Spätwerk in seinem Theaterstück „Die Schule der Diktatoren“, dessen Titel nicht zufällig mit Ignazio Silones gleichnamigen Buch aus dem Jahre 1938 übereinstimmt.[247]

Während Silone allerdings die Schulung des künftigen Diktators von Amerika, Mister Döbbl Juh, in ein konkretes politisches Umfeld einbettet und in jenem Jahre 1938 die Diktatoren Hitler, Mussolini und Stalin auf schärfste Weise und politisch fundiert mit satirischen Spitzen attackiert, weicht Kästner in die Zeitenthobenheit aus. Im Mittelpunkt seiner *Komödie* steht die Thematik vom ewigen Fortbestand und der Auswechselbarkeit von Diktatoren im Zeitalter fortgeschrittener Technik. Während sich Ignazio Silone unter anderem in einer Analyse des Erfolges des Faschismus in Deutschland und Italien versucht, setzt Kästners zeitloses Stück dort ein, wo sich eine Diktatur längst etabliert hat.

---

sprache findet man unter anderem in Deutscher Taschenbuch-Verlag: Erich-Kästner-Zeitung. Zum 90. Geburtstag des Autors (1899-1974). München 1989.

247 Ignazio Silone: Die Schule der Diktatoren. Zürich, New York 1938.
Die Grundidee einer Diktatoren-Schulung scheint sich Kästner bei Silone geholt zu haben, ohne daß er es direkt ausspricht. Im Zusammenhang mit der Thematik des Terrors hatte Kästner in seinem Zeitungsartikel „Wert und Unwert des Menschen“ (1946) Silones Definition von Terror in dessen Buch „Die Schule der Diktatoren“ eingehend zitiert (GS, Bd. 5, S. 63 f.).

Kästners von moralisierender Abstraktheit gekennzeichnetes Werk „Die Schule der Diktatoren“ entspricht der allgemeinen Tendenz in jener Epoche:

> „Literatur und Politik - in der Geschichte der Bundesrepublik Deutschland waren sie niemals weiter voneinander entfernt als in den fünfziger Jahren.“ [248]

Ralf Schnell spricht davon, daß es in jener Zeit kein (west-)deutsches Drama von Rang gegeben habe.[249] In diesen Jahren des deutschen Wirtschaftswunders schien das soziale Klima der Entwicklung eines Dramas in Westdeutschland nicht eben günstig:

> „(...) eine Zeit der Wirtschaftsblüte und des Prosperitätsdenkens, eine Zeit des Wiederaufbaus und der Verdrängung, noch durchaus befangen im Spannungsfeld von Befreiung und Niederlage und doch schon wieder bestimmt von den Konstellationen des Kalten Krieges, gleichermaßen realitätstüchtig und antikommunistisch, die Zeit der ‚skeptischen Generation' (Helmut Schelsky) - aber nicht die eines kritischen Dramas.“ [250]

Erst in den sechziger Jahren sollte sich das Panorama mit einer Politisierung der Literatur und mit der Herausbildung des Dokumentartheaters ändern.[251] Zu den bedeutendsten Stücken gehören „Der Stellver-

---

[248] Wolfgang Bentin u.a.: Deutsche Literaturgeschichte. Von den Anfängen bis zur Gegenwart. Stuttgart 1979. S. 449.

[249] Ralf Schnell: Die Literatur der Bundesrepublik. Autoren, Geschichte, Literaturbetrieb. Stuttgart 1986. S. 136.
Bei der pauschalen Negativ-Wertung muß man in bezug auf das deutsch*sprachige* Drama die Schweizer Friedrich Dürrenmatt („Der Besuch der alten Dame“, 1956) und Max Frisch („Biedermann und die Brandstifter“, 1958) als Ausnahmen ansehen.

[250] Ralf Schnell, a.a.O. S. 138.

[251] Die Veränderungen in der literarischen Landschaft in den sechziger Jahren liegen in der wachsenden kritischen Distanz zur Ideologie der Adenauer-Zeit, zu Wirtschaftswunder-*Gläubigkeit* und Restauration begründet.
Ralf Schnell (a.a.O. S. 179) schlußfolgert: „Die Autoren versuchen, sich mit ihren Mitteln - den Mitteln künstlerischer, dramatischer Verarbeitung von Wirklichkeit - ihrer

treter“ von Rolf Hochhuth (1963), „In der Sache J. Robert Oppenheimer“ von Heinar Kipphardt (1964) und „Die Ermittlung“ von Peter Weiss (1965). Eine deutliche Parallele zu Kästners „Schule der Diktatoren“ weist indes die Komödie „Das Gesicht“ von Siegfried Lenz (1964) auf. Auch bei Lenz geht es um eine Diktatur und um politisch-moralische Abstraktion; eine bühnengerechte Umsetzung der Problematik in Gestalten, dramatischer Handlung und Dramaturgie erfolgt nicht.[252]

In den fünfziger Jahren präsentiert sich Kästners „Schule der Diktatoren“ als ein zeitenthobenes Stück, dessen Wirkungslosigkeit und Mißerfolg der Autor geahnt zu haben schien, wie seine vorbeugende Vorbemerkung im Buch belegt:

> „Dieses Buch ist ein Theaterstück und könnte für eine Satire gehalten werden. Es ist keine Satire, sondern zeigt den Menschen, der sein Zerrbild eingeholt hat, ohne Übertreibung. Sein Zerrbild ist sein Portrait. Kann ein solches Stück herkömmlich dankbare Rollen haben? Nein. Einen nuancierenden, die Figuren unterscheidenden Dialog? Nein. Eine Entwicklung der Charaktere? Nein. Tragische Konflikte? Nein. Dergleichen läßt der degradierte und auf den Hinterbeinen tanzende Mensch nicht zu. Größe und Schuld, Leid und Läuterung, Wahrzeichen einer edlen Dramaturgie, liegen im Staub. Man muß es beklagen, doch zuvor muß man es bemerken.“ [253]

Ein - gleichsam das Weltgeschehen überschauender - Autor gibt vor, sein Stück als Experiment angelegt zu haben. Damit ist vorab die *Schuldfrage* geklärt. Sollte das Werk auf Bühnenbrettern durchfallen, was es tat, trägt die Masse Mensch Schuld und nicht der spitzfindige, außenstehende Autor.

Gegenwart und der jüngsten Vergangenheit zu stellen. Hierbei geht es ihnen nicht um eine bloße Abbildung von Realität, um deren bühnentechnisch wirksam aufbereitete Abschilderung, sondern es geht, wie Rolf Hochhuth sagt, um deren projektive Veränderung: ‚Politisches Theater kann nicht die Aufgabe haben, die Wirklichkeit - die ja stets politisch ist - zu reproduzieren, sondern hat ihr entgegenzutreten durch die Projektion einer neuen.' “

[252] Vgl. dazu auch Wolfgang Bentin u.a., a.a.O. S. 466.

[253] GS, Bd. 4, S. 9.

Mit „Die Schule der Diktatoren“ weicht Kästner vom Vorsatz Bertolt Brechts ab, die heutige Welt den heutigen Menschen als eine veränderbare Welt zu beschreiben[254]. Im Gegensatz dazu weisen Kästners Vorbemerkungen eher in Richtung Friedrich Dürrenmatt, der - anders als der epische Dramatiker Brecht - nicht an die Möglichkeiten des Theaters glaubte, zu veränderndem, eingreifendem Handeln beitragen oder auch nur anregen zu können („Die Dramatik kann den Zuschauer überlisten, sich der Wirklichkeit auszusetzen, aber nicht zwingen, ihr standzuhalten oder sie gar zu überwältigen“)[255].

In seiner Rede anläßlich der Verleihung des Schiller-Preises 1959 hat Friedrich Dürrenmatt die - auch in Richtung der Kästnerschen „Schule der Diktatoren“ weisende - Problematik bezüglich Position und Intention des Autors angesprochen:

> „Doch an dieser Stelle ist nun die Frage berechtigt, ob diese Haltung denn genüge, ob nicht gerade die Erkenntnis, daß sich die Welt in einem schlechten Zustand befinde, nicht nur die Einsicht voraussetze, wie die Welt sein sollte, sondern auch moralischerweise den Hinweis notwendig mache, auf welche Weise die Welt wieder in Ordnung kommen könne, und ob dieser Hinweis dann nicht die Aufforderung in sich schließen müsse, diesen Weg auch zu beschreiten. Wird aber diese Frage bejaht, genügt es nicht, die Welt als ungerecht zu beschreiben. Sie muß dann als eine veränderbare Welt beschrieben werden, die wieder in Ordnung kommen kann und in welcher der Mensch nicht mehr ein Opfer zu sein braucht. Ist dies aber so, verwandelt sich der Schriftsteller aus einem Rebellen in einen Revolutionär.“ [256]

In Richtung des Revolutionären und der gesellschaftspolitischen Wirksamkeit konnte und wollte Kästner nicht gehen.

---

254 Zitiert nach Ralf Schnell, a.a.O. S. 179.

255 Zitiert nach Ralf Schnell, a.a.O. S. 187.

256 Friedrich Dürrenmatt: „Friedrich Schiller“. In: Literatur und Kunst. Essays und Reden. Band 26 der Werkausgabe in 30 Bänden. Zürich 1980. S. 91-92.

Doch was beabsichtigte der Autor mit einem bühnenunwirksamen und für die Gegenwart bedeutungslosen Theaterstück, in dem sich die Dürrenmattsche Forderung nicht erfüllte, in der Dramatik „Gestalt, Konkretes zu schaffen“ [257]?

Klischees, Oberflächlichkeit, Verweigerung der Einsicht in konkrete Realitäten unter beharrlichem Ausschluß von Handlungseinsichten und die Unklarheit, was der *Held* des Stückes, der in die *Schule der Diktatoren* eingeschleuste Rebell, überhaupt will, bis auf „ein bißchen Glück“ [258]: Hier finden sich die Elemente Kästnerscher *Zeitkritik* aus frühen und späten Werkjahren vereint.

Insbesondere auf Klischees und Realitätsferne in „Die Schule der Diktatoren“ zielt die Kritik von Carl Amery (1957):

> „Seine Tragikomödie ist nichts anderes als in Handlung gewikkeltes Traditions-Kabarett von der alten ‚Schaubuden'-Sorte, die praktisch alle deutschen Nachkriegs-Kabaretts aus sich entließ. Ihre Typologie stammt aus den Zwanziger- und Dreißigerjahren. Hier, In Kästners Stück, ist sie fast restlos vertreten: die bitterwitzigen Sarkasmen; die zivilcouragiert geballten Appelle an die bürgerliche Wachsamkeit; die machttrunkenen Generäle, die so gescheit-macchiavellistisch daherreden, wie sie das nie im ‚Leben' fertigbrächten; die ausgefranste Salondame; ja und auch die Mädchen mit der generös gebotenen Haut und den bitteren Falten um den Küssemund, die plötzlich so viel wissen über Männer, über das Leben und die böse Politik.
>
> Das Kabarett - und Kästner - müssen gelegentlich damit konfrontiert werden, daß das nicht mehr ankommt.“ [259]

Noch aufschlußreicher ist Carl Amerys Brückenschlag zwischen Kästners Theaterstück und den gesellschaftspolitischen Realitäten jener Epoche in den fünfziger Jahren. In Amerys Augen war Kästner kein

---

[257] Friedrich Dürrenmatt: „Theaterprobleme“ (1954). In: Theater. Essays und Reden. Band 24 der Werkausgabe in 30 Bänden. Zürich 1980. S. 60.

[258] GS, Bd. 4, S. 89.

[259] Carl Amery: „Das Dilemma des wachsamen Schulmeisters“. In: Frankfurter Hefte, 12, 1957. S. 444-445, hier S. 444.

scharfsinniger Analytiker seiner Zeit, was unsere These stützt, daß Kästner insgesamt weder als *Zeitkritiker* noch als *Zeitprophet* bezeichnet werden darf:

> „Seit 1945 ist die Diktatur wieder aus einem anderen Territorium zu erwarten - aus dem riesigen neuen Gelände, das durch Termini wie ‚human relations', Konsumzwang, Manipulation des Sicherheitsbedürfnisses abgesteckt werden müßte. In dieses Territorium reichen Kästners Haubitzen so gut wie garnicht.“ [260]

Carl Amerys Urteil ist bezeichnend für die überwiegende Ablehnung des im Februar 1957 in den Münchener Kammerspielen uraufgeführten Stückes im Spiegel der Kritik.[261] Später ist die Tragikomödie nur an wenigen deutschsprachigen Bühnen auf dem Spielplan erschienen.

---

[260] Carl Amery, a.a.O. S. 445.

[261] Nach der Uraufführung bemängelte W.E. Süskind, *das* aufrüttelnde Zeitstück sei es nicht geworden („ ‚Die Schule der Diktatoren'. Erich Kästner-Uraufführung in München“ in „Deutsche Zeitung und Wirtschaftszeitung“, 2. März 1957).
Heinz Rode wertete das Werk als verlängerten Kabarettsketch mit makaberem Pessimismus und bohrender Monotonie („Kästners düsteres Panoptikum“ in „Stuttgarter Nachrichten“, 28. Februar 1957, S. 5).
Der Rezensent der „Stuttgarter Zeitung“ sah die „Schule der Diktatoren“ auf dem Grunde des Nihilismus versinken („Die Präsidentenfabrik“, 27. Februar 1957).
H. Lehmann urteilte, ein wirkliches Theaterstück sei diese blutige Burleske mit Kabarett-Einlagen nicht geworden („ ‚Die Schule der Diktatoren'. Erich Kästners Theater-Debut“ in „Deutsche Korrespondenz Bonn“, 7. Jg., Nr. 10, 9. März 1957).
Positiver stufte Wolfgang Drews das Kästnersche „Gleichnis auf realer Basis“ ein: „(...) ein Mahnruf vom Katheder, von ehrlicher Sorge erhoben, durch Witz und Phantasie verziert“ („Kästners politische Hausapotheke“ in „Frankfurter Allgemeine Zeitung“, 28. Februar 1957).
Der Kritiker der „Zeit“ appellierte im Sinne Kästners an die Leser: „Es muß vielmehr dem allgemeinen Bewußtsein immer wieder eingehämmert werden, wie sehr das Phänomen der Diktatur mehr oder weniger latent dem Daseinsmechanismus der technisierten und technisch organisierten Nützlichkeitswelt notwendig zugehört.“ („‚Schule der Diktatoren'. Erich-Kästner-Uraufführung“, Nr. 10, 7. März 1957).
Ein zwiespältiges Urteil hinterließ das Stück auch bei einer Inszenierung im Januar 1969 in Darmstadt.
Dieter Schnabel sah dieses Lehrstück für Erwachsene als immer noch aktuelles, satirisch-kabarettistisches Political („Dressierte Menschen. Kästners ‚Schule der Diktatoren' im Landestheater Darmstadt“ in „Stuttgarter Nachrichten“, 28. Januar 1969).

Erich Kästner hat mit der „Schule der Diktatoren" - vor dem Hintergrund des zyklischen Weltbilds und Geschichtsverständnisses - seinen *prophetischen Ausblick* in seinem Schlußwerk als *Zeitkritiker* gewissermaßen auf Abruf gesetzt.
Kästners Gedankentheater war geknüpft an seine Spekulation auf eine langlebige Beständigkeit. Die heißt: Sobald realgeschichtlich eine neue Diktatur hervortritt, kann der Schriftsteller auf seinen Text und seine *zeitprophetischen Gaben* verweisen.

Konnte und kann die „Schule der Diktatoren" mit ihren namenlosen, überzeichneten Klischee-Figuren und grotesken Situationen[262] grundsätzlich einen Beitrag zur Besserung des Menschengeschlechtes leisten?
Wir behaupten, daß es Kästner nur beiläufig um einen derartigen Beitrag auf dialektischer Ebene ging. Die eigentliche Intention des Autors scheint tiefer gelegen zu haben und auf sich selbst projiziert gewesen zu sein.

Schauen wir uns zunächst den Inhalt des von Kästner als „Komödie" bezeichneten Stückes an:
Ein Diktator ist ermordet worden. Die schurkischen Umfeld-Verantwortlichen setzen einen Doppelgänger ein. Die Marionette wird bei Bedarf ausgewechselt. Nachschub kommt aus der Duplikat-Schule des Professors, doch hat sich dort ein getarnter Freiheitstribun („der Siebente") eingeschlichen, der sich an die Spitze einer Verschwörung stellt. Die alten Machthaber werden gestürzt, doch die Mitverschwörer stellen sich gegen den Siebenten. Der Rebell wird nach seiner Rundfunkansprache an die Bevölkerung ermordet[263], und die nächste Diktatur etabliert sich.

Georg Hensel monierte: „Der bloßen Pointen zuliebe, daß Diktatoren auswechselbar seien - sie sind es, wie die Historie lehrt, nicht - hat Kästner die Treffsicherheit seiner Parabel geopfert." („Die Welt", 24. Januar 1969, S. 17).

262 Das bezeichnendste Beispiel ist das Totbeißen des für die Diktatoren-Schule hauptverantwortlichen Professors durch eine Prostituierte (GS, Bd. 4, S. 70).

263 Völlig unverständlich ist die Interpretation von Nicola Leibinger-Kammüller (a.a.O. S. 119): „Aus Verzweiflung über die Erfolglosigkeit seines Handelns begeht der gescheiterte Rebell schließlich Selbstmord."

Der Siebente war für die neuen System-Lenker - laut Kästner - „nur das Vehikel“ und „ihr Trojanischer Esel“[264].

Kästners werkdurchgängige Vorgehensweise, *gegen etwas* anzugehen, ohne klare Ideen einzubringen, wie das Neue aussehen soll, ist in der „Schule der Diktatoren“ anhand der Werkfiguren beibehalten.

In seiner zweiten Rundfunkansprache, deren Übertragung von den kommenden neuen Machthabern verhindert wird, gibt der Siebente seine Ziele bekannt:

> „Zwanzig Jahre meines Lebens habe ich für diese Stunde aufs Spiel gesetzt. Nun steh ich hier, und sie ist schon vorüber? Was hab ich gewollt, und was will ich noch? Ein bißchen Glück für die meisten. Ein wenig Ruhe. Ein Eckchen Freiheit. Ist das denn viel? Mir liegt nichts an der Macht. Ich will nicht herrschen. Ich will mich nicht bereichern. Ich will keine Denkmäler. Trotzdem muß ich die Macht, gegen meinen Willen, wollen. Weil ich sie nicht mißbrauchen werde. Ich bin der einzige Mensch, den ich genau kenne und von dem ich sicher weiß, daß er sein Wort halten wird.“ [265]

Des Siebenten Aufbruch zu neuen politischen Ufern mit ihm an der Spitze bleibt in seinen Zielvorstellungen und Lösungsmöglichkeiten verschwommen. Auch in der ersten übertragenen Rundfunkrede ans Volk hatte der Rebell kein klares (politisches) Konzept für die Zukunft erkennen lassen:

> „Unsere vornehmste Aufgabe wird sein, Freiheit und Ordnung wieder ins Gleichgewicht zu bringen. (...)

Schon in Kästners Vorbemerkungen (GS, Bd. 4, S. 9) ist nachzulesen, daß es sich nicht um Selbstmord, sondern um Mord handelt. Mörder ist der Inspektor, einer der Helfer beim Umsturz (siehe GS, Bd. 4, S. 91).

264 GS, Bd. 4, S. 9.

265 GS, Bd. 4, S. 89.

> Das ist keine Redensart. Es ist kein frommer Wunsch, sondern eine Notwendigkeit. Als Gegengabe erwarten uns das Vertrauen des Volks und der Völker.“ [266]

Der Tod des idealistischen Volkstribunen steht als logische Konsequenz in Kästners Stück. Als Resümee und Fazit bleiben: Aktives Handeln und Widerstand in einem von Korruption und Opportunismus geprägten totalitärem System sind zwecklos.

Hier nun schließt sich die Frage nach der eigentlichen Intention Kästners an. Ausgehend von Kurt Beutlers Einschätzung, Kästner habe die realgeschichtliche Epoche des Nationalsozialismus künstlerisch verarbeitet[267], läßt sich diese These aus ganz anderer Sicht weiterverfolgen.

Es scheint nicht gewagt, die „Schule der Diktatoren“ als das große Theaterstück Kästnerscher Selbstrechtfertigung seines Handelns bzw. Nicht-Handelns zu Zeiten der NS-Herrschaft einzuordnen.

Darauf deutet auch Kästners Essay „Die Dramaturgie des Dramas und das Drama der Dramaturgie - Notizen beim Entwerfen eines Theaterstückes“ (1958), in dem er zu dem Schluß gelangt:

> „Jedes Drama hat seine eigene Dramaturgie, und eine allgemeinere gibt es nicht.
> Jedes Theaterstück ist, was sonst und außerdem es sein mag, ein zur einmaligen Verwendung errichtetes Kaudinisches Joch. Wer hat es ersonnen? Der Autor. Wer hat es errichtet? Der Autor. Für wen? Für sich selbst.“ [268]

---

[266] GS, Bd. 4, S. 73. Als Maßnahmen proklamiert der Siebente die sofortige Freilassung der politischen Gefangenen (S. 73), Beratung und Verabschiedung des im Exil entworfenen Entschädigungsgesetzes und Wahlgesetzes (S. 73), Versammlung aller unter der Diktatur abgesetzten Beamten und aller Funktionäre der aufgelösten Parteien und Gewerkschaften (S. 74), Verhängung eines Urteils der Klugheit über die verbrecherischen Mitglieder des bisherigen Kabinetts (S. 75) und - bis auf weiteres - die Amtsausübung der bisherigen Landräte, Bürgermeister, Richter und Lehrer (S. 76).

[267] Kurt Beutler, a.a.O. S. 145.

[268] GS, Bd. 5, S. 570.

Seinen großen autobiographischen Roman der Jahre 1933 bis 1945 hat Kästner - entgegen seinen Ankündigungen[269] - nie geschrieben. So scheint die „Schule der Diktatoren“ *für sich selbst* geschrieben und auf ihn selbst gerichtet.

In seiner Rede „Über das Verbrennen von Büchern“ (1958) ist der direkte und thematisch einheitliche Bezug zwischen seiner eigenen Position in bezug auf die Epoche des NS-Regimes und jener Intention zu erkennen, die der „Schule der Diktatoren“ zugrunde gelegen haben schien:

> „Ich habe mich, damals schon und seitdem manches Mal gefragt: ‚Warum hast du, am 10. Mai 1933 auf dem Opernplatz in Berlin, nicht widersprochen? Hättest du, als der abgefeimte Kerl eure und auch seinen Namen in die Mikrophone brüllte, nicht zurückschreien sollen?' Daß ich dann heute nicht hierstünde, darum geht es jetzt nicht. Nicht einmal, daß es zwecklos gewesen wäre, steht zur Debatte. Helden und Märtyrer stellen solche Fragen nicht. (...)
> Ich war nur passiv geblieben. Auch damals und sogar damals, als unsere Bücher brannten. Ich hatte angesichts des Scheiterhaufens nicht aufgeschrien. Ich hatte nicht mit der Faust gedroht. Ich hatte sie nur in der Tasche geballt. Warum erzähle ich das? Warum mische ich mich unter die Bekenner? Weil, immer wenn von der Vergangenheit gesprochen wird, auch von der Zukunft die Rede ist. Weil keiner unter uns und überhaupt nie-

---

269 Vgl. dazu Helmut Brühl: „Ein Gespräch mit Erich Kästner“. In: Der Standpunkt, Heft 5, 1946, S. 17. Befragt nach seinen Plänen für die Zukunft, kündigte Kästner in diesem Interview an: „Ich möchte gerne wieder Theaterstücke schreiben, da wir schließlich auf diesem Gebiet dringend etwas Neues brauchen. Besonders aber liegt mir ein großer Roman am Herzen. Es wird ein umfangreiches autobiographisches Werk werden, das sich mit den letzten zwölf Jahren befaßt.“
Zu diesen seinen Absichten nimmt er 1961 in seinen Vorbemerkungen zu „Notabene 45“ (a.a.O. S. 11) rückblickend Stellung: „Mit anderen Worten, ich dachte an einen großen Roman. Aber ich habe ihn nicht geschrieben. Ich kapitulierte aus zwei Gründen. Ich merkte, daß ich es nicht konnte. Und ich merkte, daß ich's nicht wollte.“
Ein *umfangreiches autobiographisches Werk* hätte sich auch mit Kästners Position als *verbotener Schriftsteller* beschäftigen müssen, was für ihn eine recht zweischneidige Angelegenheit geworden wäre.

> mand die Mutfrage stellen kann, bevor die Zumutung an ihn herantritt. (...)
> Im modernen undemokratischen Staat wird der Held zum Anachronismus. Der Held ohne Mikrophone und ohne Zeitungsecho wird zum tragischen Hanswurst. Seine menschliche Größe, so unbezweifelbar sie sein mag, hat keine politischen Folgen. Er wird zum Märtyrer. Er stirbt offiziell an Lungenentzündung. Er wird zur namenlosen Todesanzeige." [270]

Die Rede besitzt durch die Aufnahme in die Gesammelten Schriften und die enthaltenen verallgemeinernden Züge im doppelten Sinne weit mehr als nur Tagescharakter. Die Ausführungen deuten auf Kästners Haltung und auf die „Schule der Diktatoren", in der der Autor das Aufbegehren eines Idealisten während einer Gewaltherrschaft als hoffnungsloses Unterfangen weiterführend ausgestaltet hatte: Courage zur falschen Zeit und am falschen Platz führt zwangsläufig in den Tod.
Damit hat Kästner gleichzeitig leitmotivisch an den „Fabian"-Roman und an die von Fabian verzweifelt gestellte und alles entscheidende Frage „Wo ist das System, in dem ich funktionieren kann?" [271] angeknüpft. Fabians erster Übertritt beim Verlassen des passiven Beoachter-Postens hin zum aktiven Handeln war gleichsam tragisch verlaufen:

> „Fabian ging über eine Brücke.
> Plötzlich sah er, daß ein kleiner Junge auf dem steinernen Brükkengeländer balancierte.
> Fabian beschleunigte seine Schritte. Er rannte.
> Da schwankte der Junge, stieß einen gellenden Schrei aus, sank in die Knie, warf die Arme in die Luft und stürzte vom Geländer hinunter in den Fluß. (...)
> Da zog er (Anm.: Fabian, AD) die Jacke aus und sprang, das Kind zu retten, hinterher. (...)
> Der kleine Junge schwamm heulend ans Ufer.

---

[270] GS, Bd. 5, S. 577-578.
[271] GS, Bd. 2, S. 42-43.

Fabian ertrank. Er konnte leider nicht schwimmen.“ [272]

Fabian vermochte weder gegen noch mit dem Strom der Zeit zu schwimmen. Er versinkt im Glauben an die Kinder in der Natur. Natur und Kinder waren für Kästner immer wieder thematische Rückzugsgebiete seiner Weltflucht.
Ob im „Fabian“, in den Gedichten oder schlußendlich in „Die Schule der Diktatoren“: Ein ums andere Mal hat man es mit Kästners gestalteter (eigener) Ratlosigkeit und Hilflosigkeit zu tun. Diese Gestaltung erreicht mit der„Schule der Diktatoren“ als Stück mit dechiffrierbarem Selbstrechtfertigungscharakter sowie der Einbettung in einen zeitlos-abstrakten und unverbindlichen Rahmen in Kästners Schriften einen offenen Schluß.

Als *Zeitkritiker* und *Zeitpropheten* darf man Kästner nicht benennen, sondern muß ihn als einen *Zeitschreiber*[273] ansehen. Wir wenden uns nachdrücklich gegen die bei Petra Kirsch mehrfach vorkommende Klassifizierung von Kästner als einem politischen Autor.[274]
Gabriele Stadler hat im Zusammenhang mit der auf „dem schmalen Grat des Sowohl-als-auch“ [275] angesiedelten Literatur Kästners zurecht auf den Standpunkt politischer Abstinenz verwiesen und - was noch signifikanter ist - auf Kästners Empfehlung der Konfliktverdrängung als Mittel der Konfliktlösung[276].
Moralische Empörung stand bei Erich Kästner von Anbeginn an anstelle einer entschiedenen politischen Analyse.

---

[272] GS, Bd. 2, S. 188.

[273] Der Begriff *Zeitschreiber* taucht erstmals im Zusammenhang mit Kästner bei Peter Rühmkorf auf (a.a.O. S. 29).

[274] Petra Kirsch, a.a.O. Diese Einschätzung taucht zum Beispiel auf S. 22 auf und bezieht sich nicht ausschließlich auf Kästner als Kinderbuchautor: „Der ‚Moralist' und ‚Satiriker' ist auch dann, wenn er für Kinder schreibt, nicht von dem politischen Autor Kästner zu trennen.“

[275] Gabriele Stadler: „Leben ist immer lebensgefährlich. Erich Kästner und die Kunst der Gratwanderung“. Sendung für den Bayerischen Rundfunk am 15. November 1991. Manuskript. Hier S. 3.

[276] Gabriele Stadler, a.a.O. S. 31.

Mit seinen Kabarett- und Chansontexten sowie seinen journalistischen Beiträgen hatte Kästner in der Nachkriegszeit einige Jahre vor der „Schule der Diktatoren“ noch ein breites Publikum erreichen können. Dies gab dem Autor die Möglichkeit, seinem Leitsatz „Beschreibung ist Erklärung genug“ [277] zu folgen und gelegentlich ohne besonders erhobenen moralischen Zeigefinger wirksam zu werden. Das „Lied einer alten Frau am Briefkasten“ (1946)[278] und das „Marschlied 1945“ (1946) stehen als Dokumente ihrer Zeit. Im „Marschlied 1945“ kommt das Flüchtlingsproblem zur Sprache:

„In den letzten dreißig Wochen
zog ich sehr durch Wald und Feld.
Und mein Hemd ist so durchbrochen,
daß man's kaum für möglich hält.
Ich trag Schuhe ohne Sohlen,
und der Rucksack ist mein Schrank.
Meine Möbel hab'n die Polen
und mein Geld die Dresdner Bank.

Ohne Heimat und Verwandte,
und die Stiefel ohne Glanz, -
ja, das wär nun der bekannte
Untergang des Abendlands!

Links, zwei, drei, vier,
links, zwei, drei -
Hin ist hin! Was ich habe, ist allenfalls:
links, zwei, drei, vier,
links, zwei, drei -

---

[277] GS, Bd. 6, S. 144.
[278] GS, Bd. 5, S. 41-42.

ich habe den Kopf, ich hab ja den Kopf
noch fest auf dem Hals.“ [279]

Das Lied endet mit einem vorwärtsgerichteten Blick, der den Zeitgeist widerspiegelt:

„Tausend Jahre sind vergangen
samt der Schnurrbart-Majestät.
Und nun heißt's: Von vorn anfangen!
Vorwärts marsch! Sonst wird's zu spät!“ [280]

Nach Meinung von Klaus Budzinski (1961) gab die 1945 beendete Katastrophe Erich Kästner die große Chance, wenigstens für ein paar Jahre gehört zu werden.[281] Als Feuilletonchef der „Neuen Zeitung“ in München, als Verantwortlicher für die Kinderzeitschrift „Pinguin“ und als Kabarettautor suchte sich Kästner erneut zu profilieren.
Radikal oder gar revolutionär ist er nicht geworden. sondern begibt sich in den unmittelbaren Nachkriegsjahren erneut auf den Kurs des Modeschriftstellers mit mediokren Leistungen. Die Aufbruchstimmung des *Zeitschreibers* versinkt Ende der vierziger Jahre wieder in einen Weltpessimismus, getragen von der Erkenntnis, mit seinem Schaffen ohnehin nichts ändern zu können.[282]

---

[279] GS, Bd. 5, S. 48.

[280] GS, Bd. 5, S. 49.

[281] Klaus Budzinski: Die Muse mit der scharfen Zunge. München 1961. S. 216.

[282] Dies klingt zum Beispiel in dem 1950 erschienenen Aufsatz „Die literarische Provinz“ an, wenn Kästner auf das Engagement von ihm und anderen nach dem zweiten Weltkrieg zurückschaut: „Soweit die talentierte Jugend nicht im Krieg umkam, stand sie, nach seinem Ende, verwirrt und ratlos zwischen den Trümmern nicht nur der Städte und Existenzen, sondern auch inmitten zerbrochener Wegweiser, Ziele, Ideale und Urteile. Wir Älteren versuchten und taten, was wir konnten. Wir waren zu wenige, die Aufgabe war zu umfangreich.“ (GS, Bd. 5, S. 233-234).
Von einer sich steigernden Resignation und Larmoyanz war bereits die Rede. Vgl. dazu auch das Interview mit Adalbert Reif 1969, a.a.O.
Wenn man im Zusammenhang mit Kästner von einem *prophetischen Ausblick* sprechen will, dann vielleicht mit Blick auf ihn selbst. Das am 18. Januar 1933 in der „Neuen Leipziger Zeitung“ publizierte Rollengedicht „Alter Herr anno 1970“ (siehe in

Zurecht hat Klaus Budzinski Parallele und Unterschied zwischen der Resignation Erich Kästners und jener Kurt Tucholskys angesprochen:

> „Äußerlich hat Kästners Resignation Ähnlichkeit mit der Verzweiflung Kurt Tucholskys. Was seinen inneren Habitus aber von dem verbissenen Kampfgeist seines Vorbildes unterscheidet, ist seine Neigung zu Melancholie und Meditation, ist die Verletzlichkeit seines Idealismus. (...)
> Während für Tucholsky die Resignation nur die Konsequenz des freiwilligen Todes offenließ, trocknet die Verbitterung, die Kästner empfindet, seine politische Streitfeder aus.“ [283]

War es nun Kästners Verbitterung über den Lauf der Dinge und das unbelehrbare Verhalten der Menschen, oder war es Enttäuschung über die Wirkungslosigkeit seiner Schriften bzw. über seine literarische Gestaltungsarmut?
Mit Kästners moralischer Empörung alleine ließ sich nichts anfangen. Im Gegensatz zu Tucholsky war Kästner weder ein konsequenter, nimmermüder Mahner noch ein literarischer Warner, der bedingungslos aufrütteln und für politischen Zündstoff sorgen konnte. Auch das zitierte „Marschlied 1945“ kommt zu leicht und zu wenig radikal daher. Der materielle Verlust wird an den Anfang gesetzt (Möbel, Geld, Schuhe ohne

---

Gemischte Gefühle, a.a.O. Bd. 2, S. 370) scheint den Weg Kästners von skeptischer Hoffnung zu hoffnungsloser Resignation vorgezeichnet zu haben:
„Ich war einmal ein Kind. Genau wie ihr.
Ich war ein Mann. Jetzt bin ich ein Greis.
Die Zeit verging. Ich bin noch immer hier.
Und möchte gern vergessen, was ich weiß.
(...)
Ach, ich sah manches Stück im Welttheater.
Ich war einmal ein Kind, wie ihr es seid.
Ich war einmal ein Mann wie euer Vater.
Und meistens war es schade um die Zeit.
(...)
Und nun kommt ihr. Ich kann euch nichts vererben.
Ich kann nicht helfen, und ich möchte sterben.
Macht, was ihr wollt. Doch merkt euch dieses Wort:
Vernunft muß sich ein jeder selbst erwerben,
und nur die Dummheit pflanzt sich gratis fort!“
[283] Klaus Budzinski, a.a.O. S. 217.

Sohlen) und im Vergleich zu den unfaßbaren Greueln des zweiten Weltkrieges unverhältnismäßig herausgestellt. Das „Ohne Heimat und Verwandte“ wirkt vergleichsweise ebenso lapidar wie das auf den zusammengereimten Symptomen fußende Fazit vom „Untergang des Abendlands“.

In bezug auf die bereits angesprochene Resignation Kästners drängen sich Parallelen zwischen Frühwerk und Spätwerk auf, ausgehend von seinen Weltflucht-Bereichen *Kinder* und *Natur*.
Ist es im Jahre 1931 zum Beispiel der symbolische Einstieg der Hauptfiguren des Kinderbuches „Der 35. Mai oder Konrad reitet in die Südsee“ in den Korridorschrank[284], so sind es in den fünfziger Jahren recht belanglose Nacherzählungen für Kinder[285] und Naturgedichte („Die dreizehn Monate“, 1955), die auf Rückzug und Resignation weisen. Jene Naturgedichte hatten 1948 mit dem „Trostlied im Konjunktiv“ einen deutlichen Vorläufer:

> „Wär ich ein Baum, stünd ich droben im Wald.
> Trüg Sonne und Mond in den grünen Haaren.
> Wäre mit meinen dreihundert Jahren
> nicht jung und nicht alt.“ [286]

Mit solchen Abgesängen auf die Zeit wollte der Schriftsteller jedoch nicht in Erinnerung bei seinen Rezipienten bleiben. Aus diesem Grunde suchte er mit der „Schule der Diktatoren“ eine Art Vermächtnis als *Zeitkritiker* und *Zeitprophet* zu hinterlassen, obgleich diese Wertungen nicht auf ihn zutreffen.

---

284 In Kästners Phantasieroman für Kinder erleben Schüler Konrad, Onkel Ringelhuth und das sprechende Pferd Negro Kaballo abenteuerliche Geschichten. Ausgangspunkt ist der Flurschrank: „ ‚Wir wollen in diesen Schrank hineingehen und dann immer gradeaus. In knapp zwei Stunden wären wir an der Südsee', erklärte das Pferd.“ (GS, Bd. 7, S. 233).

285 Ich beziehe mich hier auf „Der gestiefelte Kater“ (1950), „Des Freiherrn von Münchhausen wunderbare Abenteuer zu Wasser und zu Lande“ (1951), „Die Schildbürger“ (1954) und „Leben und Taten des scharfsinnigen Ritters Don Quichotte“ (1956).

286 GS, Bd. 5, S. 170. Es handelt sich um einen „Schaubuden“-Beitrag, Herbst 1948.

Seinen *prophetischen Ausblick* sah Kästner bereits Mitte der sechziger Jahre bestätigt. Den zeitgeschichtlichen Hintergrund bildete das verstärkte Aufkeimen ultrarechter Stimmungen in der Bundesrepublik. Unter dem Titel „Die Einbahnstraße als Sackgasse" schreibt er 1966:

> „Man kann mit wachsender Zustimmung rechnen, wenn man fordert, daß die Demokratie selber abgeschafft wird. (...)
> Auch Bonn hat sein Soll erfüllt. Noch ist, trotz sinkender Konjunktur und schleichender Inflation, die Wirtschaftskrise mit jener der zwanziger Jahre unvergleichbar. Doch die Unzufriedenen formieren sich schon. Drohbriefe sind an der Tagesordnung. Nachts werden Haustüren in Brand gesteckt. Offiziere und Unteroffiziere der Bundeswehr haben für die NPD kandidiert. Es ist fast wieder soweit." [287]

Hier zeigt sich abschließend noch einmal, daß eine Wahrnehmung von gesellschaftlichen Symptomen - in diesem Falle sind es noch nicht einmal gesamtgesellschaftlich repräsentative Strömungen - längst nicht zu einer allgemeinen Analyse und einem politischen Weitblick reicht.

Zusammenfassung und Fazit

Unter vielfacher genreübergreifender Parallelbildung zwischen Kästnerschem Früh- und Spätwerk haben wir uns bemüht, ein Bild von Kästner als Denk- und Ausdrucksfigur des populären *kritischen*, aber harmlosen Zeitgenossen in strikter Abgrenzung zu den Begriffen *Zeitkritiker* und *Zeitprophet* zu zeichnen.
Kästner vermochte die Bedingungen und Prämissen seiner Zeit nicht wirklich zu begreifen und literarisch zu verarbeiten, sondern reihte lediglich *zeitnahe* Themen in Lyrik in Prosa in sein unverbindliches zyklisches Weltbild und Geschichtsverständnis ein.
Den bewußt konzipierten langlebigen Abrufcharakter von vielen seiner Texte hat Kästner als selbsternannter *Mahner* und *Warner* dazu ge-

---

[287] In: Gesammelte Schriften für Erwachsene, a.a.O. Bd. 8, S. 189-190.

nutzt, diese - im Falle des Frühwerks - im Nachhinein als zeitgeschichtlich relevanten *prophetischen Ausblick* zu etikettieren.

Unsere Analyse hat gezeigt, daß solch eine Selbsteinschätzung angesichts des Kästnerschen Verzichts auf eine Einbindung in gesamtgesellschaftliche Zusammenhänge nicht haltbar ist. Jene Betroffenheit, die Kästner als Nachbetrachtungsanalytiker glaubhaft machen will, dringt in den Schriften aus der *betroffenen Zeit* nicht durch.

Werkdurchgängig haben wir es nicht mit einem *Zeitkritiker* oder *Zeitpropheten* zu tun, sondern mit einem *Zeitschreiber* ohne klare Linie.

Kästners Haltung reduziert sich allgegenwärtig auf den Weg des kleinsten Widerstands und den der größten kurzzeitigen Publikumswirkung durch ein oberflächlich gestaltetes und meist zeitenthobenes Wettern gegen (politische) Verantwortungsträger, Militarismus, Charakterlosigkeit, *Bosheit* und vor allem gegen die *Dummheit* als einem undifferenzierten *Passepartout*-Merkmal.

Durch literarisch blutarme und wirkungslos verpuffende Attacken auf solch abstrakte Zielmassen gelingt es Kästner, Konflikte zu vermeiden und von eigener Verantwortung abzulenken. Einer konkreten Gesellschaftsproblematik weicht der Verdränger Kästner aus.

Die Extreme im Spannungsfeld des Erich Kästner liegen auch zwischen realistisch-rationaler Erkenntnis sowie einer vordergründig beharrlichen Trotzhaltung und naiven Verweigerung, die eigene Erkenntnis anzuerkennen. Inmitten dieses Spannungsfeldes liegt ein Konglomerat aus freischwebender Moral, Idealismus, Selbstrechtfertigung, Legitimation der eigenen Arbeit, Schuldfrage, Hoffnung sowie Augenwischerei gegenüber sich selbst und gegenüber anderen - und damit die Basis für die Dopelbödigkeit in den Schriften des zweifelhaften Gratwanderers Erich Kästner. Eine *unechte Tiefe* im Werk läßt auch Zweifel am propagierten *Gebrauchswert* seiner Dichtung aufkommen.

5. Die fatale Unbestimmtheit des Moralisten

Im folgenden gehen wir der fatalen Unbestimmtheit des Moralisten Kästner dergestalt nach, daß wir seine - auf die allgemeinen Besserungen des Menschengeschlechts zielenden - Forderungen zum einen auf ihren absoluten, realgeschichtlich relevanten und zum anderen auf ihren relativen, in Verbindung zu Kästners eigenen Schriften stehenden Wirklichkeitsgehalt hin analysieren.
Dabei soll die Problematik einer Haltung diskutiert werden, die sich insbesondere aus der an gegensätzliche Weltbild-Vorstellungen gebundene Literatur für Erwachsene und Kinder ergibt. Als hilfreich hat sich bei dieser textnahen und gleichzeitig auf den Kästnerschen Wirklichkeitsbegriff abzielenden Analyse die Einbindung des Gegensatzpaares *abstrakt* versus *konkret* erwiesen. Der zeitliche Einstieg in diesen Teil der Untersuchung ist mit der Frühphase des Spätwerks (nach 1945) deswegen gewählt, weil sich anhand der programmatisch formulierten Absichten und Ziele Kästners im Rahmen des geistigen Wiederaufbaus Deutschlands dem Werk immanente und wirklichkeitsgebundene Bezüge besser nachvollziehen lassen.

Zunächst richten wir unseren Blick auf die Kästnerschen Ideale und Forderungen in der Kindererziehung, wie er sie in Aufsätzen und journalistischen Beiträgen speziell für die von ihm herausgegebene, 1946 gegründete Kinderzeitschrift „Pinguin“ erhoben hat.
Im ersten Heft des „Pinguin“ hat man es mit Kästners charakteristischer Vorgehensweise und so mit ideologisch-generalisierten Formeln zu tun, die er für eine auf den Humanismus weisende zukünftige Wegbereitung bei der Persönlichkeitsentwicklung an die Hand gibt. Im Beitrag „Gescheit, und trotzdem tapfer“ heißt es unter anderem:

„Daß er (Anm.: der Mensch, AD) nicht, mit den Händen in den Hosentaschen, faul und achselzuckend herumsteht. Sondern daß er einen neuen Weg einschlägt. Mutig, und trotzdem vernünftig. Gescheit, und trotzdem tapfer. (...)
Wir müssen unsere Tugenden revidieren." [1]

„Wir müssen Deutschland neu aufbauen und bei unserem Charakter beginnen." [2]

Kästners weltkluge, moraldidaktische Appelle stehen hier gewissermaßen als Eckpfeiler seines Wunschdenkens und als ein ideologischer Rahmen. Abstrakte Forderungen versucht der Autor, mit umgangssprachlich verbreiteten konkreten Sinnbildern und Phrasen („Hände in den Hosentaschen", „Achselzucken") darzustellen, ohne wirklich konkret zu werden.

Mit der Reform des Schulunterrichtes stellt Kästner in der Nachkriegszeit ein - zumindest vom Grundsatz her - faßbares Ansinnen auf, so in seinen in der ersten Jahreshälfte 1946 publizierten Arbeiten „Gedanken eines Kinderfreundes" [3], „Der gordische Knoten" [4] und „Zur Entstehungsgeschichte des Lehrers" [5]. In den „Gedanken eines Kinderfreundes" wettert Kästner gegen die „Geschichtslügen" [6] in Verbindung mit den *großen* Männern ihrer Zeit[7]. Vor diesem Hintergrund reklamiert er einen neuen Geschichtsunterricht:

---

[1] GS, Bd. 5, S. 22.

[2] GS, Bd. 5, S. 24.

[3] GS, Bd. 5, S. 36-40 (erstveröffentlicht in der „Neuen Zeitung").

[4] GS, Bd. 5, S. 65-67 (erstveröffentlicht im „Pinguin").

[5] GS, Bd. 5, S. 68-70 (erstveröffentlicht im „Pinguin").

[6] GS, Bd. 5, S. 39.

[7] Mit diesem Beitrag versuchte Kästner in eine öffentliche Diskussion über - den zuweilen verherrlichten - Friedrich II. von Preußen einzugreifen, der mit seiner Schrift „De la litérature allemande" Gegenstand von Kästners kritischer Dissertation „Erwiderung auf Friedrich des Großen Schrift ‚De la littérature allemande' " (1925) gewesen war.

> „Man hat uns die Kriegsgeschichte für Weltgeschichte verkauft. Wollen wir denn wirklich, daß die Weltgeschichte weiterhin Kriegsgeschichte bleibt? (...)
> Wir müssen dem Geschichtsunterricht die Maske vom Gesicht holen. Es geht um Ihre Kinder. Nicht um die meinigen. Als ich sah, wohin Deutschland unweigerlich steuerte, verzichtete ich darauf, Kinder zu haben und aufzuziehen, nur damit sie eines Tages totgeschossen oder zu Krüppeln werden.
> Ich habe zwar keine eigenen Kinder. Aber ich fordere trotzdem einen neuen Geschichtsunterricht. “ [8]

Hinter Kästners entschieden formulierter Bestrebung steht die durchaus honorige Absicht eines neuen, d.h. kritischen Geschichtsunterrichtes, ohne die Gestaltung dieser innovativen Initiative weiter zu definieren.
Sollen kriegerische Potentaten nur kritisch beleuchtet werden, oder sollen sie Randfiguren sein bei der Vermittlung des Alltagslebens der Menschen im Altertum und in der frühen Neuzeit? Konkrete Ansätze gibt es nicht. Als bedeutungsvoller erscheint uns an dieser Stelle der Aspekt, wie Kästner *selbst* Geschichte *kritisch* darstellt und die zweifelhaften *großen* Männer der Historie in seinen Büchern für Kinder vermittelt.
Ein bezeichnendes Beispiel bietet das mit „Hannibal beniest es“ übertitelte dritte Kapitel in dem Roman „Der 35. Mai oder Konrad reitet in die Südsee“ (1931).[9] Das Geschehen insgesamt spielt sich in einer phantastischen Traumwelt ab. Auf ihrer im Korridorschrank angetretenen Reise in die Südsee müssen Schüler Konrad, sein Onkel Ringelhuth und das sprechende Pferd Negro Kaballo mehrere Ziele passieren, so neben dem Schlaraffenland, der „Verkehrten Welt“ und der Stadt Elektropolis auch die „Burg zur Großen Vergangenheit“ (drittes Kapitel). Hier begegnen die Drei den *Größen* aus den Geschichtsbüchern, denen sie

---

[8] GS, Bd. 5, S. 40. Da Kästner im Zusammenhang mit seinem politischen Weitblick und dem geschichtlichen Verlauf auf seine unbeugsame privat-konsequente Haltung verweist, müssen wir einen kleinen Nachtrag einfügen. Nachdem Kästner auch in den fünfziger Jahren immer wieder auf die Gefahr des kommenden dritten Weltkriegs hingewiesen hatte und die Bundesrepublik 1955 NATO-Mitglied geworden war, wurde im Jahre 1957 Kästners Sohn Thomas geboren.

[9] „Hannibal beniest es“ in: GS, Bd. 7, S. 247-255.

abseits von Respektgebaren gleichberechtigt gegenübertreten. Kaiser Karl der Große ist zum Torwächter degradiert[10], Kaiser Barbarossa zum Kartenverkäufer bei Olympischen Spielen[11] und Hannibal und Wallenstein als Zinnsoldaten-Feldherrn beim Kampf um einen Rosenstrauch[12]. Die Masse von Königen, Rittern und Generälen avanciert zu hemdsärmeligen Naturliebhabern.[13] Julius Cäsar und Napoleon werden ohne ihre stärkenden Armeen der Lächerlichkeit preisgegeben:

> „ ‚Wenn ich meine alte Garde hier hätte, würde ich nicht wanken und nicht weichen', bemerkte Napoleon hoheitsvoll.
> Onkel Ringelhuth setzte sich neben Napoleon und meinte: ‚Wenn sie noch ein paar derartig vorwitzige Sachen sagen, nehme ich Ihnen Ihren Dreispitz vom Kopf und werf ihn meinem Lieblingspferd zum Fraße vor, verstanden?'
> Julius Cäsar hüllte sich in seine Toga und sagte zu dem französischen Kaiser: ‚Ich will nicht hetzen, aber an Ihrer Stelle ließe ich mir das nicht bieten.'
> ‚Ohne Armee können Sie da gar nichts machen, Kollege', erwiderte Napoleon verdrießlich.“ [14]

Mit einem „Ihr seid mir schöne Helden“ [15] als letzten Kommentar wendet sich Onkel Ringelhuth von Cäsar und Napoleon ab. Die geschichtlichen *Größen* werden zweifelsfrei ihres historischen Mythos entkleidet[16], wenn auch nur in der Phantastik des frühen Romans. Dennoch reicht die Darstellung durchaus in jene Richtung eines später von Kästner vehement geforderten *neuen*, in diesem Sinne kritischen und mythenfreien Geschichtsunterrichtes.

---

10 GS, Bd. 7, S. 248.
11 GS, Bd. 7, S. 248.
12 GS, Bd. 7, S. 252-255.
13 GS, Bd. 7, S. 252.
14 GS, Bd. 7, S. 250-251.
15 GS, Bd. 7, S. 255.
16 Vgl. dazu auch Kurt Beutler, a.a.O. S. 249.

Umso erstaunlicher ist es, daß diese konsequente Linie Kästners durchbrochen wird. In „Als ich ein kleiner Junge war“ (1957), der Autobiographie seiner Kindheit, kommt der Autor auf das Wachstum zu sprechen:

> „Meine Leistungen im Lernen, Lesen, Turnen, Einkaufen und Kartoffelschälen übertrafen meine Fähigkeiten im Wachsen bei weitem. Als ich, vorläufig zum letztenmal , an der Meßlatte stand, sagte der Sanitätsfeldwebel zum Sanitätsgefreiten, der das Maß in meinen Wehrpaß eintrug: ‚1,68 m!' Das ist kaum der Rede wert. Aber auch Cäsar, Napoleon und Goethe waren klein. Und Adolf Menzel, der große Maler und Zeichner, war noch viel kleiner! Wenn er saß, glaubte man, er stehe. Und wenn er von seinem Stuhl aufstand, dachte man, er setze sich. Unter den großen Männern gibt es viele kleine Leute, man muß nicht verzweifeln.“ [17]

Wie selbstverständlich kommt Kästner hier mit dem Bild der körperlich kleinen *großen Männer* daher, inklusive Cäsar und Napoleon, die er an anderer Stelle seines Werks als historische Größen und Paradebeispiele für eine Verklärung durch eine „militante Geschichtsschreibung“[18] zu entmythologisieren versucht hatte. Durch die Nennung in einem Atemzug mit Goethe erfahren die Herrscher im Gegenteil noch eine objektivierte Aufwertung.

Im Jahre 1952 versucht Kästner in seiner „Ansprache zum Schulbeginn“ den ABC-Schützen im allgemeinen mit mahnenden Worten Ratschläge mit auf den Weg zu geben, deren genauere Analyse sich anbietet:

> „Laßt euch die Kindheit nicht austreiben! (...)
> Haltet das Katheder weder für einen Thron, noch für eine Kanzel! (...)

---

[17] GS, Bd. 6, S. 73.

[18] In der Vorbemerkung zu „Der gordische Knoten“. GS, Bd. 5, S. 65.

> Nehmt auf diejenigen Rücksicht, die auf euch Rücksicht nehmen! (...)
> Seid nicht zu fleißig! (...)
> Lacht die Dummen nicht aus! (...)
> Mißtraut gelegentlich euren Schulbüchern! (...) [19]

Jeder einzelne dieser Appelle findet sich wortreich eingekleidet, und er enthält Grundthemen und -thesen, die sich in Kästners Schriften verfolgen lassen. Versuchen wir zunächst Kästners Aufruf „Mißtraut gelegentlich euren Schulbüchern!" zu analysieren, dessen *Begleittext* lautet:

> „Sie sind nicht auf dem Berge Sinai entstanden, meistens nicht einmal auf verständige Art und Weise, sondern aus alten Schulbüchern, die aus alten Schulbüchern entstanden sind, die aus alten Schulbüchern entstanden sind. Man nennt das Tradition. Aber es ist etwas ganz anderes. Der Krieg zum Beispiel findet heutzutage nicht mehr wie in Lesebuchgedichten statt, nicht mehr mit geschwungener Plempe und auch nicht mehr mit blitzendem Küraß und wehendem Federbusch wie bei Gravelotte und Mars-la-Tour. In manchen Lesebüchern hat sich das noch nicht herumgesprochen. Glaubt auch den Geschichten nicht, worin der Mensch in einem fort gut ist und der wackre Held vierundzwanzig Stunden am Tag tapfer! Glaubt und lernt das, bitte, nicht, sonst werdet ihr euch, wenn ihr später ins Leben hineintretet, außerordentlich wundern! " [20]

Kästners auf eine Aktualisierung der Schulbücher und auf eine menschlichere Betrachtungsweise von *Helden* gerichteten Beispiele vermögen den Generalaufruf nur unwesentlich zu erhellen.
Das „Mißtraut gelegentlich euren Schulbüchern!" steht geradezu als Musterbeispiel für die fatale Unbestimmtheit des Moralisten. Wie und wann, anhand welcher Merkmale und in welchen Fächern soll man denn nun seinen Schulbüchern mißtrauen? Was sollen Kinder mit solch

---

[19] GS, Bd. 5, S. 181-182
[20] GS, Bd. 5, S. 182-183.

einem Satz anfangen? An welchen Stellen sollen sie - im Falle der *Helden* - den historischen Figuren und ihren Aktionen, den Geschichtsschreibern, den Lesebuchschreibern oder den Autoritäten (Lehrern) mißtrauen? Der gewichtige Satz bleibt nichts weiter als eine inhaltslose Worthülse. Immerhin impliziert diese mit Blick Richtung *Buch der Bücher* dessen absoluten Wahrheitswert.
Kästner gibt keine Orientierungsmarken. „Mißtraut gelegentlich euren Schulbüchern!“ heißt nichts anderes als „Traut grundsätzlich euren Schulbüchern, aber...!“ Mit solchen Schubkasten-Weisheiten kann Kästner kaum glaubhaft machen, er wolle seine jungen Leser auf ihr späteres Leben vorbereiten wollen („Glaubt und lernt das, bitte, nicht, sonst werdet ihr euch, wenn ihr später ins Leben hineintretet, außerordentlich wundern!“). Außerordentlich wundern werden sich die Kinder vor allem dann, wenn sie in jungen Jahren Kästners rosarote, heile Welt in den Kinderbüchern kennengelernt haben und später als Erwachsene in eine *kaputte Welt* wie im „Fabian“-Roman geführt werden.
Abstrahieren wir Kästners abstrakten Appell einmal weiter, kommt man zu dem Schluß: Kästner will, daß kritische Menschen heranreifen. Und diese sollen Schulbüchern, Büchern generell kritisch gegenübertreten. Dies dringt auch in einer Vorbemerkung zu Kästners Kinderbuch „Der kleine Mann und die kleine Miss“ (1967) an. Es geht hier um die anfängliche Vorstellung des Personen-Inventars und der *Abenteuer* aus dem Roman-Vorläufer „Der kleine Mann“ (1963) anhand von Illustrationen des Zeichners Horst Lemke:

> „So, wertgeschätzte Leser,
> dies war der Versuch, die Nochnichtkenner durch zehn Bilder ins Bild zu setzen. Wem das nicht genügt, der kann sich ja den ersten Band nachwünschen. (...)
> Ist euch übrigens aufgefallen, daß es gar nicht zehn Bilder sind? Zählt einmal nach! Es sind nur neun! Herr Lemke und ich wollten ausprobieren, ob ihr gut aufpaßt. Man muß nicht alles blind glauben. Nicht einmal so netten Leuten wie den Herren Lemke und Kästner. Doch ab jetzt wird nicht mehr gemogelt.“ [21]

---

21 „Der kleine Mann und die kleine Miss“, a.a.O. S. 25.

Von der etwas peinlichen Buch-Werbung und Kästners eigener Degradierung zum wohlgefälligen Erzähl-Onkel[22] einmal abgesehen, läßt sich zumindest der Satz „Man muß nicht alles blind glauben“ filtrieren. Hier kommt es auf die Methode an. Wenn Kästner in allgemeiner Form seinen Beitrag leisten will, einen kritisch denkenden Menschen mit eigener Meinung zu erziehen, so ist dies eine durchaus ehrenvolle Absicht.

Kästners Zielvorstellungen setzen wir nun ins Verhältnis zu jener Episode, die in den Biographien von Luiselotte Enderle und Helga Bemmann[23] sowie bei Nicola Leibinger-Kammüller[24] als „Bücherverbrennung von Düsseldorf“ am 3. Oktober 1965 auftaucht, zu der auch Kästner energisch Stellung bezogen hat[25].
Im folgenden soll nicht in Abrede gestellt werden, mit *welchen* Bildern und Erinnerungen an einen Geiselmord an der Literatur durch die Nationalsozialisten im Jahre 1933 das Wort *Bücherverbrennung* zunächst einmal assoziiert wird.
An einem Oktobersonntag im Jahre 1965 verbrannten Mitglieder der evangelischen Jugendgruppe „Für entschiedenes Christentum“ mit Genehmigung des Amtes für öffentliche Ordnung am dortigen Rheinufer unter anderem Bücher von Grass, Kästner, Sagan und Nabokov. Die Reihe dieser Autoren läßt sich leitmotivisch über die literarische Thematik von Sexualität und Erotik verbinden: Günter Grass' „Die Blechtrommel“ (1959) und „Katz und Maus“ (1961), Erich Kästners Gedichte und

---

[22] In dieser Passage dringt genau jener Ton durch, den Kästner einige Jahre zuvor anderen Kinderbuchautoren zum Vorwurf gemacht hatte. In der in die GS aufgenommenen Rede „Jugend, Literatur und Jugendliteratur“ (1953; GS, Bd. 5, S. 505-513) tituliert er generell jene Kinderbuchautoren als Ahnungslose, die, weil Kinder erwiesenermaßen klein seien, „in Kniebeuge schreiben“ (S. 507).
Immer wieder muß verblüffen, *wie* sehr Kästner mit zweierlei Maß mißt, wenn es um seine Person und seine Texte im Vergleich zu anderen geht. Dieser Aspekt wird im sechsten Kapitel meiner Arbeit ausführlicher behandelt.

[23] Luiselotte Enderle 1966/1989, a.a.O. S. 131. Helga Bemmann, a.a.O. S. 488-489.

[24] Nicola Leibinger-Kammüller, a.a.O. S. 62-63.

[25] In seinem Aufsatz „Lesestoff, Zündstoff, Brennstoff“. In Kästner für Erwachsene, a.a.O. S. 522-524.

der Roman „Fabian“, Francoise Sagans „Bonjour Tristesse“ (1955) und Vladimir Nabokovs „Lolita“ (1955).

Unter „Absingung frommer Lieder“ [26] hatten die jungen Leute „schmutzige und unförderliche Bücher“[27] verbrennen wollen und suchten ihre Aktion in keinerlei Verbindung zu jenem tragischen 10. Mai 1933 zu sehen, als unter anderem Bücher Erich Kästners mit den Worten „Gegen Dekadenz und moralischen Zerfall! Für Zucht und Sitte in Familie und Staat!“ [28] in Berlin in die Flammen geworfen worden.

1965 reagierte Kästner scharf, prangerte die Erlaubnis durch die Behörden an und titulierte die Verantwortlichen als kleine Brandstifter.[29]

Doch hatten hier nicht - vor dem realgeschichtlichen Hintergrund einer Demokratie und ohne staatlichen Druck von außen - sich einige lediglich ein kritisches Verhältnis zu einigen Büchern aufgebaut und ihre Meinung öffentlich kundgetan? Man mag hier einwenden, die Frage sei zu harmlos gestellt. Es steht außer Zweifel, daß der Rahmen jener Aktion mit einer Verbrennung von Büchern im dahingehend historisch schwer vorbelasteten Deutschland denkbar schlecht gewählt war. Ein Blick in regionale Tageszeitungen lohnt sich, um sich der *Tragweite* dieses Vorfalls 1965 bewußt zu werden. So liest man in der „Dürener Zeitung“ vom 7. Oktober 1965:

> „Mitglieder der evangelischen Jugendgruppe ‚Für entschiedenes Christentum (EC)' haben in Düsseldorf auf einem Scheiterhaufen ‚schmutzige und unförderliche' Bücher verbrannt - unter ihnen auch den Roman ‚Die Blechtrommel' von Günter Grass. Schwester Brigitte vom Jugendfreizeitheim in Düsseldorf teilte auf Anfrage mit, es habe sich um ‚eine ganz private Sache der Jugendlichen' gehandelt.
>
> Nach der Jugendstunde am Sonntag seien die Jugendlichen - im Alter zwischen 13 bis 30 Jahren - zum Düsseldorfer Rheinu-

---

[26] Luiselotte Enderle, 1966/1989, a.a.O. S. 131.

[27] In Dürener Zeitung: „Verbrannt. Jugendliche zündeten Bücher an“. 7. Oktober 1965, S. 4.

[28] Nach Luiselotte Enderle 1966/1989, a.a.O. S. 63.

[29] In Kästner für Erwachsene, a.a.O. S. 522.

> fer gegangen und hätten dort an der Oberkasseler Brücke ‚einen Scheiterhaufen' angezündet und Zeitschriften, Magazine und Bücher aus ihrem persönlichen Besitz, deren Inhalt ‚schmutzig und unförderlich' sei, in die Flammen geworfen.“ [30]

In ihrer Kästner-Biographie schreibt Helga Bemmann, Kästner sei von diesem Vorgang - zweiunddreißig Jahre nach der faschistischen Bücherverbrennung und zwanzig Jahre nach dem Ende der Hitlerdiktatur - zutiefst betroffen gewesen.[31] Bemmann ergänzt:

> „Journalisten fragten ihn an jenem Tag, was er am Abend in Düsseldorf lesen werde. Unter den buschigen Augenbrauen blitzte es zornig auf. Etwas Aktuelles würde er lesen: die Rede über das Verbrennen von Büchern, die er vor sieben Jahren zum 25. Jahrestag der Naziaktion gehalten habe.“ [32]

Erich Kästner gibt sich aufgebracht und empört und sieht sich zu heftigen Reaktionen veranlaßt, die im Jahre 1965 allerdings in eine zeitgeschichtliche Verhältnismäßigkeit zu stellen sind. Handelt es sich nicht vielmehr um eine Überempfindlichkeitsreaktion auf eine - der Zeitungsauszug mag es verdeutlicht haben - Aktion, deren Charakter privat und keineswegs zukunftsweisend war?[33]
Kästner nimmt - wie auch sonst gelegentlich - einen passenden Vorfall zum Anlaß, um sich als den alles überschauenden Gerechten und analysierenden *Moralisten* darzustellen. Die Bücherverbrennung 1933 stellt er auf dieselbe Stufe wie die *Bücherverbrennung 1965*. Man darf entsprechend urteilen.

---

[30] A.a.O. Der Zeitungsartikel endet mit den Worten: „Nach ihren (Anm.: Schwester Brigittes, AD) Angaben war dieses Buch (Anm.: ‚Die Blechtrommel', AD) das einzige Werk ‚eines bekannten Schriftstellers'.“ Diese Aussage sollte nicht in Bezug zur Unpopularität Erich Kästners, sondern zur Quantität mutmaßlich verbrannter Kästner-Bücher gesehen werden; die Menge dürfte verschwindend gering gewesen sein.

[31] Helga Bemmann, a.a.O. S. 488-489.

[32] Helga Bemmann, a.a.O. S. 489.

[33] Zweifelhaft erscheint die Aufnahme der Aktion in den von Roland Tscherpel formulierten Erich-Kästner-Beitrag im Metzler Autoren Lexikon, a.a.O. S. 542.

Eine Privataktion mit Büchern und Zeitschriften aus dem persönlichen Besitz von 13- bis 30jährigen setzt Kästner gleich mit einem einst reichsweiten und staatlich angesetzten Autodafé.
Eine - zugegebenermaßen dubiose - gewaltfreie Handlung setzt er gleich mit einer einst historisch richtungsweisenden Untat militärischen Charakters. In seiner (erneut gehaltenen) Rede „Zum Verbrennen von Büchern" (1958) heißt es unter anderem:

> „Wenn die Intoleranz den Himmel verfinstert, zünden die Dunkelmänner die Holzstöße an und machen die Nacht zum Freudentag. Dann vollzieht sich, in Feuer und Qualm, der Geiselmord an der Literatur." [34]

Eine private Aktion nach einer Jugendstunde setzt Kästner gleich mit „Geiselmord an der Literatur". Es kommt ihm nicht in den Sinn, die Jugendlichen zu einer Diskussion zu animieren und zu hinterfragen, wer mit ihnen über diese Bücher und die deutsche Geschichte gearbeitet hatte.
Als ein Autor, der mit negativer Kritik an seinem Werk und seiner Person nie hat umgehen können, hat Kästner weit und demonstrativ über das Ziel hinausgeschossen. Seine Reaktion verdeutlicht, *wie* sehr ihm ein Einblick in gesellschaftspolitische Zusammenhänge fehlte.

Während wir dem Problemfeld der Toleranz bei Kästner im kommenden Kapitel näher begegnen, analysieren wir im Zusammenhang mit den Absichten des Kinderbuchautors sowie deren praktische Umsetzung nun einen weiteren seiner Appelle in der „Ansprache zum Schulbeginn" (1952):

> „Haltet das Katheder weder für einen Thron, noch für eine Kanzel! Der Lehrer sitzt nicht etwa deshalb höher, damit ihr ihn anbetet, sondern damit ihr einander besser sehen könnt. Der Lehrer ist kein Schulwebel und kein lieber Gott. Er weiß nicht alles,

---

[34] GS, Bd. 5, S. 571.

> und er kann nicht alles wissen. Wenn er aber trotzdem allwissend tut, so seht es ihm nach, aber glaubt es ihm nicht! Gibt er hingegen zu, daß er nicht alles weiß, dann liebt ihn! Denn dann verdient er eure Liebe. Und da er im übrigen nicht viel verdient, wird er sich über eure Zuneigung von Herzen freuen. Und noch eins: Der Lehrer ist kein Zauberkünstler, sondern ein Gärtner. Er kann und wird euch hegen und pflegen. Wachsen müßt ihr selber!“ [35]

Wer diesen Appell hört und liest, wird sich unreflektiert der These des Kästner-Biographen Helmuth Kiesel anschließen, Kästner sei für eine weniger autoritäre Pädagogik eingetreten.[36] In seiner schriftstellerischen Praxis als Kinderbuchautor verhält sich dieser Aspekt jedoch ebenso gegenläufig *dazu* wie in seiner 1953 anläßlich der öffentlichen Kundgebung für das Jugendbuch in Zürich gehaltenen und in die Gesammelten Schriften aufgenommenen Rede „Jugend, Literatur und Jugendliteratur“. Eine konsequente Haltung Kästners - alleine im Vergleich zu den vorgenannten Forderungen - muß man hier in Abrede stellen:

> „Es war in jenen Jahren nach dem ersten Weltkrieg, als unsereins Student war, in der bittersten Kälte einer Stunde quer durch Berlin lief, um dann, vom billigsten Theaterplatz aus, Steinrück oder Bassermann zu hören und zu sehen. (...)
> Es war in jenen Jahren, als die jungen Leute, obgleich viel radikaler als heutzutage, noch Ehrfurcht empfanden oder doch Respekt besaßen. Freilich, warum und vor wem soll die Jugend heute Respekt haben? Angesichts einer zerbrochenen, unbelehrbaren und von echten Idealen und Vorbildern nahezu chemisch gereinigten Welt? Auch wenn der Großteil der Schuld uns, die Älteren, treffen mag, und träfe die Schuld uns ganz allein - der Schwund des Respekts, der Verlust der Ehrfurcht und der aufrechten Demut sind Wetteranzeichen einer Katastrophe,

---

35 GS, Bd. 5, S. 181.

36 Helmuth Kiesel, a.a.O. S. 121.

die verhütet werden muß. Das ist keine Redensart. Sonst wären wir nicht hier. Die Jugend braucht Vorbilder, wie sie Milch, Brot und Luft braucht.“ [37]

Die Doppelbödigkeit Erich Kästners ist verblüffend. Einerseits plädiert er 1952 in seiner „Ansprache zum Schulbeginn“ nachhaltig für eine Gleichberechtigung eben zwischen Schülern und Lehrern sowie dem Bewußtsein dafür, daß alle Menschen gleich sind und auf derselben Stufe stehen sollten. Andererseits bemängelt er 1953 den „Schwund des Respektes“ und den „Verlust der Ehrfurcht“ bei der Jugend. Dies zielt weder auf eine Gleichstellung aller Menschen noch auf den Abbau der im Bewußtsein verankerten *Akzeptanz* hierarchischer Strukturen. Gerade dies hätte der vermeintlich engagierte Antimilitarist positiv werten können.
Damit nicht genug: Im Jahre 1954 beklagt Kästner in der Rede “Von der deutschen Vergeßlichkeit“ wieder das genaue Gegenteil:

> „Wir stehen vor jeder Autorität stramm. Auch vor dem Größenwahn, auch vor der Brutalität, auch vor der Dummheit - es genügt, daß sie sich Autorität anmaßen. Unser Gehorsam wird blind. Unser Gewissen wird taub.“ [38]

Wenn man im folgenden Exkurs nun betrachtet, *wie* sehr die Handlungsdynamik in Kästners frühen Kinderbüchern, insbesondere in „Emil und die Detektive“ (1929) und in „Das fliegende Klassenzimmer“ (1933), von hierarchischen Strukturen, Autoritätsergebenheit und darüber hinaus einem beachtlichen Fundus an militaristischem Vokabular im verwendeten Sprachschatz des *Pazifisten* Kästner geprägt ist, werden Doppelbödigkeit und Ziellosigkeit des Autors noch transparenter.
Kästners Werk scheint mit geradezu schizoiden Zügen behaftet.[39]

---

[37] GS, Bd. 5, S. 506.

[38] GS, Bd. 5, S. 517.

[39] Wir verwenden den Terminus *schizoid* in Anlehnung an die Duden-Kurzbeschreibungen „nicht einheitlich“ und „zerrissen“ und grenzen ihn damit von jenem in den Fachbereichen Medizin und Psychologie ab, wo eine „schizoide Persönlichkeit“ wie folgt definiert wird: „Klinisch-psychiatrische allgemeine und umfassende Bezeichnung

An dieser Stelle könnte man - im Hinblick auf Kästners unterschiedliche Forderungen - einwenden, unsere Kritik erscheine nicht differenziert genug und Begriffe wie Autorität und Respekt (auch Ehrfurcht, Demut) stünden nicht unbedingt auf *einer* Ebene. Indem die Nationalsozialisten - aber zuvor auch schon die Preußische „Schwarze Pädagogik" - solche Begriffe in ihrer *Substanz* um ihren relativen Wert gebracht und zu absoluten und genau definierten Erziehungsmaßnahmen erhoben hatten, mußten sie später zurecht suspekt werden. Insofern hat man es auch hier mit dem Problem der *zerstörten Sprache* zu tun. Von Kästner indes, der die gesamten zwölf Jahre im nationalsozialistischen Deutschland geblieben war, hätte man in seinen Äußerungen eine differenzierte Wertung solcher - aus der jüngsten Geschichte eben schwer belasteten - Begriffe wie „Ehrfurcht" und „Respekt" erwarten müssen. Unter diesem zusätzlichen Gesichtspunkt zeigt sich einmal mehr Kästners Unzulänglichkeit bei Kenntnis und Erkenntnis von politischen und gesamtgesellschaftlichen Phänomenen.

Der anstehende Exkurs befaßt sich mit fragwürdigen und widersprüchlichen Aspekten in Kästners Kinderbüchern.
Ruth K. Angress' 1987 erschienener Aufsatz „Erich Kästners Kinderbücher kritisch gesehen" ficht jene Werke pädagogisch an und geht auch auf die Gesichtspunkte Hierarchie, Hetzjagd und Bandenwesen ein, die Marianne Bäumler zuvor insbesondere mit Blick auf den ersten „Emil"-Roman angesprochen hatte[40]. Zurecht konstatiert Ruth K. Angress in bezug auf „Emil und die Detektive", daß „selbst der Antifaschist (Anm.: Kästner, AD) vom bündischen und Bandenwesen samt seiner gehässigen Seite beeindruckt war"[41].
Kurz zum Handlungsverlauf von „Emil und die Detektive":

---

für ein Verhalten, das sich (a) durch einen Zerfall der emotionalen und intellektuellen Aspekte charakterisieren läßt, den der Betroffene nicht wahrnehmen und kontrollieren kann, und/oder für ein Verhalten und Erleben, das (b) knapp an der Grenze oder am Übergang zur Schizophrenie (Schizothymie) liegt." Definition in Werner D. Fröhlich: dtv-Wörterbuch zur Psychologie. München 1987 (15. Auflage). S. 300.

40 Marianne Bäumler, a.a.O. S. 154 ff.

41 Ruth K. Angress, a.a.O. S. 96.

Bei der Zugfahrt vom heimischen Neustadt nach Berlin wird der junge Emil im Schlaf von seinem Abteil-Genossen, dem Herrn im steifen Hut, um 140 Mark erleichtert. In Berlin nimmt er die Verfolgung des Diebes auf und wird später von zahlreichen Berliner Vorstadtkindern wie von Gustav mit der Hupe und dem Professor unterstützt. Nicht zuletzt aufgrund von deren Mithilfe, gelingt es tags darauf, den Geld-Räuber zu überführen.

Der Erfolg des Romans ist auf folgende Merkmale zurückzuführen: Spannung als fundamentales Strukturelement (es gibt keine Nebenhandlung), fiktive Handlung in nachvollziehbarer Realität (Berlin), erlebnishafter Stil (speziell der Berliner Gassenjargon) sowie die Konzeption von Held und Kinderbande unter weitgehender Ausschaltung von Handlungseingriffen durch Erwachsene.[42]

Die Kinder sind demokratisch etabliert in der Welt der Erwachsenen und bilden gewissermaßen eine Welt bzw. eine Gemeinschaft für sich. Doch untereinander sind sie nicht gleich. Es gibt die Masse, und es gibt die Führungspersonen mit dem Professor als dem intellektuellen Kopf der Gruppe, dessen Autorität nicht in Frage gestellt wird. Seine Machtbefugnis äußert sich im Kommunikationsverhalten, wobei es darum geht, Beobachtung und Verfolgung des Diebes zu sichern.

Bei der solidarischen Aktion kommt es auf Befehl und Gehorsam an. Zunächst ist es Gustav mit der Hupe, der im Zuge der Hilfe für den Neuling Emil zahlreiche Berliner Jungen militärisch aufmarschieren läßt:

> „Zehn Minuten später hörte Emil die Hupe wieder. Er drehte sich um und sah, wie mindestens zwei Dutzend Jungen, Gustav allen voran, die Trautenaustraße heraufmarschiert kamen.
> ‚Das Ganze halt!' Na, was sagst du nun?' fragte Gustav und strahlte über das ganze Gesicht.“ [43]

Vom militaristischen Standpunkt aus ist hier nichts ausgespart: Führer-Person an der Spitze („Gustav allen voran“), der Troß „heraufmarschierend“ hintendrein und auf Befehl alles stillgestanden

---

[42] Vgl. dazu auch Kurt Beutler, a.a.O. S. 165 ff.

[43] GS, Bd. 6, S. 212-213.

(„Das Ganze Halt!"). Hinzu kommen Freude über und Stolz auf die armeegleiche Aktion („...und strahlte über das ganze Gesicht").
Diese Linie setzt sich vom achten bis zum vierzehnten der insgesamt siebzehn „Emil"-Kapitel fort, indem die alleine durch das Aussehen des Diebes legitimierte Hetzjagd[44] generalstabsmäßig geplant und ausgeführt wird.

Das Kriegsspiel mit Feindbild im Berliner Vorstadtmilieu stellt die Humanität des selbsternannten *Urenkels der deutschen Aufklärung* in ein seltsames Licht und findet auch im weiteren Handlungsverlauf seinen sprachlichen Niederschlag sowohl im substantivischen als auch im verbalen Gebrauch:
„Kriegsrat abhalten"[45], „Stafetten aufstellen"[46], „Nachrichtendienst organisieren"[47], „Vorposten"[48], „Posten"[49], „Parole ausgeben"[50], „Standquartier"[51], „Wache stehen"[52], „Wache kontrollieren"[53], „Bericht erstatten"[54], „Befehle erbitten"[55], „geschnappt werden"[56], „erledigt sein"[57], „ein Kesseltreiben machen"[58], „auf Kommandos warten"[59], „Befehl geben"[60], „Vorwärts marsch!"[61], „jemanden in die Enge treiben, bis er sich er-

---

[44] Siehe dazu auch Marianne Bäumler, a.a.O. S. 154.
[45] GS, Bd. 6, S. 214.
[46] GS, Bd. 6, S. 214.
[47] GS, Bd. 6, S. 214.
[48] GS, Bd. 6, S. 214.
[49] GS, Bd. 6, S. 215.
[50] GS, Bd. 6, S. 219.
[51] GS, Bd. 6, S. 223.
[52] GS, Bd. 6, S. 223.
[53] GS, Bd. 6, S. 224.
[54] GS, Bd. 6, S. 228.
[55] GS, Bd. 6, S. 231.
[56] GS, Bd. 6, S. 233.
[57] GS, Bd. 6, S. 233.
[58] GS, Bd. 6, S. 234.
[59] GS, Bd. 6, S. 234.
[60] GS, Bd. 6, S. 235.
[61] GS, Bd. 6, S. 235.

gibt"[62], „richtig hetzen"[63], „einkreisen"[64], „Kommandos geben"[65], „Kindertrupps"[66], „umzingeln"[67], „seinen Feinden nicht entgehen"[68], „kehrt machen"[69] und „Marschordnung"[70].

Immer wieder wird die Wichtigkeit von Führungspersonen impliziert („Und die anderen zogen, mit Emil und dem Professor an der Spitze, zum Nikolsburger Platz"[71]; „Der Professor führte seine Leute rasch durch das eine Tor"[72]), die eine widerspruchslose Unterordnung in der Gruppe verlangen, was sich im häufigen Gebrauch des Imperativs äußert[73] und selbst dahin leitet, (Not-)Lügen - auf obersten Befehl hin - wie selbstverständlich zu legitimieren:

> „Ihr geht abwechselnd nach Hause und erzählt dort, ihr würdet heute vielleicht sehr spät heimkommen. Ein paar können ja auch sagen, sie blieben zur Nacht bei einem Freund. Damit wir Ersatzleute haben und Verstärkung, falls die Jagd bis morgen dauert." [74]

---

[62] GS, Bd. 6, S. 236.
[63] GS, Bd. 6, S. 236.
[64] GS, Bd. 6, S. 237.
[65] GS, Bd. 6, S. 237.
[66] GS, Bd. 6, S. 237.
[67] GS, Bd. 6, S. 237.
[68] GS, Bd. 6, S. 238.
[69] GS, Bd. 6, S. 238.
[70] GS, Bd. 6, S. 238.
[71] GS, Bd. 6, S. 214.
[72] GS, Bd. 6, S. 223.
[73] Hierfür bieten sich durchgängig Beispiele. Befehle erteilen wahlweise der Professor oder Gustav mit der Hupe. Hier einige Exempel (GS, Bd. 6, S. 215):
„ ‚Hier sind Bleistift und Papier. Krummbiegel, mach dir zwanzig Zettel zurecht und schreibe auf jeden von ihnen Dienstags Telefonnummer. Aber gut leserlich! Und dann gibst du jedem von uns einen Zettel. (...) Und wer das erfahren will, der ruft ganz einfach den kleinen Dienstag an und erhält von ihm genauen Bescheid.'
‚Ich bin doch aber nicht zu Hause', sagte der kleine Dienstag.
‚Doch, du bist zu Hause', antwortete der Professor.
‚Sobald wir hier mit Ratschlagen fertig sind, gehst du heim und bedienst das Telefon.'"
[74] GS, Bd. 6, S. 216.

Selbstaufopferung und Tapferkeit werden als unabdingbare Eigenschaften im Gruppengefüge verlangt:

> „Gerold, du haftest uns dafür. Zeigt, daß ihr richtige Jungs seid!“[75]

> „Dann kommt Emil mit zehn Jungen hinein. Such dir die Richtigen aus, Emil. Es wird eine kitzlige Sache! “ [76]

Widerspruch im hierarchisch strukturierten Gruppengefüge wird nicht geduldet und mit disziplinarischen Maßnahmen geahndet:

> „ ‚Schrei gefälligst nicht so', sagte Petzold, ‚du hast mir einen Dreck zu befehlen.'
> ‚Ich schlage vor, daß Petzold sofort ausgewiesen wird, und daß man ihm verbietet, weiterhin an der Jagd teilzunehmen', rief der Professor und stampfte mit dem Fuß auf. (...)
> ‚Wir wollen wie im Reichstag abstimmen. Ich beantrage nur, Petzold streng zu verwarnen. Denn es geht natürlich nicht, daß jeder einfach tut, was er will.' “ [77]

Mit scharfer Strenge weist hier der Professor als Führungsperson den zu Gehorsam verpflichteten Untergebenen Petzold in die Schranken. Fairneß in der Gruppe wird durch Abstimmung suggeriert - „wie im Reichstag“. Verwundern muß hier, daß der Reichstag der Weimarer Republik für Kinder kritiklos als oberste maßgebliche Instanz ins Spiel gebracht wird, wenn man sich die Relation zum Kästner-Gedicht „Ganz rechts zu singen“ vergegenwärtigt. Dort erscheint der *Reichstag* im Jahre 1930 in anderem Licht:

> „Der Reichstag ist ein Schweinestall,

---

[75] GS, Bd. 6, S. 220.
[76] GS, Bd. 6, S. 238.
[77] GS, Bd. 6, S. 231.

wo sich kein Schwein auskennt.
Es braust ein Ruf wie Donnerhall:
Kreuzhimmelparlament! " [78]

Von einem Kinderbuchautor, der als selbsternannter Schulmeister vorgab, engagiert zu kritischen jungen Lesern erziehen zu wollen[79], hätte man die einheitliche Führung auf *einer* Linie erwarten müssen. Immer wieder zeigt sich, wie gegenläufig sich dieselben Aspekte im Kästnerschen Zwei-Welten-Prinzip für Kinder und Erwachsene zueinander verhalten.

In Kästners Welt der *kleinen Freiheit* mit dem Staat als all- und übermächtigem Unterdrücker bei der freien Entfaltung des Einzelnen plädiert der Autor trotzdem und wiederholt für Fügsamkeit und Unterordnung in der menschlichen Gemeinschaft.
Die Aufforderung zu Respekt und Disziplin findet sich in direkter Ansprache an die jungen Rezipienten im Roman „Pünktchen und Anton" (1931)[80], doch kommt sie in der 1931 unter Regie von Gerhard Lam-

---

78 GS, Bd. 1, S. 300.

79 Die erwähnte „Ansprache zum Schulbeginn" (1952; GS, Bd. 5, S. 180-183) stützt diese These.
In Richtung dieser Aussage geht auch die Feststellung von Sibylle Wirsing: „Er glaubte fest an seine Berufung, die Menschen zu belehren und ihnen die Augen zu öffnen." („Das Geheimnis des doppelten Blicks. Emil und die Detektive, 1929" in Marcel Reich-Ranicki, Hg.: Romane von gestern heute gelesen. Band 2. 1918-1933. S. 187-193, hier S. 190).

80 In der „Vierzehnten Nachdenkerei" heißt es: „Respekt ist etwas sehr Wichtiges. (...) Respekt ist nötig, und Respektspersonen sind nötig, solange die Kinder, und wir Menschen überhaupt, unvollkommen sind." (GS, Bd. 6, S. 496).
Doch jede Macht kann solche allgemeinen und ungenauen Sätze für sich in Anspruch nehmen. Im historischen Rückblick (zum Beispiel „vor-militärische Ertüchtigung" in der Hitler-Jugend) wirken solche Forderungen aus dem Jahre 1931 noch beklemmender.
Zu berücksichtigen ist hier jedoch wieder die Problematik der *zerstörten Sprache*, da bestimmte Begriffe - dazu zählt auch *Respekt* - in der deutschen Geschichte durch die mit ihnen verbundene Wirklichkeit so zweideutig geworden sind.

precht erfolgten Verfilmung von „Emil und die Detektive“[81] noch stärker zum Ausdruck als im gleichnamigen Buch. In Lamprechts Streifen wirkt die Hetzjagd der Kinder auf den Dieb noch bedrohlicher.
Diesen Aspekt haben Frieda Grafe und Enno Patalas in ihrer Filmkritik „Nicht nur Pieck & Pabst“ (1969) angeschnitten:

> „In Lamprechts ‚Emil und die Detektive' hat Kracauer ‚schwache Anzeichen demokratischer Gesinnung wahrnehmen' wollen. Eher war er der Wahrheit wohl auf der Spur mit der Beobachtung, daß die Jagd der Jungen auf den Dieb ‚sich zu einem wahren Kinderkreuzzug entwickelt'. Tatsächlich erinnert der Film mehr an ein HJ-Geländespiel', wenn nicht an ein Judenpogrom, als an ‚demokratische Detektivarbeit', die Kracauer darin sehen wollte. Jedenfalls befinden sich die Jugendlichen des Films in kompletter Übereinstimmung mit der Erwachsenenwelt; elterliche Autorität wird nirgends in Zweifel gezogen; bürgerliche Autoritätsverhältnisse stellen im Kameradenkreis so selbstverständlich sich her, als seien sie natürlich. Feind aller ist der Außenseiter, der Gesetzesbrecher mit der undeutschen Physiognomie und dem polnischen Namen.“ [82]

---

[81] Inwieweit Kästner am Film-Drehbuch mitgewirkt hat, ist nicht schlüssig geklärt. Mit der Arbeit am Skript waren nachweislich Billy Wilder und Emmerich Pressburger beschäftigt (vgl. dazu Ingo Tornow, a.a.O. S. 26).
Im Vergleich zum „Emil“-Buch ist im Film vornehmlich der Schluß geändert. Die Bandenführer fliegen von Berlin nach Neustadt und werden dort in einem wahren Triumphzug der Bevölkerung empfangen. Die Buch-Vorlage endet vergleichsweise bieder mit Zeitungsbericht, Belohnung und dem Eintreffen von Emils Mutter in Berlin.

[82] Frieda Grafe/Enno Patalas: „Nicht nur Pieck & Pabst“. In Grafe/Patalas: Im Off. Filmartikel. München 1974. S. 141-146, hier S. 144. Der Abschnitt zu „Emil und die Detektive“ schließt mit dem Verweis auf eine „gutorganisierte Hetzjagd“.
Grafe/Patalas beziehen sich auf Siegfried Kracauers Buch „Von Caligari zu Hitler“ (Frankfurt/M 1979; Original „From Caligari to Hitler“, Princeton 1947).
In der Wertung des für ihn entzückenden und sehr erfolgreichen Kinderfilmes „Emil und die Detektive“ resümiert Kracauer seine Kernaussage wie folgt: „Durch sein Loblied auf die jugendliche Detektivspielerei suggeriert ‚Emil und die Detektive' daher eine gewisse Demokratisierung des deutschen Alltags. Diese Forderung wird sowohl durch die Unabhängigkeit und Selbstdisziplin der Jugend als auch durch die dokumentarische Kameraführung unterstützt.“ (S. 236).

Durch die vorgenannten Erläuterungen mag klarer werden, weshalb „Emil und die Detektive“ von der späteren Bücherverbrennung ausgeklammert wurde und auch der Film des verbotenen Autors noch bis 1937 lief[83].
Diese Tatsache ist bisher eher als Versehen der Nationalsozialisten[84] bzw. damit erklärt worden, man habe ein solch populäres Buch nicht einfach vom Markt nehmen können[85].

Wie verhalten sich die nachhaltig vor Augen geführten Appelle und Beispiele, kommentarlos Disziplin zu wahren („Denn es geht natürlich nicht, daß jeder einfach tut, was er will“[86]), zu Kästners Bedenken „Wir stehen vor jeder Autorität stramm“ und vor allem zu den zahlreichen Gedichten, die scheinbar gegen Duckmäusertum, willenlosen Gehorsam und die Biegsamkeit des deutschen Rückgrates gerichtet sind? Dazu zählen

---

Erst am Ende seiner „Emil“-Besprechung läßt Kracauer kritische Ansätze folgen: „Zweifellos trägt der Sieg des Lichtes dazu bei, das auszudrücken, was als der demokratische Geist des Films gelten mag. Und doch entzieht sich dieser Geist jeder Definition. Statt zu einer greifbaren Überzeugung zu kristallisieren, bleibt er in einer Stimmung verhaftet, die gerade noch die patriarchalischen Tendenzen neutralisieren kann, die sich in etlichen Szenen des Films aufdrängen. Da diese Stimmung eher vage ist - sie ergibt sich aus dem behutsamen Aufgreifen politisch zwiespältiger Kindheitserlebnisse - drängt sich die Schlußfolgerung auf, daß es den demokratischen Haltungen in diesem Film an Vitalität gebricht.“ (S. 237).

83 Luiselotte Enderle, 1966/1989, a.a.O. S. 73) gibt an: „Mit dem Etikett ‚Zersetzende Literatur' hatte man Kästner 1933 verfemt, und doch lief der Film ‚Emil und die Detektive' noch im Januar 1937.“

84 In diese Richtung geht der Tenor bei Luiselotte Enderle (1966/1989, a.a.O. S. 73); auf eine Erklärung verzichtet sie.

85 Helga Bemmann (a.a.O. S. 290) sieht das recht blauäugig so: „Der ‚Emil' war in Deutschland ein so populäres Kinderbuch, daß man nicht riskieren wollte, es auf den Scheiterhaufen zu werfen, da diese Maßnahme in weiten Kreisen auf Unverständnis gestoßen wäre, zumal der Film in den Kinos weiterlief.“
Klaus Doderer (a.a.O.; in Rudolf Wolffs Buch S. 113-114) argumentiert ähnlich: „Wenn auch in einer kursierenden ‚Schwarzen Liste der verbotenen Schriftsteller' Erich Kästner mit dem ausdrücklichen Hinweis ‚alles außer Emil' aufgeführt wurde, dann dürfte doch die Ausklammerung nichts weiter bedeuten als ein taktischer Schritt in der Jugendschrifttumspolitik dieser Zeit. Man fürchtete offensichtlich Proteste, wenn ein solcher Lieblingsroman ohne weiteres verboten worden wäre.“

86 GS, Bd. 6, S. 231.

Gedichte wie „Die Tretmühle“ (1928)[87] und „Kennst du das Land, wo die Kanonen blühn?“ (1928), wo es in einer Strophe heißt:

> „Wenn dort ein Vorgesetzter etwas will,
> - und es ist sein Beruf etwas zu wollen -
> steht der Verstand erst stramm und zweitens still.
> Die Augen rechts! Und mit dem Rückgrat rollen!“ [88]

Kästners Doppelbödigkeit läßt sich immer wieder nur konstatieren; entschuldigen kann man sie nicht.

In bezug auf die Aspekte Hetzjagd und Solidarität der Bande hat Ruth K. Angress auf diese „ungemütlichen Themen aus moralischer und historischer Sicht“ verwiesen ; als „Erziehungsmittel zu verantwortlichem Handeln“ konnte sie das Buch „Emil und die Detektive“ nicht empfehlen[89].

Hält man sich Kästners Aussage vor Augen, er habe vorausgesehen, wohin Deutschland vor dem zweiten Weltkrieg gesteuert sei[90], und setzt diese ins Verhältnis zu seinen Appellen bezüglich Disziplin, Respekt und Achtung der Respektspersonen, muß gefragt werden, ob er als Schriftsteller die Jugendlichen in *gewisser Hinsicht* nicht wirklich auf ihr späteres (Kriegs-)Leben vorbereitet hat.

Dieser Aspekt wird in Alwin Binders 1980 publiziertem Aufsatz „Sprachlose Freiheit? Zum Kommunikationsverhalten in Erich Kästners ‚Das fliegende Klassenzimmer' “ bezüglich jenes 1933 veröffentlichten Romans angesprochen. Binder bemängelt, Kästner habe anscheinend auch im Nachhinein keinen Zusammenhang erkennen können zwischen der Erziehung zu Respekt und Ehrfurcht und der Katastrophe, in die seine eigene Generation geraten war.[91]

---

87 GS, Bd. 1, S. 50-51.

88 GS, Bd. 1, S. 56. Wie wir gegen Endes vierten Kapitels gesehen haben, reicht die Verwendung des Rückgrat-Motives als einem Symbol der Unterwürfigkeit bis ins Spätwerk hinein.

89 Ruth K. Angress, a.a.O. S. 97.

90 In „Gedanken eines Kinderfreundes“ (1946; GS, Bd. 5, S. 40).

91 Alwin Binder, a.a.O. S. 305.

In dem kleinen Uli von Simmern, einer der Haupt-Akteure im „Fliegenden Klassenzimmer", sah Binder den Prototyp des Helden dargestellt, wie man ihn im Dritten Reich brauchte.[92]
Im „Fliegenden Klassenzimmer" geht es um ein Stück Jungen-Alltag in einem Internat[93], um die Konflikte zwischen Gymnasiasten und benachbarten Realschülern und um Probe und Aufführung eines Schülertheaterstücks eben mit dem Titel „Das fliegende Klassenzimmer".
In Kästners „regelrechter Weihnachtsgeschichte" [94] werden die verschiedensten Typen gezeichnet, womit sich eine breite Spanne an Identifikationsangeboten für die jungen Leser eröffnet: der mutige und zu allem entschlossene Matthias, die überlegt handelnde Führernatur Martin, der vorbildlich-gerechte Lehrer Justus und nicht zuletzt der kleine Uli, der seine Feigheit damit überwindet, aus schwindelerregender Höhe mit einem Regenschirm in der Hand auf den Turnplatz zu springen, wobei er sich ein Bein bricht. Der körperliche Schaden wird durch die Achtung aller relativiert:

> „ ‚Er sei ein Feigling, haben sie gesagt, und solche Sachen.' Matthias zog das Taschentuch heraus und putzte sich die Nase. ‚Und ich Rindvieh habe ihm gestern geraten, er müsse eben mal was zeigen, was den anderen imponiere.'
> ‚Na, das ist ihm ja nun gelungen', sagte der Justus. ‚Und nehmt euch ein bißchen zusammen! Vergeßt nicht, daß so ein Beinbruch weniger schlimm ist, als wenn der Kleine sein Leben lang Angst davor gehabt hätte, die anderen würden ihn nicht für voll nehmen. Ich glaube wirklich, dieser Fallschirmabsprung war gar nicht so blödsinnig, wie ich zunächst dachte.' " [95]

Durch Ulis heldenhafte Tat - gleichbedeutend mit einem Durchbruch der psychischen Blockade - hat er sich als Respekts- und Führungspersön-

---

[92] Alwin Binder, a.a.O. S. 305.

[93] Das Thema Sexualität bleibt im Gegensatz zu den Schriften für Erwachsene bei den Werken für Kinder völlig ausgeklammert, auch wenn - wie im „Fliegenden Klassenzimmer" - ein Internat die Szenerie bildet.

[94] In der „ersten Abteilung des Vorwortes"; GS, Bd. 7, S. 9.

[95] GS, Bd. 7, S. 79.

lichkeit etabliert. Dies dringt im Nachwort durch, in dem der Verfasser mit Johnny Trotz eine seiner Romanfiguren trifft:

> „ ‚Uli ist ein sonderbarer Kerl', meinte Johnny. ‚Er ist noch immer der Kleinste in der Klasse. Aber er ist ganz anders als früher. Matthias steht völlig unter seinem Pantoffel. Und uns anderen geht's fast genau so. Uli bleibt zwar klein, aber in ihm steckt eine Kraft, der sich niemand widersetzen kann.' “ [96]

Hier findet man Kästners Motiv von den *kleinen großen Männern* wie „Cäsar, Napoleon und Goethe“[97] wieder.
Durch Mut zur Anerkennung: Im Jahr von Hitlers Machtübernahme und vor dem Hintergrund seiner später großspurig vermittelten Erkenntnis. er habe gewußt, wohin Deutschland steuere, erscheint diese Vorbild-Zeichnung widernatürlich. In Ergänzung dazu hatte Kästner den „Mut“ sowohl in der „Vierten Nachdenkerei“ von „Pünktchen und Anton“ als auch in der „zweiten Abteilung des Vorwortes“ in „Das fliegende Klassenzimmer“ einheitlich definiert:

> „Mut beweist man nicht mit der Faust allein, man braucht den Kopf dazu.“ [98]

> „Und schreibt euch hinter die Ohren, was ich jetzt sage: Mut ohne Klugheit ist Unfug; und Klugheit ohne Mut ist Quatsch. Die Weltgeschichte kennt viele Epochen, in denen dumme Leute mutig oder kluge Leute feige waren. Das war nicht das richtige.
> Erst wenn die Mutigen klug und die Klugen mutig geworden sind, wird das zu spüren sein, was irrtümlicherweise schon oft festgestellt wurde: ein Fortschritt der Menschheit.“ [99]

---

[96] GS, Bd. 7, S. 118.
[97] In „Als ich ein kleiner Junge war“; GS, Bd. 6, S. 73.
[98] In „Pünktchen und Anton“; GS, Bd. 6, S. 445.
[99] In „Das fliegende Klassenzimmer“; GS, Bd. 7, S. 16.

Kästner reklamiert hier nachdrücklich das, was ihm wenige Jahre später nicht mehr gelang: als *Kluger* - an seiner diesbezüglichen Fähigkeit hat er nie Zweifel aufkommen lassen[100] - mutig zu werden.
Dies mag verstärkt die aufgestellte These stützen, sein Theaterstück „Die Schule der Diktatoren“ als große Selbstrechtfertigung Kästners anzusehen: In einem faschistischen System vermögen die Klugen nicht mutig zu werden, es sei denn, sie gehen bis zu letzten Konsequenz, riskieren ihr Leben und werden dann zu *dummen Märtyrern*.
Für den zitierten *Fortschritt der Menschheit* verlangt Kästner also von anderen jenes, was ihm selbst nicht möglich war. Banal nimmt sich des Autors Formulierung in „Als ich ein kleiner Junge war“ aus, er wollte ohnehin kein Held sein oder werden[101]. Dies soll ihm nicht zum Vorwurf gemacht, sondern nur in Relation zu seinen stets aufs Geratewohl formulierten Phrasen gebracht werden. Gleichwohl hegte Kästner Bewunderung für „Helden und Märtyrer“ wie Carl von Ossietzky und den Schauspieler Hans Otto.[102]
Völlig unverständlich muß bleiben, daß Kasimir Edschmid in seiner Rede auf Kästner als Büchner-Preisträger 1957 betonte, dieser - Kästner - sei der echte Held in einer Epoche der unechten Helden gewesen[103]. Der Gratwanderer, Opportunist und Blender Kästner schien Edschmid nicht in den Sinn gekommen zu sein.

Kommen wir zurück zum Roman „Das fliegende Klassenzimmer“: Was mit der Faszination des - paradoxerweise - selbsternannten aktiven Pazifisten reinsten Wassers[104] für Bandenwesen sowie der hierarchisch strukturierten Zucht und Ordnung sowie dem beachtlichen Fundus an militaristischem Vokabular in „Emil und die Detektive“ seinen Anfang ge-

---

[100] Dies manifestiert sich durchgängig in „Als ich ein kleiner Junge war“ (GS, Bd. 6, zum Beispiel S. 70 und S. 82) und - besonders aufdringlich - in dem Zeitungsbeitrag „Talent und Charakter“ (1945; GS, Bd. 5, S. 14 f.).

[101] GS, Bd. 6, S. 65.

[102] In seiner Rede „Über das Verbrennen von Büchern“ von 1958; GS, Bd. 5, S. 577.

[103] Kasimir Edschmid, a.a.O. S. 80.

[104] So wird Kästner in der „Süddeutschen Zeitung“ zitiert („Mit Kästner unterhielten sich...“, 30. Juli 1969, S. 13). Den Rahmen bildete ein Gespräch Kästners mit israelischen Jugendlichen in München.

nommen hatte, setzt sich in diesem Roman unvermindert, mitunter sogar verstärkt fort.

Der Konflikt zwischen Gymnasiasten und Realschülern wird im wahrsten Sinne des Wortes sprachlich *ausgeschlachtet*, insbesondere mit Blick auf den Zweikampf der beiden Anführer und auf die große Schneeballschlacht. Alwin Binder hat hier zurecht auf die Analogiefähigkeit einer Schneeballschlacht hingewiesen, die zum Gleichnis von *Krieg* und *Schlacht* hochstilisiert werden könne, ohne daß Signale erkennbar wären, die einen jungen Leser in ein ironisch-satirisches Verhältnis zum Dargestellten brächten.[105] Sprache als Lösungsmöglichkeit zur Konfliktbewältigung erscheint nicht.[106]

Kästner transportiert hier - mutmaßlich unbewußt - Verhaltensmodelle aus der Erwachsenen- in die Kinderwelt, was *im richtigen Leben* damit durchaus korreliert. Ein Kriegsgleichnis undistanziert als Bewährungsbereich für Mut, Tapferkeit und Durchstehvermögen und bei gleichzeitiger Wahrung der hierarchischen Ordnung auszugeben, läßt den *Pazifisten* und *Antifaschisten* Kästner in widersprüchlicher Lage zurück.

Der Autor/Erzähler gibt den jungen Rezipienten in fataler Form Anleitungen zu Kriegsspielen und deren Strategien mit auf den Lebensweg, getragen von einem immensen Schatz an militaristischem Vokabular[107].

---

[105] Alwin Binder, a.a.O. S. 294.

[106] Alwin Binder, a.a.O. S. 295. Er spricht auch davon, daß Gewaltanwendung zu einem sanktionierten Verhalten ‚anständiger Menschen' werde, die ihre eigenen Beweggründe nicht zu reflektieren und keinen ernsthaften Versuch zu machen brauchten, sich mit dem Gegner gewaltfrei zu verständigen (S. 293).

[107] Alwin Binder (a.a.O. S. 294) hat zwar einige Beispiele herausgestellt, doch diese Palette nimmt sich weitaus größer aus. Die folgenden Seitenzahlen beziehen sich immer auf die GS, Bd. 7:
„jemanden als Geisel nehmen“ (S. 32), „Schlachtfeld“ (S. 33), „Verwundete verbinden“ (S. 33), „Kriegspfad“ (S. 34), „Schlachtplan“ (S. 35), „jemanden in Atome zertrümmern“ (S. 35), „Parlamentär“ (S. 36), „feindlicher Anführer“ (S. 37), „im Anmarsch sein“ (S. 38), „Gefangenen herausgeben“ (S. 38), „bedingungslos ausliefern“ (S. 38), „Befreiung des Gefangenen“ (S. 38), „feindselig“ (S. 39), „bewachen“ (S. 39), „losschlagen“ (S. 39), „stürmen“ (S. 39), „besetzen“ (S. 39), „Kommando“ (S. 39), „Flankenangriff machen“ (S. 39), „Krieg“ (S. 40), „Zweikampf“ (S. 40), „Anführer“ (S. 41), „Unterhändler“ (S. 41), „verteidigungsunfähig“ (S. 41), „Kampfbedingungen“ (S. 41), „Gefangenen bedingungslos ausliefern“ (S. 41), „fertigmachen“ (S. 42), „vollkommen erledigt sein“ (S. 43), „Gehorsam verweigern“ (S. 43), „Schlacht gewin-

Mut und Klugheit erweisen sich wirklich als unabdingbare Komponenten für eine erfolgreiche Kriegführung, in deren Vorfeld einige Realschüler einen Gymnasiasten (Kreuzkamm) als Geisel genommen hatten:

> „ ‚Weißt du vielleicht sogar, wo der Kreuzkamm steckt?' fragte Sebastian eifersüchtig.
> ‚Ja. In Egerlands Keller. Und ein paar Realisten bewachen ihn. Wir müssen sofort losschlagen. Sonst kommen da drüben immer mehr zusammen. Wir müssen den Hof stürmen und den Keller besetzen. Die eine Hälfte, unter Johnnys Kommando, dringt von der Straße her ins Haus. Die andere Hälfte, unter meiner Leitung, macht vom Eckhaus her, in dem ich eben war, über die Mauer weg einen Flankenangriff. Aber ein paar Minuten später.' “ [108]

Wie in „Emil und die Detektive“, so fehlt es auch hier an nichts: die besonnene Führernatur und die Masse der Handlanger, dazu eine minutiöse Planung bei gewaltsamem Vorgehen - ganz wie im *richtigen Leben* einige Jahre darauf.
Solche Verhaltensmuster als vorbildliche Bewährungsproben-Situationen an die Hand gegeben zu haben, muß man auch vom „Fliegenden Klassenzimmer“ aus in Beziehung zu dem von Kästner später formulierten *prophetischen Ausblick* setzen, den er im Hinblick auf den zweiten Weltkrieg gehabt haben will. Unter diesem Aspekt war Kästner ein verantwortungsloser Verfasser von Kinderbüchern.

---

nen“ (S. 44), „Sturmangriff“ (S. 45), „Bombardement“ (S. 45), „Handgemenge“ (S. 48) und „Schlachtfeld“ (S. 49).
Der Autor/Erzähler scheint zumindest andeutungsweise Zweifel an der Darstellungsart dieses Kriegsgleichnisses gehabt zu haben. Werkfigur Johnny Trotz läßt er auf eine Erbfeindschaft zwischen den Schulen verweisen, doch individuelle Schuldfragen dergestalt auf *Systeme* abzuwälzen, nimmt sich recht fadenscheinig aus: „Daß die Realschüler mit uns verzankt sind, das ist gewissermaßen prähistorisch. Es soll vor zehn Jahren schon genauso gewesen sein. Es ist ein Streit zwischen den Schulen, nicht zwischen den Schülern. Die Schüler führen eigentlich nur das aus, was ihnen die Chronik der Pennen vorschreibt.' “ (GS, Bd. 7, S. 33).

108 GS, Bd. 7, S. 37.

Militaristisches Vokabular gehörte für Kästner auch nach dem zweiten Weltkrieg in seinen (literarischen) Sprachschatz und wurde in seinen Texten beiläufig und wie selbstverständlich vermittelt.
Im Zusammenhang mit dem Vergleich - es ist eines seiner häufigsten Stilmittel - durchziehen militaristische Vorstellungsbilder, zum Teil auch als Phrasen, Kästners Kindheits-Autobiographie „Als ich ein kleiner Junge war“ (1957):

> „Wir (Anm.: Kästner und seine Mutter, AD) bevölkerten das Alberttheater, das Schauspielhaus und die Oper. Stundenlang warteten wir auf der Straße, um, wenn die Kasse geöffnet wurde, die billigsten Plätze zu ergattern. Mißlang uns das, so gingen wir niedergeschlagen heim, als hätten wir eine Schlacht verloren. Doch wir verloren nicht viele Schlachten.“ [109]
>
> „So wurde mein Vater aus dem Küchenparadies vertrieben. Er ging in die Verbannung. Von nun an saß er abends...drunten im Keller.“ [110]
>
> „Ich hatte gesiegt und fühlte mich elend. Ich kam mir vor wie einer jener bewaffneten Soldaten, die auf dem Heller hinter den Militärgefangenen herliefen.“ [111]
> „Dann streckte er (Anm.: Kästners Onkel Franz, AD) herrisch den Arm aus, ähnlich wie ein Heerführer, der die Reserven ins Feuer schickt.“ [112]

Solche und ähnliche militante Vergleichsbilder stehen im Text in keinem inhaltlichen Zusammenhang zur Erziehung in der Wilhelminischen Ära, wodurch sie hätten verständlich erscheinen können.

---

109 GS, Bd. 6, S. 80.
110 GS, Bd. 6, S. 83.
111 GS, Bd. 6, S. 92.
112 GS, Bd. 6, S. 121.

Allgemein befremdlich ist ferner, wie Kästner außerhalb des eigentlichen Romangeschehens, beispielsweise in „Pünktchen und Anton", an die jugendlichen Leser appelliert, sich an (seinen) literarischen Vorbildern zu orientieren. Das „Kleine Nachwort" in „Pünktchen und Anton" schließt wie folgt:

> „Vielleicht entschließt ihr euch, so wie sie (Anm.: die ‚Emile und Antone', AD) zu werden?
> Vielleicht werdet ihr, wenn ihr sie liebgewonnen habt, wie diese Vorbilder, so fleißig, so anständig, so tapfer und so ehrlich?
> Das wäre der schönste Lohn für mich. Denn aus dem Emil, dem Anton und allen, die den beiden gleichen, werden später einmal sehr tüchtige Männer werden. Solche, wie wir sie brauchen können." [113]

Aber wie sollen die *Kästner-Kinder* denn nun werden, damit sie später nicht dessen eigenen *satirischen* - besser boshaft-ironischen - Spitzen in den Erwachsenen-Schriften ausgesetzt sind? Was sind *sehr tüchtige Männer*? Und vor allem: Wer ist mit *Wir* gemeint?
Wir impliziert in diesem Falle doch *der Staat*. Jener Staat wird *sehr tüchtige Männer* jedoch nicht nur als anständige Menschen bzw. realitätsferne Moralisten brauchen können, sondern in einer - wie auch immer gearteten - Berufs- und Betätigungssphäre.
Staatsdiener freilich dürfen sie nicht werden, weil sie sich damit in hierarchische Strukturen (Beamte, Militärs) begeben, die Kästner zumindest in Gedichten und sonstigen Erwachsenen-Schriften - immer wieder attackiert hat.[114] Als *sehr tüchtige Männer* dürfen sie andererseits nicht auf verantwortungsvollen Posten in der Industrie tätig werden und vor allen Dingen nicht reich zu werden gedenken, weil dies einmal mehr zahlreichen spöttisch-ironischen Gedichten zuwiderliefe.[115] *Sehr tüchti-*

---

113 GS, Bd. 6, S. 509.

114 Vgl. dazu zu Beginn des dritten Kapitels unserer Arbeit insbesondere die besprochenen Antikriegsgedichte.

115 Bespiele sind Gedichte wie „Knigge für Unterbemittelte" (1928; GS, Bd. 1, S. 90-91) und „Fantasie von übermorgen" (1929; GS, Bd. 1, S. 108-109).

ge Männer als Verantwortungsträger in der Politlandschaft dürften für Kästner ebenso tabu sein.[116]
Es ist nicht vermessen zu behaupten, Kästner habe oft mit markigen Worten einen utopistischen Ideal-Typus erschaffen wollen, von dem er nicht wußte, wie er in der Wirklichkeit ausschauen, agieren und funktionieren sollte.

Untersucht man Kästners Moralappelle in seinem Werk nach dem zweiten Weltkrieg, finden sich mit Blick auf jenes Schaffen von Vorbildern die abstrakten Leitphrasen nuanciert wieder. Auch die militaristischen Floskeln und Vergleichsbilder sind beibehalten, und dies nicht nur rückblickend auf die Zeit der Nationalsozialisten, sondern auch undurchdacht und undifferenziert mit Blick nach vorn.
Das bezeichnendste Exempel bietet der 1945 erschienene Zeitungsartikel „Talent und Charakter“. Es geht um den Wiederaufbau Deutschlands und um eine Rückschau auf die zweifelhafte Postenvergabe zu Zeiten der NS-Diktatur:

> „Aber mit wichtigen Schlüsselstellungen darf man ihre saubere Gesinnung und Haltung nicht belohnen. Für solche Späße ist die Zeit zu ernst. Nicht die Flinksten, nicht die Ehrgeizigsten, auch die nicht, die nichts als brav sind, sollen beim Aufbau kommandieren, sondern die tüchtigsten Kommandeure!
> Menschen, die außer ihrer weißen Weste das andere, das Unerlernbare, besitzen: Talent! (...)
> Es geht darum, daß auf jedem Posten der tüchtigste Mann steht.
> Es geht darum, daß die tüchtigsten Männer Posten stehen! “ [117]

Kaum war der Weltkrieg vorbei, sollte nach Kästners Auffassung wieder möglichst rasch eine hierarchische Ordnung mit entsprechender Zucht geschaffen werden, eine Neuordnung der Untertanenmentalität.

---

116 Exempel bieten Gedichte wie „Lob der Volksvertreter“ (1929; GS, Bd. 1, S. 104-105) und „Ganz rechts zu singen“ (1930; GS, Bd. 1, S. 299-301).
117 GS, Bd. 5, S. 16.

„Posten stehen", „auf dem Posten stehen", „der tüchtigste Mann": In Kästners Phrasendrescherei gehen militaristische Vorstellungsbilder problemlos auf. Umso mehr muß es verwundern, daß der Autor gerade zu jener Zeit gegen die Verwendung von Phrasen wettert, so in dem Aufsatz „Die Phantasien des intimen Kenners" (1946):

> „Die Phrase ist der Tod der Sprache und des Denkens. Und nie vorher, noch sonstwo sind Sprache und Denken mit Phrasen, Redekonserven und Klischees so totgeknüppelt worden wie im Dritten Reich." [118]

Kästners kritische Wertung des Phrasen-Gebrauchs und -Mißbrauchs mag unwidersprochen bleiben, doch benutzt er selbst jenes hohle Wortgut so ausführlich, obgleich er sich doch „drei unveräußerlichen Forderungen" nachkommen sah: der Aufrichtigkeit des Empfindens, der Klarheit des Denkens und der Einfachheit in Wort und Satz[119].
Hatten die NS-Machthaber nicht auch versucht, auf jeden Posten den *tüchtigsten Mann* zu stellen und die *tüchtigsten Männer* Posten stehen zu lassen?
Eine - das geschichtliche Bewußtsein kritisch reflektierende - Trennungslinie tritt bei Kästner nicht deutlich hervor; eine überirdische Instanz, die jene *tüchtigsten Kommandeure* mit ihrer *weißen Weste* und ihrem *Talent* selektiert, existiert schließlich nicht. Ein ums andere Mal verschließt Kästner vor der gesellschaftlichen Wirklichkeit die Augen und setzt statt dessen irreale Appelle ein.
Kaum aber versuchen die Aufbau-Kommandeure das politische Heft verantwortlich in die Hand zu nehmen, macht man es Kästner nicht recht. Als Nachbetrachtungs-Analytiker ist er wieder zur Stelle:

> „Ich habe nur bis 1948 geglaubt, daß es in der richtigen Richtung weitergeht. Aber unter Adenauer ist dann so vieles falsch

---

118 GS, Bd.5, S. 371.

119 In „Kästner über Kästner"; GS, Bd. 5, S. 304.

gemacht worden. (...) Ich sehe die Adenauer-Zeit als eine Zeit der Demokratur." [120]

Einerseits fordert Kästner mit Nachdruck das *Kommandieren*, andererseits lehnt er nachträglich ein entschlossen-energisches Vorgehen wie in der Ära Adenauer ab.

Immer wieder zeigt sich, daß Kästner kein kritischer Zeitgenosse war, sondern ein Beckmesser ohne klare Linie. Bedingungen und Prämissen seiner Zeit vermochte er wahrlich nicht zu begreifen.
Vieles deutet in jene Richtung, die Walter Benjamin Kästner bereits 1931 vorgehalten hatte: eine Schwermut, die aus Routine komme[121].
In diesem Umfeld ist auch Kästners Wirklichkeitsbegriff zu suchen; man kann ihn nicht fassen und nicht benennen. Nicht nur jedes Werk weist ein anderes Verhältnis zu dem auf, was man Wirklichkeit nennt[122], sondern jeder einzelne Kästnersche Essay und jeder Zeitungsbeitrag.
Doch diese beliebte Beliebigkeit im Wechselspiel der - auch publikumswirksam arrangierten - Ansichten und Anschauungen ist ebenso wirklichkeitsfremd wie Kästners Zweiteilung der Welt in seinen Schriften für Erwachsene und Kinder, wie wir im dritten Kapitel anhand von Weltbild und Geschichtsverständnis nachzuweisen versucht haben.

Ein Aspekt, der Kästners Schriften für Erwachsene und Kinder gemein ist, ist das sanktionierte Verhalten von Gewalt - bis zu einem gewissen Grad. Ob in Texten für Kinder oder in Unterhaltungsromanen: Ohrfeigen sind stets moralisch neutral[123].
Das Verhältnis von Gewalt und Gegen-Gewalt haben wir beim „Fliegenden Klassenzimmer" herausgestellt, doch dieses *Auge um Auge, Zahn um Zahn* erweist sich bei Kästner als werkdurchgängiges Merkmal, das

---

120 Interview mit Adalbert Reif aus dem Jahre 1969, a.a.O.

121 Walter Benjamin: „Linke Melancholie", a.a.O. S. 280.

122 Vgl. dazu auch Volker Ladenthin, a.a.O. S. 75. Aus meiner Sicht ist dies ein Standardaufsatz (erschienen 1988) zum Wirklichkeitsbegriff bei Kästner. In seinem Fazit verweist Ladenthin darauf, Kästner gebe auf die alte Frage nach dem Realismus Antworten in geradezu enzyklopädischer Breite (S. 75).

123 Vgl. dazu Ruth K. Angress, a.a.O. S. 98.

die lauteren Intentionen des *Pazifisten* immer wieder fraglich erscheinen läßt.
Auch in seinem Drehbuch „Münchhausen“ (1942/43) wird Gewalt verharmlost und offen herausgekehrt, was sich vor dem zeitgeschichtlichen Hintergrund des Krieges als eine recht zweifelhafte Vorgehensweise des Autors entpuppt.
So steht die dargestellte Brutalität und Grausamkeit beim Tod eines Hundes in seiner Ausschlachtung weder in einem Verhältnis zur Original-Münchhausen-Vorlage von Gottfried August Bürger[124] noch zu einer zwingenden Funktion innerhalb des Textes noch zur scheinbaren Friedensliebe des Verfassers. In einer Szene betritt Münchhausens Kompagnon Kuchenreutter einen Schloßhof und hat eine unliebsame Begegnung mit einem Hund:

> „In dem Reiserock hat sich
> ein großer Hund festgebissen.
> Kuchenreutter brüllt: ‚Willst du gleich loslassen, du Aas?'
> Der Hund, offensichtlich toll,
> beutelt und zerrt weiter an dem
> Rock herum. Kuchenreutter
> schreit ärgerlich: ‚Dann kann ich dir auch nicht helfen!'
> Er hebt die Klopfpeitsche. Eine
> Magd schreit und wirft sich die Aufschrei
> Schürze über den Kopf. Der
> Hund liegt, Schaum vorm Maul,
> am Boden. Kuchenreutter
> stößt dem Tier mit der Stiefel-
> spitze in die Rippen. Es regt
> sich nicht mehr. Ein Junge
> kommt ängstlich ins Bild und
> fragt: ‚Ist er tot, Vater?'
> Kuchenreutter betrachtet den

---

124 Gottfried August Bürger: Wunderbare Reisen zu Wasser und zu Lande, Feldzüge und lustige Abenteuer des Freiherrn von Münchhausen, wie er dieselben bei der Flasche im Zirkel seiner Freunde zu erzählen pflegt (1788). In Conrad W. Schmidt: Münchhausens Abenteuer. Wiesbaden o.J.

zerrissenen Reiserock und
sagt nickend: ‚Ja - und der Rock ist auch kaputt.' " [125]

Der Tod eines Lebewesens ist nichts wert und wird bei diesem Kampf-Gleichnis zu einer Bagatelle, bei welcher der Materialwert des Rockes an Verlust mehr wiegt als ein Leben. Aus dem Vorfall läßt sich leicht die Quintessenz lösen: Wird man angegriffen, hat man automatisch, das Recht zu töten.

Nicht anders ist es im „Münchhausen"-Drehbuch auch dann, wenn sich die Angelegenheit auf zwischenmenschliche Bereiche erstreckt. In einer Szene im Thronsaal in der Eremitage ist ein festliches Bankett gerichtet, bei dem Kaiserin Katharina mit einigen Botschaftern ins Gespräch kommt. Hier deutet sich die theoretische Basis bei gewaltsamem Vorgehen an:

> „Koblenzl, der Österreicher,
> fragt neugierig: ‚Und was werden Majestät in
> der schwedischen Affäre
> unternehmen?'
> Katharina antwortet ruhig: ‚Ich hoffe, daß es keinen
> Krieg gibt. Sollte es aber
> Schläge setzen, so ist es
> besser, Schläge auszuteilen,
> als zu bekommen.' " [126]

---

[125] GS, Bd. 4, S. 298-299. Kästners Hunde-Episode kann als Zusammenschluß zweier kurzer Begegnungen Münchhausens mit einem Wolf und einem Hund in der Bürgerschen Vorlage (a.a.O. S. 25) gesehen werden:
„Kurz, ich packte ihn (Anm.: den Wolf, AD) beim Eingeweide, kehrte sein Äußeres zu innerst, wie einen Handschuh, um, schleuderte ihn zu Boden und ließ ihn da liegen. Dieses Stückchen hätte ich nun wieder nicht an einem tollen Hunde versuchen mögen, welcher bald darauf in einem engen Gäßchen in St. Petersburg gegen mich anlief. ‚Lauf, was du kannst!' dacht' ich. Um desto besser fortzukommen, warf ich meinen Überrock ab und rettete mich geschwind ins Haus. Den Rock ließ ich nachher durch meinen Bedienten hereinholen und zu den anderen Kleidern in die Garderobe hängen."

[126] GS, Bd. 4, S. 352.

Gewalt als berechtigtes Mittel, um andere zur Einsicht zu bringen, scheint von diesem Standpunkt aus gesehen legitim. So wurde es im Jahre 1942 von Kästner zu Papier gebracht, um ein Jahr darauf von der Kinoleinwand herab einem Millionenpublikum vermittelt zu werden. Solche Gewalt-Gleichnisse muß man im historischen Zusammenhang mit Bombenalltag, Rußland-Feldzug und den gewaltreichen Gegenzügen der alliierten Truppen sehen, um zu bemerken, wie beklemmend sie wirken.

Grundsätzlich muß man hier zwischen den fiktiven Figuren eines Textes und der Haltung des Autors unterscheiden, doch müssen wir einen Einwand geltend machen. Wenn in verschiedenen Quellen der Pro-Kästnersche-Tenor in die Richtung geht, er habe womöglich zeitkritische Botschaften listig hinter den Filmbildern, Lügen- und Abenteuergeschichten versteckt und auf die wahren Verhältnisse angespielt[127], so kann man dieselbe Argumentation auf die zitierte Drehbuchpassage mit Koblenzl und Kaiserin Katharina münzen: Gegenüber den NS-Machthabern suchte sich der Autor mit solchen die Gewalt legitimierenden und verherrlichenden Sätzen anzubiedern.

Gegen das Argument versteckter *zeitkritischer* Botschaften steht ein weit gewichtigeres: Kästners wiederholte Betonung, er habe zwischen 1933 und 1945 nicht geschrieben. Als ein Autor, der immer darum bemüht war, seine Leistungen hervorzuheben und zu beschönigen, hätte er als Nachbetrachtungs-Analytiker gewiß und weitschweifig auf solche Art von Widerstand gegenüber dem Regime verwiesen. Seine einzige Stellungnahme zu dieser Thematik, der Filmauftrag sei vom größten Lügner der Welt gekommen, und so habe man einen Film über den Lügner gemacht, der ihm am nächsten komme, nämlich Baron Münchhausen[128], wirkt verkrampft, einfältig und unglaubwürdig angesichts der

---

[127] Zum Beispiel Helga Bemmann (a.a.O. S. 356), Heino Eggers (a.a.O.), Gunter Groll (zitiert in Joachim Cadenbach: Hans Albers. Reinbek bei Hamburg 1977, S. 93) sowie Michael Marek und Michael Wildt in ihrer Deutschlandfunk-Sendung im Oktober 1992 (Manuskript, a.a.O.).
Angeführt wird zumeist der Dialog zwischen Münchhausen und Kuchenreutter auf dem Mond, wo eine andere Zeitrechnung herrscht, und Münchhausen feststellt, die Zeit sei kaputt (GS, Bd. 4, S. 267).

[128] Zitiert nach Michael Marek/Michael Wildt, a.a.O. S. 12.

großangelegten Werbung für die kulturelle Schaffenskraft der Nationalsozialisten und des unpolitischen Films als Politikum.

Auf die sprachliche Gewalttätigkeit des Erich Kästner sind wir im Zusammenhang mit Gedichten und der „Prosaischen Zwischenbemerkung" (1929) bereits eingegangen. Die zitierte Drehbuch-Passage vom Austeilen der Schläge findet auch Parallelen in dem Roman „Als ich ein kleiner Junge war". Wie im erwähnten „Münchhausen"-Gespräch zwischen Koblenzl und Katharina, so tauchen hier Gewalt und Legitimation zur Gegengewalt auf:

> „Und als ich ins Haus trat, stolperte ich über Naumann Richards Bein. Ich sauste hinter ihm her, holte ihn ein und gab ihm eins hinter die Ohren. Es konnte schon sein, daß er mich seit unsrer Kinderwagenzeit haßte. Daß er sich daran erinnerte. Daß er mich gar nicht angriff, wie ich geglaubt hatte. Sondern daß er sich nur verteidigte. Doch ein Bein stellen ließ ich mir deshalb noch lange nicht." [129]

Angriff als die beste Verteidigung wird von Kästner hier explizit gebilligt; das „Bein stellen" im Kinderbuch wird gleich mit Brachialgewalt geahndet („eins hinter die Ohren geben").
Fraglich ist auch, warum der nach eigenem Bekunden so pazifistisch gesonnene Kästner im „Münchhausen"-Drehbuch die vollkommen überflüssige und bereits zitierte *Hunde-Episode* eingearbeitet hat; das Verbeißen eines Hundes in einen Reiserock zieht die rücksichtslose Tötung der Kreatur nach sich - samt abschließendem Bajonett-Effekt („Kuchenreutter stößt dem Tier mit der Stiefelspitze in die Rippen"). Generell ist erstaunlich, welches Potential an Gewalt, Militarismus und heroisierenden Einlagen und Auftritten das „Münchhausen"-Drehbuch durchzieht.[130] Da es sich um das Skript zu einem pompösen Unterhal-

---

[129] GS, Bd. 6, S. 54.

[130] Bei den Beispielen beziehen sich die folgenden Seitenangaben auf GS, Bd. 4.
Da ist es das Motiv von den heimkehrenden Kriegern (S. 289), der heimtückische Mord an einem Vorhangzieher im Braunschweiger Hoftheater (S. 327), Brachialgewalt

tungsfilm handelte, dürfte auch die Wirkung fataler gewesen sein als sonst, da Gewalt durchgehend verharmlost vermittelt wurde.

Die Thematik der Gewaltanwendung taucht in Kästners „Ansprache zum Schulbeginn“ (1952) wieder auf. Hier appelliert er an den Nachwuchs:

> „Und prügelt keinen, der kleiner und schwächer ist als ihr! Wem das ohne nähere Erklärung nicht einleuchtet, mit dem möchte ich nichts zu tun haben.“ [131]

Beim *Pazifisten* Kästner heißt es lediglich, man möge nur eine bestimmte Zielgruppe nicht prügeln - und nicht etwa, man solle auf Schlägereien grundsätzlich verzichten. Sprache als Medium für gewaltfreie Verständigung untereinander kommt dem Autor bei seinen programmatischen Appellen nicht in den Sinn.

Die zahlreichen Beispielen belegen einmal mehr, daß Kästner eine klare Linie fehlt. Immer wieder versucht er, Orientierungsmarken zu setzen, die sich aufs Neue innerhalb des Werkes mit seinen andernorts vermittelten Anschauungen kreuzen - und widersprechen.

Im letzten Abschnitt dieses Untersuchungs-Teils werden wir zu analysieren versuchen, wie sich weitere praxisnahe und utopistische Forderungen, für sich betrachtet, im Werk und gegenüber der Realität verhalten.
Von Forderungen im Sinne von Lösungsmöglichkeiten bei der Verbesserung der Welt und der Menschen war im vierten Kapitel insbesondere im Zusammenhang mit dem Hörspiel „Leben in dieser Zeit“ (1929) die Rede. Unter einem konjunktivischen *Es müßte etwas geschehen* hatte der Autor Begriffe wie Heiterkeit, Ironie, Klugheit, Natur-Sehnsucht und

---

(S. 345), Schlägerei (S. 358), Zweikampf (S. 371 ff.), die obligatorische Ohrfeige (S. 389), Folterstrafe (S. 396 und S. 399 ff.), Köpfen (S. 405 ff.) und Erdolchen (S. 429).
131 GS, Bd. 5, S. 182.

ein blutarm-trotziges „Pfeift euch eins“[132] ins Spiel gebracht und somit der schlechten Wirklichkeit keine wirkliche Norm entgegengehalten.
Es geht nun um den Ausblick in Kästners *satirischer* Tierfabel „Die Konferenz der Tiere“ (1949). Das Happy-End besteht aus dem von allen Staatsoberhäuptern unterzeichneten „ewigen Friedensvertrag“, der sich in mehrere Punkte gliedert:

> „Der Vertrag, den die Staatshäupter unterschrieben, lautete: ‚Wir, die verantwortlichen Vertreter aller Länder der Erde, verpflichten uns mit Leben und Vermögen zur Durchführung folgender Punkte: 1. Alle Grenzpfähle und Grenzwachen werden beseitigt. Es gibt keine Grenzen mehr. 2. Das Militär und alle Schuß- und Sprengwaffen werden abgeschafft. Es gibt keine Kriege mehr. 3. Die zur Aufrechterhaltung der Ordnung erforderliche Polizei wird mit Pfeil und Bogen ausgerüstet. Sie hat vornehmlich darüber zu wachen, daß Wissenschaft und Technik ausschließlich im Dienst des Friedens stehen. Es gibt keine Mordwissenschaften mehr. 4. Die Zahl der Büros, Beamten und Aktenschränke wird auf das unerläßliche Mindestmaß herabgeschraubt. Die Büros sind für die Menschen da, nicht umgekehrt. 5. Die bestbezahlten Beamten werden in Zukunft die Lehrer sein. Die Aufgabe, die Kinder zu wahren Menschen zu erziehen, ist die höchste und schwerste Aufgabe. Das Ziel der echten Erziehung soll heißen: ‚Es gibt keine Trägheit des Herzens mehr.' Wie gesagt, das unterschrieben alle Staatshäupter...“ [133]

Als didaktisch-reflexive Zweckdichtung darf man Kästners Fabel auch entsprechend beurteilen. Als zusätzliches Argument steht, daß sie einen nicht unerheblichen realgeschichtlichen Charakter in Bezug zu den vierziger Jahren aufweist[134], so daß das abschließende Vertragswerk ebenfalls näher an die Wirklichkeit gerückt werden darf.

---

[132] GS, Bd. 4, S. 239.

[133] GS, Bd. 7, S. 389-390.

[134] Bezeichnende Beispiele bieten die Passagen, in denen die männlichen Tierväter (hier Elefant Oskar, Giraffe Leopold) heimkehren und dem Nachwuchs aus der Zeitung vorlesen.

Sieht so - in Anlehnung an den Kabarettext „Der Titel des Programms" (1951) - Kästners „große Freiheit"[135] aus?
Mit den Tendenzen gegen Militarismus und gegen die „Weltpest der Bürokratie"[136] sind im Vertragswerk auch zwei in seinen Erwachsenen-Schriften immer wieder vermittelte Ziele aufgeführt. Umso widersinniger präsentieren sich die gesamten Rahmenbedingungen der Übereinkunft, aus der sich für Kinder alles andere als ein lehrreicher Gehalt ergeben sollte.
Erpressung - und nichts anderes - bildet die Grundlage für den Unterschriftenzwang der Staatsverantwortlichen. Die Tiere hatten die Kinder - auch jene der Regierungschefs - kurzzeitig auf eine paradiesische Insel entführt. Nun erheben sie eine ultimative Forderung. Im Kreise der Tierdelegierten wendet sich Elefant Oskar „an alle Menschen", womit die Erwachsenen gemeint sind:

> „Seit heute früh sind alle eure Kinder spurlos verschwunden. Diese Maßnahme ist uns nicht leichtgefallen. (...) Aber wir wußten uns keinen anderen Rat mehr. Nicht wir sind schuld, daß es dazu kam, sondern eure Staatsmänner. (...)
> Wir haben seit heute früh die Verantwortung für eure Kinder übernommen, und ihr werdet sie nicht eher zurückbekommen, als bis sich eure Regierungen untereinander vertraglich verpflichtet haben, die Welt vernünftig und anständig zu verwalten. Sollten sich diese Staatsmänner weigern, so werdet ihr wissen,

---

Elefant Oskar liest aus der „Neuen Sahara-Illustrierten": „Vier Jahre nach dem Krieg gibt es in Europa immer noch viele Tausende von Kindern, die nicht wissen, wo ihre Eltern sind, und unzählige Eltern, die...' " (GS, Bd. 7, S. 341). Diese Thematik findet bei Kästner ihre Parallele in dem 1946 publizierten Aufsatz „Kinder suchen ihre Eltern" (GS, Bd. 5, S. 366-369).
Giraffe Leopold liest aus dem „Täglichen Sahara-Boten": „Vier Jahre nach dem Kriege hat sich die Zahl der Flüchtlinge in Westdeutschland auf vierzehn Millionen, vorwiegend Kinder und Greise, erhöht, und ihre Zahl nimmt von Monat zu Monat zu.' " (GS, Bd. 7, S. 342).

135 GS, Bd. 5., S. 175.

136 In Kästners Einführungstext zum „Schaubuden"-Stück „Die Schildbürger" (1947). GS, Bd. 5, S. 124.

> warum ihr eure Kinder nie mehr wiederseht. Mehr habe ich euch nicht zu sagen.“ [137]

Es handelt sich - nüchtern auf einen Nenner gebracht - um Erpressung auf Basis von Menschenraub - eine recht zweifelhafte Didaktik, die der Verfasser seinen jungen Lesern an die Hand gibt.
Die Legitimation solcher Gewaltmaßnahmen klingt geradezu absurd („Nicht wir sind schuld, daß es dazu kam, sondern eure Staatsmänner“), denn mit denselben Maßnahmen und Argumenten suchen seit geraumer Zeit - ich spreche im Jahr 1993 - auch die Initiatoren europaweiter Terrorismuswellen die Verhandlungsbereitschaft mit Regierungs-Verantwortlichen zu erzwingen und ihre Gewaltakte zu rechtfertigen.
Die letztliche Übereinkunft beruht nicht auf rational-realistischer Einsicht und nicht auf Kompromißbereitschaft, sondern auf Handlungszwang. Auf bürokratischer Basis wird nun festgehalten, daß die Bürokratie eingegrenzt werden soll - ein *Vertragswerk* macht es möglich.
Gegen meine Argumentation könnte man an dieser Stelle einwenden, die vorangegangene *juristische* Umschreibung habe mich das Märchenhafte bzw. die fiktive Situation übersehen lassen. Doch durch die in der „Konferenz der Tiere“ auftauchenden und angedeuteten realgeschichtlichen Bezüge in den Jahren nach dem zweiten Weltkrieg (Flüchtlingsproblem, Familientrennungen) hat der Autor in der Fabel die durchgängige Märchenhaftigkeit aufgehoben. Auch das Vertragswerk suggeriert einen unmittelbaren Wirklichkeitsbezug durch den Katalog an zukunftsweisenden Bedingungen (Abschaffung des Militärs, Eindämmung der Bürokratie, Wissenschaft und Technik im Dienste des Friedens).
Erstaunen muß jedoch, daß in der „Konferenz der Tiere“ von *1949* gerade ein Vertragswerk als Grundlage für den *ewigen Frieden* dienen soll. Die NS-Zeit hatte doch wenige Jahre zuvor gezeigt, daß Kontrakte von einem Tag auf den anderen nicht mehr zählten, wie beispielsweise der Deutsch-Polnische Nichtangriffspakt. In der Tierfabel hat solch ein Vertrag nun wieder volle Gültigkeit und gibt den jungen Rezipienten pa-

---

[137] GS, Bd. 7, S. 383-384.

radoxerweise den Unantastbarkeitscharakter eines solchen Schriftstücks zu verstehen.
Im Vertragspunkt Nummer fünf ist festgehalten, die bestbezahlten Beamten sollten in Zukunft die Lehrer sein. Da in Kästners Schriften gelegentlich eine ähnliche Tendenz durchdringt[138], ist diese vertragliche Auflage durchaus wirklichkeitsnah einzustufen. Nicola Leibinger-Kammüller fragt hier zurecht, woher die schwache, uneinsichtige Menschheit auf einmal geeignete Lehrer hernehmen solle.[139]
Doch die Vertrags-Forderung ist auch aus anderer Sicht irreführend. Die Lehrer sollen Staatsbeamte bleiben, mit Lebensstellungen belohnt und mit hohen finanziellen Reizen angelockt werden. Welch eine Verwirrung löst das aus, wenn man die realen Verhältnisse betrachtet. Die Klausel ist nicht nur ein Abgesang auf jeglichen Idealismus von Erziehern, sondern öffnet im Gegenteil den Opportunisten Tür und Tor. Wer möchte nicht gerne eine gutdotierte Position besetzen? Doch gerade die opportunistische Gesinnung von Lehrern greift Kästner in jenen Jahren aufs Neue und auch mit Rückblick auf die Epoche der NS-Diktatur an:

> „Der Lehrer, der den Schülern gegenüber bewußt log, blieb im Amt und avancierte zum Schulratshelfer. Wer die Kinder nicht anlügen wollte, flog auf die Straße."
> („Unser Weihnachtsgeschenk", Dezember 1945) [140]

> „Es ist ja, wie auch anderswo, bei den deutschen Lehrern nicht etwa so gewesen, daß nur die Betreffenden Nationalsozialisten geworden wären, die allen Ernstes an Hitlers Programmpunkte glaubten. Deren Zahl ließe sich gewiß verschmerzen. Entscheidend war die Zahl derer, die, als es riskant wurde, ihre bisherigen Anschauungen ohne großes Federlesen auf den Müll warfen."
> („Zur Entstehungsgeschichte des Lehrers", Juni 1946) [141]

---

[138] Zum Beispiel in „Ansprache zum Schulbeginn" (1952; GS, Bd. 5, S. 181).
[139] Nicola Leibinger-Kammüller, a.a.O. S. 102.
[140] GS, Bd. 5, S. 340.
[141] GS, Bd. 5, S. 68.

Vor diesem Hintergrund wird noch deutlicher, wie unlogisch und planlos sich eine solche eine Vertragsklausel wie jene nach der besten Bezahlung der beamteten Lehrer ausnimmt: Der Lockruf des Geldes zöge doch erst recht heuchlerische Charaktere in Richtung Katheder.
Impertinent nimmt sich im „Pinguin"-Beitrag „Zur Entstehungsgeschichte des Lehrers" des Autors Pauschal-Beurteilung als Moralapostel mit der weißen Weste aus. Die Überlebensstrategien anderer - hier der Lehrer - werden in bezug auf die NS-Zeit aufs schärfste verworfen, während Kästner *selbst* die befremdliche Wandlung von einem satirisch-spöttischen *Zeitschreiber* zum Unterhaltungsschriftsteller und UFA-Drehbuchautor durchgemacht hatte.
Doch nicht nur das: Als es - um den Worten Kästners in der Aburteilung der Lehrer zu folgen - *riskant* wurde, schien auch der Gratwanderer und Opportunist Kästner seine *bisherigen Anschauungen auf den Müll* werfen zu wollen. Im Jahre 1939 beantragte Kästner die Aufnahme in die Reichsschrifttumskammer.[142] Die Intention alleine spiegelt die anmaßende Doppelzüngigkeit Erich Kästners wider.
Die zu jener Zeit von SS-Brigadeführer Hanns Johst geleitete Reichsschrifttumskammer verlangte von ihren Mitgliedern einen Nachweis *arischer Abstammung* und die Verpflichtung, dem nationalsozialistischen Staate zu dienen.[143] Kästners Anbiederung gegenüber den *braunen* Machthabern würde schlüssig erklären, daß er - wie 1989 von Ingo Tornow aufgedeckt[144] - relativ unbehelligt Theaterstücke (unter dem

---

142 In Kästner-Biographien findet man diesen Aspekt nicht. Siehe in Wolfgang Brekle: Schriftsteller im antifaschistischen Widerstand 1933-1945 in Deutschland. Berlin und Weimar 1985. S. 14. Dieser Antrag wurde abschlägig beschieden; Gründe nennt Brekle nicht.

143 Vgl. dazu Rolf Geissler: „Dichter und Dichtung des Nationalsozialismus". In Hermann Kunisch (Hg.): Handbuch der deutschen Gegenwartsliteratur. München 1965. S. 724.
In Ergänzung dazu heißt es in Dietrich Strothmanns Buch „Nationalsozialistische Literaturpolitik. Ein Beitrag zur Publizistik im Dritten Reich" (Bonn 1960, S. 29): „Joseph Goebbels (...) besaß mit der RSK (Anm.: Reichsschrifttumskammer, AD) ein wirksames Instrument zur Steuerung und Überwachung der Literaturentwicklung auf allen Gebieten des Buchmarktes und die Führungsgewalt innerhalb der Schrifttumspolitik."

144 Ingo Tornow, a.a.O. S. 72 ff.

Pseudonym Eberhard Foerster) verfassen und Drehbücher schreiben konnte. In klarerem Licht als bisher erschiene dann auch, daß es weder völlig überraschend[145] noch an mysteriöse Umstände geknüpft war[146], daß der *verbotene Autor* den Auftrag bekam, das „Münchhausen"-Drehbuch zum großen UFA-Jubiläum zu verfassen.

Die Vermutung liegt nahe, daß es sich bei Kästner um einen Schriftsteller mit Hang zum bedenken- und verantwortungslosen Konvertiten handelte. Derselbe Autor trat nach dem zweiten Weltkrieg dann wieder als *Mahner*, *Warner* und *Ankläger* hervor, der forderte, das zweierlei Maß solle für alle Zukunft abgeschafft werden[147].

Im Zuge des geistigen Neuaufbaus in Deutschland forderte Kästner neben der zu Kapitelbeginn angesprochenen Reform des Schulunterrichtes das Zusammenfügen der zerstückelten deutschen Literatur[148] und ein ums andere Mal einen Aktivismus der jungen Generation:

> „Jeder ist mitverantwortlich für das, was geschieht, und für das, was unterbleibt. Und jeder von...euch - auch und gerade von euch - muß es spüren, wann die Mitverantwortung neben ihn tritt und schweigend wartet. Wartet, daß er handle, helfe, spreche, sich weigere oder empöre, je nachdem." [149]

Kästners Ratschläge sind mitunter in enzyklopädischer Breite angelegt, und manchmal scheint es so, als wolle er mit seiner Überbetonung des Predigens und Appellierens sein eigenes schlechtes Gewissen mit Blick zurück in die Geschichte kaschieren.

Dies, was er von der jungen Generation so nachhaltig und wortreich verlangt, nämlich „handeln", „sprechen", und „sich empören", sind schließlich Auflehnungsvarianten, die ihm in den Jahren zuvor selbst

---

145 Luiselotte Enderle 1966/1989, a.a.O. S. 73 („Kästner und seine Freunde waren völlig überrascht").

146 Helga Bemmann, a.a.O. S. 351. Sie verweist auf Umstände, „die bis heute nicht restlos geklärt sind".

147 In „Nürnberg und die Historiker" (1946; GS, Bd. 5, S. 532).

148 In „Die literarische Provinz" (1950; GS, Bd. 5, S. 231 ff.).

149 In dem 1952 publizierten Aufsatz „Die vier archimedischen Punkte" (GS, Bd. 5, S. 262).

nicht möglich gewesen waren, es sei denn, er hätte zum *dummen Märtyrer* werden wollen. Umso unverständlicher muß es mit Blick auf die Kästnersche Mahnung zur Mitverantwortlichkeit erscheinen, daß er die These von der Gesamtschuld der Deutschen ablehnte[150].
Kästner wartet - an die Jugend gerichtet - immer wieder mit seinen Vorbild-Appellen auf, die durch Gesagte im selben Augenblick ad absurdum geführt werden. Ein Beispiel bietet die in die Gesammelten Schriften aufgenommene Rede „Von der deutschen Vergeßlichkeit“ (1954):

> „Wer an die Zukunft glaubt, glaubt an die Jugend. Wer an die Jugend glaubt, glaubt an die Erziehung. Wer an die Erziehung glaubt, glaubt an Sinn und Wert der Vorbilder. Denn die Jugend will und braucht auf ihrem Weg in die Zukunft keine noch so gut gemeinten vaterländischen, europäischen oder weltbürgerlichen Redensarten, keinen Katalog, keinen Baedeker, sondern weithin sichtbare, im Lande der Zeit Richtung und Ziel weisende Wegweiser, sie will und braucht: Vorbilder.“ [151]

Anders ausgedrückt: Kästner wendet sich gegen den Gebrauch von Redensarten und verharrt selbst in einer Sackgasse aus nicht greifbaren Floskeln und Phrasen. In der in eine ähnliche Richtung zielenden Rede „Jugend, Literatur und Jugendliteratur“ (1953) verhält es sich nicht anders:

> „Die Jugend ist beeinflußbar wie eh und je. Die Mittel, sie zu beeinflussen, schießen aus dem Boden. Und wie oft werden sie mißbraucht! Dem Schlendrian zu begegnen, dem Mißbrauch abzuhelfen, das Bessere zu schaffen, zu finden, zu empfehlen, zu verbreiten, sind wir alle aufgerufen: die Schriftsteller, die Maler, die Musiker, die Verleger, die Erzieher, die Bibliothekare, die Buchhändler, die Lektoren, die Intendanten, die Dramaturgen und, nicht zuletzt, die Jugend selber. Doch auch dann noch, wenn sich mit der Zeit genug Kenner und Könner, Helfer und

---

[150] Nicola Leibinger-Kammüller, a.a.O. S. 46-47.
[151] GS, Bd. 5, S. 518.

> Mittler fänden, auch dann noch, wenn sich die Literatur mehr um die Jugend kümmerte, bliebe die Frage der internationalen Koordination zu beantworten. Wie vermindert und wie verhindert man das Eindringen belangloser und schlechter Jugendliteratur in andere Länder und Sprachen?“ [152]

In der Folge listet Kästner eine ganze Reihe solcher Worthülsen-Fragen des den Maßstab setzenden Ober-Richters in seiner Rede auf, für die er einst im Zürcher Rathaus sicher viel Beifall erhalten hat. Aber was wollte Kästner damit sagen?
Wie so häufig, stößt man auf jene mit Bildern und Phrasen („aus dem Boden schießen“, „dem Schlendrian begegnen“, „dem Mißbrauch abhelfen“, „das Bessere schaffen“) gefüllten abstrakten Gebilde, mit denen Kästner schon als *Gebrauchslyriker* Erfolg gehabt hatte. Es sind nicht *mehr* als Überlagerungs-Varianten seiner fatalen Unbestimmtheit auf *jedem* thematischen Sektor.
In „Als ich ein kleiner Junge war“ (1957) trägt er die fach- und weltmännische Lösung vor, in Zukunft kriegstreiberischen Initiativen vorzubeugen:

> „Bestraft künftig die Regierungen, und nicht die Völker! Und bestraft sie nicht erst hinterher, sondern sofort! Das klingt einfacher, als es ist? Nein. Das ist einfacher, als es klingt.“ [153]

Hinter dem Klang solcher Wortspielereien verbirgt sich nichts. Vor allem stellt sich die Frage, wer wen wann bestrafen soll.
Kinder können damit ebensowenig anfangen wie Erwachsene zum Beispiel mit vielen Epigrammen aus der 1948 publizierten Sammlung „Kurz und bündig“. Der Wertung Adolf Endlers, Kästners Epigramme wirkten zuweilen wie Blackouts, kann man sich widerspruchslos anschließen.[154]

---

[152] GS, Bd. 5, S. 513. Eine Definition von „belangloser und schlechter Jugendliteratur“ kann Kästner ebensowenig geben wie Auswahlkriterien.

[153] GS, Bd. 6, S. 43.

[154] Adolf Endler, a.a.O. S. 107.
Unecht tiefe Epigramme durchziehen den Sammelband „Kurz und bündig“. Die folgenden Seitenangaben beziehen sich auf GS, Bd. 1. Neben zahlreichen Exempeln

Daß Kästner jemals von sich zu behaupten wagte, er sei „spinnefeind der unechten *Tiefe*" gewesen, die im Lande der Dichter und Denker nie aus der Mode komme[155], untermauert einmal mehr seine doppelzüngige Moral.

Zusammenfassung und Fazit

Anhand zahlreicher exemplarisch belegter, mit werkrelevanten Querverweisen und wirklichkeitsgebundenen Bezügen versehenen Aspekte und Kästnerscher moraldidaktischer Allgemein-Appelle haben wir uns bemüht, eine werkdurchgängige Doppelbödigkeit offenzulegen.
In Kästners Schriften eröffnet sich immer wieder eine beliebte Beliebigkeit im Wechselspiel von Ansichten und Anschauungen, die einer konsequenten Grundlage entbehrt.
Seine in Aufsätzen und Reden mit Nachdruck aufgestellten ideologischen Orientierungsmarken widersprechen zum einen den andernorts vermittelten Auffassungen und zum anderen seinem eigenen Vorgehen und Verhalten als Schriftsteller.

---

wie „Trotz allem" (S. 322), „Für die Katz" (S. 323), „Der Sanftmütige" (S. 324), „Damentoast im Obstgarten" (S. 326), „Anthropophagie und Bildungshunger" (S. 329), „Konstellationen" (S. 333), „Sich selbst zum 40. Geburtstag" (S. 336) und „Begegnung auf einer Parkbank" (S. 341) möchte ich zwei Epigramme zitieren, um die Behauptung zu stützen.
In „Kurze Charakteristik" (S. 342) heißt es:
„Einer von den Dutzendköpfen
saß auf ihrem Körper drauf.
Und ihr Kleid war vorn zu knöpfen,
sowohl zu, als auf."
Das Epigramm „Die Grenzen des Millionärs" (S. 332-333) lautet:
„Er könnt' aus purer Lust am Prassen
sich gold'ne Beefsteaks braten lassen!
Jedoch er sollt'
eins nicht vergessen:
Beefsteaks aus Gold
kann man nicht essen."

[155] In „Kästner über Kästner". GS, Bd. 5, S. 304.

Es scheint so, als habe Kästner mit seiner Überbetonung des Predigens und Appellierens die angesprochenen Schwächen zu kaschieren versucht.
Die *Humanität* des *Pazifisten* und *Urenkels der deutschen Aufklärung* rückt in ein zweifelhaftes Licht, sobald man hierarchische Strukturen, Autoritätsergebenheit, den beachtlichen Fundus an militaristischem Vokabular sowie Billigung und Verharmlosung von Gewalt in seinen Schriften aufdeckt. Hier haben wir exemplarische Analysen betrieben und sind, so anhand des Kinder-Romans „Emil und die Detektive“, zu einigen - für den Autor Kästner - unangenehmen Befunden gekommen. Auch treten immer wieder seine aus Gewaltphantasien gespeisten Rezepte für historisches und individuelles Wohlverhalten hervor.

Erich Kästner war kein kritischer Zeitgeist und kein Moralist mit deutlichen Zielvorstellungen, sondern eher ein stetiger Beckmesser und Besserwisser ohne klare Orientierungslinie in seiner Zeit.
Kästners Werk offenbart eine unechte Tiefe und trägt schizoide Züge, was den Autor als zweifelhaften Gratwanderer und Opportunisten ausweist.

6. Toleranter Magister und liberaler Menschenfreund

Die anstehenden Ausführungen gehen den Fragen nach der Toleranz in den Schriften Kästners sowie beim Schriftsteller Kästner selbst nach. War er wirklich der von Hermann Kesten apostrophierte „tolerante Magister“[1]? Wird Kästner als ein liberaler Menschenfreund[2] der Einstufung als „Sprachrohr der kleinen Leute“[3] gerecht?
Es soll deutlich werden, daß und wie der Volksschriftsteller Kästner bestimmte Teilbereiche des Volkes bewußt ausgegrenzt und es darüber hinaus in seinem Werk verstanden hat, wahlweise eine progressive bzw. bürgerlich-konservative Haltung zu vermitteln. In dem Zusammenhang werden Aspekte von geschlechterrelevanten Rollenzuweisungen und -zwängen sowie altersbedingten Handlungsnormen und -formen zu diskutieren sein. Wie gestaltet sich die Parteinahme des Verfassers, wenn ein selbsterstelltes Normalitäts- und Werteprinzip überschritten scheint?

Den Anstoß zu diesem Bereich der Forschung hat Kästner mit seinen fast aufdringlich anmutenden Wertungen seines Schaffens gegeben, deren expliziter Charakter sich vom Frühwerk bis hinein ins Spätwerk erstreckt.
Das bildliche Klopfen auf die eigene Schulter ließe sich - trotz seiner Häufigkeit - mit dem Verweis auf ein ausgeprägtes Selbstbewußtsein

---

1 In Kestens 1968 ergänztem und revidiertem Vorwort zu Erich Kästner: Gesammelte Schriften für Erwachsene, a.a.O. S. 7.

2 Von Kästner als Menschenfreund haben unter anderem Hermann Kesten (in Gesammelte Schriften für Erwachsene, a.a.O. S. 7), James Krüss (a.a.O. S. 128) und Herbert Ahl (a.a.O. S. 144) gesprochen.

3 Hilde Spiel, a.a.O. S. 318.

leicht übergehen, gestalteten sich die Aufwertungen der eigenen Arbeit nicht gleichzeitig auf Kosten von Abwertungen der Arbeiten anderer. Die Relation zwischen der Überheblichkeit des Autors und seinen Aburteilungen - bis hin zu Pauschal-Diffamierungen von Berufskollegen - wirft die Frage nach dem grundsätzlichen Potential an Toleranz bei Kästner auf.
Im Bereich der (im viertel Kapitel diskutierten) *Gebrauchslyrik* wußte sich Kästner mit seiner„Prosaischen Zwischenbemerkung“ im zweiten Gedichtband „Lärm im Spiegel“ (1929) nachhaltig auf den Sockel zu heben:

> „Obwohl ich selber Verse mache, sind mir viele Lyriker noch unsympathischer als alle Tenöre. Sie verbreiten in ihrem Innern und mit ihrem Äußern (und noch immer) die Falschmeldung, die Fähigkeit des Gedichteschreibens sei eine göttliche Konzession; und dann gehen sie hin und blamieren ihr Gottesgnadentum nicht weniger als gewisse Herren aus einer anderen privilegierten Branche.
> Es ist kaum glaublich, und doch ist es so: Die Mehrzahl der heutigen Lyriker singt und sagt noch immer von der ‚Herzliebsten mein' und von dem ‚Blümlein auf der Wiesen' und behauptet anschließend, von der Muse mitten auf den Mund geküßt worden zu sein. (...)
> Man entschuldige meinen Ärger. Er hat den Vorzug, berechtigt zu sein. Denn jene Lyriker mit dem lockig im Winde wallenden Gehirn diskreditieren die Lyrik persönlich. (...)
> Zum Glück gibt es ein oder zwei Dutzend Lyriker - ich hoffe fast, mit dabei zu sein -, die bemüht sind, das Gedicht am Leben zu erhalten.“ [4]

Es gibt keinen Anhaltspunkt dafür, die Aussagen in Kästner ironisch zugespitztem Prosa-Einschub nicht ernst zu nehmen, zumal er in bezug auf die *Gebrauchslyrik* eine programmatische Komponente darstellt[5]

---

[4] GS, Bd. 1, S. 125-126.

[5] Vgl. dazu die Terminus-Diskussion zur *Gebrauchslyrik* im vierten Kapitel.

und - wie wir sehen werden -eine Reihe ähnlicher Selbstbeweihräucherungs-Ansichten nach sich zieht.
In provokativer Weise qualifiziert Kästner pauschal ein L'art pour l'art und die Fähigkeit des Gedichte-Schreibens als eine „göttliche Konzession" ab. Auf diesen Aspekt bezogen, hätten ihm Lyrik und Arbeitsmethoden eines Rainer Maria Rilke verwerflich und verfehlt vorkommen müssen. In seiner Entfremdung von der Welt widmete Rilke sein Leben der Kunst und seinem Warten auf die wahren Eingebungen und die Offenbarung, wobei der Inhalt seines ganzen dichterischen Schaffens auf das immer tiefere Sich-Versenken in der Seele in Gott bis zum völligen Aufgehen im All gerichtet war. Doch eben diesen Rilke hatte Kästner drei Jahre zuvor (1926) in einem Nachruf in der „Neuen Leipziger Zeitung" noch ausführlich gewürdigt und dessen Artistentum und „mystisches Frommsein" betont, da beides „der Seele des Menschen galten und dienten" [6].
In seiner „Prosaischen Zwischenbemerkung" mokiert sich Kästner schließlich über eine Dichtung mit dem „Blümlein auf der Wiesen", zu er Mitte der fünfziger Jahre mit seinen Naturgedichten in „Die dreizehn Monate" selbst überging - die seltsame Form einer Wandlung vom erlebenden zum sich Stoff anlesenden Natur-Dichter[7].
Unverhohlen verunglimpft Kästner in der „Prosaischen Zwischenbemerkung" Berufskollegen:

> „Leider gibt es das noch nicht: die Talentlosen auf operativem Wege zeugungsunfähig zu machen. Und so bevölkern sie das

---

[6] In Kästner: Gemischte Gefühle, a.a.O. Bd. 1, S. 97-99. Hier S. 97.

[7] Vgl. dazu Volker Ladenthin, a.a.O. S. 65.
Kästners Vorwort zum Band „Die dreizehn Monate" (1955) gibt darüber auch Aufschluß: „Die hier gesammelten Gedichte schrieb, im Lauf eines Jahres, ein Großstädter für Großstädter. Links von Block und Bleistift lag der fünfte Band des Kleinen Brehm, ‚Die deutsche Tierwelt'. Zur Rechten lag ‚Unsere Pflanzenwelt' und ein Leitfaden, der fragwürdig genug, ‚Die deutsche Schulflora' hieß. Die Bücher mußten zur Hand sein. Eine Zeitschrift hatte die Gedichte bestellt. (...) So blieb dem Autor nichts übrig, als dem Kalender vorzugreifen. (...) Er konnte nicht ‚nach der Natur' arbeiten, sondern nur ‚aus dem Gedächtnis', und darauf war, wie er bald merkte, kein Verlaß." (GS, Bd. 1, S. 351).

Schrifttum weiterhin mit ihren geistig zurückgebliebenen Produkten, die keinen noch so gefälligen Hund vom Ofen locken." [8]

Von Natur- und Liebesgedichte-Lyrikern zeichnet der Autor ein Krankheitsbild - im Gegensatz zu den *Gebrauchslyrikern*, die stellvertretend für alle „wie natürliche Menschen" empfinden. Kästner erhebt diese Stellvertreter-Position auch für sich selbst. Umso mehr muß man sich dann wundern, daß eine erfüllte, glückliche Liebe unter den Menschen ganz verschwunden sein soll, denn bei Kästner dominieren bei Gedichten mit der Thematik *Liebe* jene mit unglücklichem Aus- und Fortgang, bis auf eine Ausnahme: das Liebesgedicht auf seine Mutter[9].
Was jedoch schwerer wiegt, ist wieder einmal die sprachliche Gewalt des *Unmenschen*, um einen Gedanken Dolf Sternbergers aufzugreifen. In der „Prosaischen Zwischenbemerkung" wird von der Warte des Über- und Obermenschen aus gewertet (*geistig zurückgebliebene Produkte*). Die sprachliche Mißhandlung („die Talentlosen auf operativem Wege zeugungsunfähig zu machen") steht auch in keinerlei Relation zu friedliebenden „Blümlein-auf-der-Wiesen"-Dichtern.
Die von Dolf Sternberger im „Wörterbuch des Unmenschen" 1968 prägnant definierte Menschlichkeit („Menschlichkeit ist nichts anderes als der Respekt vor der Menschengleichheit, vor dem gleichen Menschenwesen, vor der Gleichheit des Anderen, des Ungleichen"[10]) ist bei Kästner in ihr Gegenteil verkehrt.
Es muß erschrecken, wie leichtfertig der *Gebrauchslyriker* Kästner in jener „Prosaischen Zwischenbemerkung" mit einem Sterilisations-Gleichnis umgeht, das nicht nur aus der historischen Kenntnis bezüglich der NS-Zeit schwer belastet ist.
Bereits in den Jahren nach dem ersten Weltkrieg sprach man „von der Notwendigkeit, die ‚Minderwertigen' - gerade nachdem im Kriege die ‚Wertvollen' auf dem Schlachtfeld geblieben seien - etwa durch Sterilisierung auszumerzen, wobei man den Kreis der Betroffenen auf immer neue und umfassende Bevölkerungsgruppen: Alkoholiker, Epileptiker,

---

[8] GS, Bd. 1, S. 125.
[9] Das Gedicht heißt „Stiller Besuch" (1930; GS, Bd. 1, S. 189-190).
[10] Dolf Sternberger u.a., a.a.O. S. 119 (Ausgabe 1968).

Psychopathen, Landstreicher, Verbrecher, Prostituierte, Körperschwache und Geistesschwache, Krüppel und Sieche, ausdehnte und sogar die Vernichtung der Tuberkolose- und Krebskranken sowie aller, die an schweren ansteckenden Krankheiten leiden, in Erwägung zog.“[11]

Durch das Wissen um den späteren geschichtlichen Verlauf während der nationalsozialistischen Herrschaft ist die Gegenüberstellung von *krank* versus *gesund* noch prekärer.

Umfassende Ausmerzungsaktionen richteten sich gegen alles „gesundheitlich, rassisch und politisch Unerwünschte und damit für ‚lebensunwert' Gehaltene“[12]. Das deutsche Sterilisationsgesetz trat 1933 in Kraft, und von 1934 an wurden Unfruchtbarmachungen zur Verhütung des erbkranken Nachwuchses ausgeführt.[13] Die Zahl der (Zwangs-)Sterilisationen im sogenannten *Dritten Reich* wird auf bis zu 350 000 geschätzt.[14]

Das unmenschliche Vokabular des *Zeitpropheten* Kästner, der vorgab, er habe gewußt, wohin und Deutschland und Europa steuerte, wirkt in diesem Zusammenhang noch unglaubwürdiger und erschütternder.

Poésie pure und gefühlsschwelgerische Lyriker sehen sich bei Kästner auch im späteren Werk diskreditierlichen Wertungen ausgesetzt, so in seiner Glosse „Diarrhoe des Gefühls“ (1952)[15] und in seiner PEN-Kongreß-Rede „Zwei Fragen statt einer Antwort“ (1956)[16].

---

[11] In Eugen Kogon u.a. (Hg.): Nationalsozialistische Massentötungen durch Giftgas. Frankfurt/M 1983 (TB-Ausgabe 7.-8. Tsd. 1989). S. 27.

[12] In Walter Schulte: „ ‚Euthanasie' und Sterilisation im Dritten Reich“. In Hermann Diem u.a.: Deutsches Geistesleben und Nationalsozialismus. Tübingen 1965. S. 74.

[13] Walter Schulte, a.a.O. S. 74-75.

[14] Walter Schulte, a.a.O. S. 75.

[15] GS, Bd. 5, S. 267-269.

[16] GS, Bd. 5, S. 535-537.
Kästner zitiert in der Rede Teile aus seiner „Prosaischen Zwischenbemerkung“, spart die böswilligen Diffamierungen aus und gibt sich plötzlich im Rückblick als ein Steigbügelhalter für die Poésie pure aus:
„Wir hofften, auf dem Umweg über unsere Gedichte, das Publikum auch der anspruchsvolleren Lyrik näherzubringen. Doch diese Hoffnung schlug fehl. Und so lautet, noch immer und immer aufdringlicher denn je, unsere Frage: Wie kann der Poésie pure ein breiteres Publikum gewonnen werden?“ (GS, Bd. 5, S. 536).
Man sieht auch hier wieder, wie der Opportunist Kästner eine 180-Grad-Wendung in seinen Ansichten vollzieht.

In „Diarrhoe des Gefühls“ tituliert der Verfasser Nachwuchsdichter im Kontext mit deren geistigen Eingebungen als „männliche, vom Größenwahn befallene Backfische“[17] und gibt sie der Lächerlichkeit preis:

> „Gibt es etwas Alberneres als diese Grossisten der Intuition? Je unbegabter sie sind, um so mehr prahlen sie mit ihren mystischen Beziehungen. Dabei verwechseln sie offensichtlich eine ganz gemeine Produktionsnervosität mit prophetischem Bauchgrimmen. Wo käme der Heilige Geist hin, wenn er bei jedem Reim persönlich anwesend sein müßte?“ [18]

Die Polemik hat durchaus Glossen-Qualität, doch auch hier dringt die Haltung eines wertenden Über-Menschen durch, der allein über dichterische Begabung zu entscheiden weiß.
Ebenso verworfen wie die Mystik wird bei Kästner auch der Existentialismus.[19]

Mit seinen werkdurchgängigen Verunglimpfungen stellt Kästner allerdings nicht jene bloß, die vielleicht *ihren Weg* noch nicht gefunden oder einen anderen als er beschritten haben, sondern sich selbst. Intoleranz und Arroganz erweisen sich bei ihm als untrennbares Begriffspaar.
Alles andere als Großmut zeichnet Erich Kästner auch bei allgemeinen Einschätzungen von Kinder- und Jugendliteratur aus. Ein Beispiel ist die Rede „Jugend, Literatur und Jugendliteratur“ (1953), wobei man sich immer vergegenwärtigen muß, daß er darum bemüht war, tugendboldhafte Vorbildfiguren in den eigenen Kinderbüchern zu schaffen.
Kästner urteilt und verurteilt pauschal:

> „Die meisten Jugendbücher, die geschrieben werden, sind überflüssig, wenn nicht schädlich.“ [20]

---

[17] GS, Bd. 5, S. 267.

[18] GS, Bd. 5, S. 269.

[19] In seiner polemisch-ironischen Abhandlung „Ist Existentialismus heilbar?“ (GS, Bd. 5, S. 222-226). Implizit stellt sich Kästner hier erneut als einen *natürlich empfindenden Menschen* heraus.

[20] GS, Bd. 5, S. 507.

Im Fortlauf der in den Gesammelten Schriften publizierten Rede setzt Kästner generell viele Jugendbuchautoren herab, während er die in seinen Kinderbüchern praktizierte Vorgehensweise veredelt und dahingehend implizite Richtwerte setzt:

> „Und er (Anm.: derjenige, der an die Menschen glaubt, AD) weiß, daß es (...) noch ein paar echte Werte gibt: das Gewissen, die Vorbilder, die Heimat, die Ferne, die Freundschaft, die Freiheit, die Erinnerung, die Phantasie, das Glück und den Humor. Diese Fixsterne leuchten noch immer über und in uns. Und wer sie der Jugend weist und deutet, zeigt ihr den Weg aus ihrer Schweigsamkeit und unserer Gegenwart in eine freundlichere Welt, die wir, die Großen, sehen, aber nicht mehr betreten dürfen. (...)
> Wer soll für sie die Vorbilder aufrichten, keine großen Denkmäler, aber Denkmäler der Größe? Wer soll ihr das Heimweh nach dem Glück schenken? Wer soll ihr Herz zum Lachen bringen? Doch, um alles in der Welt, nicht jene mediokren Leute, die ‚nur' Kinderbücher fabrizieren? Doch nicht jene Ahnungslosen, die, weil Kinder erwiesenermaßen klein sind, in Kniebeuge schreiben? Und die ihren Zeigefinger mit dem Pinsel eines Malers verwechseln?“ [21]

Kästner setzt hier Maßstäbe, die sich an seinen eigenen Kinderbüchern orientieren und nur *sie* gelten lassen, so wie er als Lyriker nur jene Lyrik akzeptiert und toleriert, die gegenwartsbezogen und *zeitkritisch* ist.
Er diffamiert nachdrücklich Autoren, deren Intention nichts weiter ist, als eine Geschichte zu erzählen („jene mediokren Leute, die ‚nur' Kinderbücher fabrizieren“), die Ausgestalter rosaroter, problemfreier Kinderbuchwelten („die ihren Zeigefinger mit dem eines Malers verwechseln“) und weltfremd-erhabene Moralapostel („jene Ahnungslosen, die ...in Kniebeuge schreiben“).

---

[21] GS, Bd. 5, S. 512.

Befremdlich hierbei ist, daß Kästner sehr wohl jenes Schreiben *in Kniebeuge* praktizierte. So dringt in den eingeschobenen „Nachdenkereien" in „Pünktchen und Anton" durch, wie sich ein erfahrener und über alles erhabener Autor förmlich herabläßt, Kindern Lebensweisheiten mit auf den Weg zu geben[22]; in „Der kleine Mann und die kleine Miss" beginnt das Buch direkt mit „Liebe Kinder"[23].

Der Schulterschluß des Erzählers mit dem jungen Leser hatte sich - trotz eines auf Herablassen deutenden Tones - zu Beginn von Kästners erstem „Emil"-Roman (1929) noch gleichberechtigter angehört („Euch kann ich's ja ruhig sagen: Die Sache mit Emil kam mir selber unerwartet").[24]

Gegenläufig zu seinen eigenen Appellen verhalten sich vor allem Kästners letzte Kinderbücher in den sechziger Jahren, die nichts weiter als reine Unterhaltung waren und weder *Denkmäler der Größe* noch *Heimweh nach dem Glück* zu erzeugen vermochten.

---

22 Ein treffendes Beispiel bietet die *sechste Nachdenkerei* „Über die Armut" (GS, Bd. 6, S. 455), die wie folgt endet:

„Glaubt ihr nicht auch, daß die Armut leichter abgeschafft werden könnte, wenn die Reichen schon als Kinder wüßten, wie schlimm es ist, arm zu sein? Glaubt ihr nicht, daß sich dann die reichen Kinder sagten: Wenn wir mal groß sind und die Banken und Rittergüter und Fabriken unserer Väter besitzen, dann sollen es die Arbeiter besser haben! Die Arbeiter, das wären ja dann die Spielkameraden aus der Kindheit...
Glaubt ihr, daß das möglich wäre?
Wollt ihr helfen, daß es so wird?"

Ebenso oberlehrerhaft wirkt auch ein Appell in der *sechzehnten Nachdenkerei* „Vom glücklichen Ende" (GS, Bd. 6, S. 508):

„Werdet anständiger, ehrlicher, gerechter und vernünftiger als die meisten von uns waren!"

Interessant ist in diesem Zusammenhang die in „Der Schulkampf" unter dem Titel „Lieber Herr Kästner...!" (5. Jg., Heft 1, 1932, S. 16) aufgenommene Meinung der Schülerkorrespondentin Hanne Ruth P. zu „Emil und die Detektive" und „Pünktchen und Anton": „Manchmal kriegen Sie einen ganz langen Bart und drohen mit Ihrem großen Zeigefinger und halten uns eine Standpauke, wie unser Rechenlehrer in der Schule."

23 Kästner: Der kleine Mann und die kleine Miss, a.a.O. S. 5.

24 GS, Bd. 6, S. 161.

Die General-Abwertung anderer Kinder- und Jugendbuchautoren erreicht mit dem Zeitungsbeitrag „Wer schreibt eigentlich die Kinderbücher?“ ihren Höhepunkt:

> „Fast alle unsere Kinder- und Jugendbücher werden von Nichtschriftstellern geschrieben. Mehr als dreißig Prozent unserer Autoren sind ‚Hausfrauen', also Mütter und Großmütter. Mehr als weitere dreißig Prozent sind Lehrerinnen und Lehrer. In den Rest teilen sich hauptsächlich Ärzte, Techniker, Ingenieure, Forschungsreisende und andere schätzenswerte Zeitgenossen. Nur zehn Prozent sind oder waren ‚gelernte' Schriftsteller. (...) ...auch in der Kinderliteratur gibt es immer wieder einmal herrliche Glücksfälle. Trotzdem: Neunzig Prozent Dilettanten, das ist ein bißchen viel! Und gute Kinderbücher sind genauso wichtig wie gutes Brot, das laß ich mir von niemandem auf der Welt ausreden! Nicht einmal von meinen Kollegen, den Schriftstellern!“ [25]

Auch wenn Kästner scheinheilig hinzufügt, die Zeilen richteten sich gar nicht gegen Hausfrauen und Lehrer, die Kinderbücher schrieben, sondern gegen die Schriftsteller, die keine Kinderbücher schrieben[26], so bleibt mehr als ein fader Beigeschmack zurück. In der Aufgliederung von neunzig Prozent Dilettanten und zehn Prozent *Profis* schwingt gleichzeitig - trotz des Verweises auf die *Glücksfälle* als Ausnahmen - ein pauschalisierendes Qualitätsurteil mit, in dem sich Kästner selbst als einer jener Zehn-Prozent-Minderheit im Glanze des Schreiben-Könnens sonnt. Die andere *Hausfrauen- und Lehrerliteratur* ist in Kästners Augen nicht mehr als minderwertige Druckware.

Eine ähnliche Vorgehensweise einer Erhebung und Überbewertung der eigenen Arbeit bei gleichzeitiger intoleranter Haltung gegenüber anderen findet sich in seinem „Pinguin“-Beitrag „Der tägliche Kram“ (1946),

---

[25] GS, Bd. 5, S. 556. Der Beitrag erschien in „Dagens nyheter“ in Stockholm.

[26] GS, Bd. 5, S. 556.

nachdem Kästner ein Jahr zuvor wieder auf einem Redaktionsstuhl („Neue Zeitung“) Platz genommen hatte:

> „Davon, daß die Dichter dicke Kriegsromane schreiben, haben wir nichts. (...)
> Wer jetzt an seine Gesammelten Werke denkt statt ans tägliche Pensum, soll es mit seinem Gewissen ausmachen. Wer jetzt Luftschlösser baut, statt Schutt wegzuräumen, gehört vom Schicksal übers Knie gelegt.“ [27]

Wo immer Kästner auftauchte, und was er auch machte: In seinen Augen war es stets richtig und vorbildhaft.
Wenn es andere schon nicht für ihn taten, so bemühte sich Kästner ein ums andere Mal darum, als Gewährsmann für sich selbst einzustehen, getragen von einer geradezu aufdringlichen Erläuterungsstrategie seiner jeweiligen Tätigkeit.
Den *dicken Kriegsroman* indes wollte er selbst schreiben, hat es aber nie vollbracht. In den Vorbemerkungen zu „Notabene 45“ (1961) trägt auch nicht er an diesem nicht realisierten Vorhaben schuld, sondern die Zeit:

> „Das Tausendjährige Reich hat nicht das Zeug zum großen Roman. (...) Man kann eine zwölf Jahre lang anschwellende Millionenliste von Opfern und Henkern architektonisch nicht gliedern. Man kann Statistik nicht komponieren. Wer es unternähme, brächte keinen großen Roman zustande, sondern ein unter künstlerischen Gesichtspunkten angeordnetes, also deformiertes blutiges Adreßbuch, voll erfundener Adressen und falscher Namen.“ [28]

Die Quintessenz dieser Vorbemerkungen kann nur lauten: Kästner konnte den großen Roman nicht schreiben, ergo kann *man* den großen Roman nicht schreiben.

---

[27] GS, Bd. 5, S. 75-76.

[28] Kästner: Notabene 45, a.a.O. S. 11-12.

Mit dem konjunktivischen „Wer es unternähme, brächte keinen großen Roman zustande“ verurteilt er explizit jegliche dahingehenden schriftstellerischen Versuche von anderen. Die großen Worte vom *großen Roman* im Kontext mit jener *Millionenliste* - Statistik also als ein von Kästner merkwürdigerweise angesehener *Baustein des Erzählens* - scheinen als blutarme Ausflüchte willkommen, denn schließlich hatte Kästner nicht solch ein „kolossales Zeitgemälde“ [29], sondern, wie er 1946 in einem Interview erklärt hatte, ein „umfangreiches autobiographisches Werk“ geplant, das sich „mit den letzten zwölf Jahren“ befassen sollte[30]. Daß er es nicht geschrieben hat, soll ihm nicht zum Vorwurf gemacht werden, aber er mag selbst erkannt haben, daß er, der Unterhaltungsschriftsteller, Theater- und Drehbuchautor und Nicht-Soldat, als teilnehmender Beobachter der NS-Zeit nicht gerade *repräsentativ* für solch ein Vorhaben war.
Die Vorbemerkungen in „Notabene 45“ verstärken diese Behauptung:

> „In Stichworten hielt ich, als seien es Einfälle für künftige Romane, vielerlei fest, was ich nicht vergessen wollte. Und dreimal begann ich Tagebuch zu führen, jeweils etwa sechs Monate lang, in den Jahren 1941, 1943 und 1945.
> Warum ich die Arbeit, noch dazu dreimal, nach kurzer Zeit wieder abbrach, weiß ich heute nicht mehr. Außer vielerlei Gründen dürfte mitgespielt haben, daß der Alltag auch im Krieg und unterm Terror, eine langweilige Affäre ist.“ [31]

Alltag ist auch im Krieg eine *langweilige Affäre*: Solch ein lapidar dahingeschriebener Satz ist skandalös. Jede Mutter mehrerer Kinder, die nicht wußte, wie ihre Schützlinge tags darauf satt werden sollten und deren Mann einberufen war, dürfte das etwas anders gesehen haben.[32]

---

[29] Kästner: Notabene 45, a.a.O. S. 12.

[30] Interview mit Helmuth Brühl, a.a.O.

[31] Kästner: Notabene 45, a.a.O. S. 9.

[32] Den Satz an der Hand, Alltag sei auch im Krieg eine langweilige Affäre, habe ich unter Zeitzeugen eine (nicht-repräsentative) Umfrage gemacht und eine Heimatbuchautorin dazu befragt, die ein ergreifendes Zeitdokument publiziert hatte. Es gab nie-

Kommen wir nun zurück zum Kernbegriff *Toleranz*, die, wie wir an mehreren Beispielen veranschaulicht haben, dem *Moralisten* Kästner völlig abgegangen zu sein schien, so hält man es nicht für möglich, daß er auf der anderen Seite das genaue Gegenteil seines schriftstellerischen Handelns predigt.
Im Januar 1946 erschien in der „Neuen Zeitung" Kästners Abhandlung „Die Augsburger Diagnose. Kunst und deutsche Jugend", in deren Einleitung er schreibt:

> „Die Begegnung mit moderner, insbesondere abstrakter Kunst zeitigte zweierlei: frenetisches Interesse und erstaunliche Intoleranz. So bot sich gerade die Malerei als ‚Toleranzthema an." [33]

Im Anschluß an Kästners Hinweis nimmt dieses *Toleranzthema* denn auch breiteren Raum ein. In Anbetracht seiner Verständnis-Werbung für das an der Malerei exemplifizierte Neue fordert Kästner *tatsächlich* Toleranz und geht so weit, sich als verständnisvoll-großdenkend mit einzubeziehen:

> „Wie haben zum Beispiel uns, da wir 1918 aus dem Kriege heimkamen, beim Anblick der Bilder der Dix, Kokoschka, Marc und Feininger die Köpfe geraucht. Wie haben wir diskutiert! Wie haben wir die expressionistische Lyrik mitsamt ihrer Unarten verteidigt! Wie haben wir das Moderne geliebt und das Alte respektiert!" [34]

---

manden, der sich gegen eine solche Behauptung nicht verwahrt oder darüber empört hätte.
„Notabene 45" ist ein (später von Kästner ausformuliertes) Tagebuch, in dem er die letzten Kriegsmonate schildert, so auch die Flucht mit einer UFA-Filmexpedition ins Zillertal. Sybil Gräfin Schönfeldt wertete das Journal positiv: „(...) dieses penibel authentisch gehaltene Tagebuch liest sich wie eine grandios erfundene Geschichte im Stil und mit der Wirkung eines authentischen Tagebuchs, das beweist, wieviel eindrucksvoller diese Form dem Thema gerecht wird als ein ‚großer Roman'." („Nicht mehr oder noch nicht. Erich Kästners Tagebuch aus dem Jahre 0" in: „Die Zeit", 23. Juni 1961, Nr. 26, S. 12).

[33] GS, Bd. 5, S. 27.

[34] GS, Bd. 5, S. 29.

Erich Kästner läßt seine Person und seine Einstellung hier wahrhaftig im Lichte der vorbildhaften Toleranz erscheinen, fordert mit Nachdruck „Kunsterziehung“ und zieht abschließend mit Rückblick auf die Kunsterziehung zu seiner Jugendzeit sein Fazit:

> „Wir wurden erzogen. Die Ohren, die Nerven, der Geschmack wurden ‚gebildet'. Und nicht zuletzt die Einsicht, daß auch Kunst, die man nicht versteht, trotz allem als Dame behandelt werden sollte. Man kann, auch als junger Mann, nicht alle Damen lieben. Es muß einem nicht jede gefallen. Nur folgt daraus nicht, daß sie niemandem sonst gefallen dürfte oder gar, daß man das Recht hätte, ihr mitten ins Gesicht zu spucken.“ [35]

Kästner gibt sich in diesem Beitrag als verständnisvoller, weiser und weitsichtiger Ur-Vater der Toleranz aus. Doch in welchem Verhältnis steht dazu die durch nichts gerechtfertigte und durch nichts relativierte Intoleranz in seinen Wertungen und Diffamierungen von Literaturzweigen und Berufskollegen? Immer wieder stößt man auf die doppelte Moral und die *gespaltene Persönlichkeit* des Autors. Inwieweit der *Fall Kästner* ein Fall für die psychologische Betrachtung sein könnte, mag nur angedeutet bleiben.

Uns bleibt zu konstatieren, daß sich Kästner als ein doppelbödiger literarischer *Wanderprediger* präsentiert, der mühelos von einer Anschauung zur nächsten überschwenkt.

Im Zusammenhang mit Hermann Kestens Wertung der Kästnerschen Unterhaltungsromane („wie von einem ‚doppelten Erich' verfaßt“ [36]) hat Dieter Mank die in diesen Zeilen für die literarische Identität Erich Kästners gleichsam unterstellte Schizophrenie als apologetische Strategie des Wohlwollens gewertet, die in ihrer Funktion nichts anderes darstelle als den Versuch, die Reintegration Kästners in ein nationalsozialistischen Umtrieben unbelastetes, geistiges Nachkriegsdeutschland zu sichern und die Integrität seiner persönlichen Vergangenheit in den zwölf

---

[35] GS, Bd. 5, S. 31-32.

[36] GS, Bd. 1, S. 23.

Jahren der Nazi-Diktatur von vorneherein vor jeglichem Zweifel zu bewahren.[37] Anknüpfend an den Gedanken Manks, läßt sich der Aspekt von Kästners eigenem Opportunismus einbringen, da viele seiner - dem Werk gegenläufig formulierten - Anschauungen und Moralpredigten in den Jahren nach 1945 niedergeschrieben wurden.

Mit markigen, nachhaltigen Appellen wie eben jenem zur Toleranz mochte er sich als unbescholtener und über alles erhabener Schriftsteller mit der weißen Weste hinstellen - und so die *eigene* Reintegration und Funktion der *Re-education* sichern.

Gegen die eigene Doppelbödigkeit und seinen möglichen Opportunismus bzw. einem diesbezüglichen Verdacht suchte sich Kästner bildreich und schützend zu verwahren, so in seinen „Nachträglichen Vorbemerkungen" im Band „Die kleine Freiheit" (1952). Er zitiert einen Auszug aus einem Kabarettext und geht dann zu seiner Person über:

> „ ‚Übrigens: Wenn sich Wetterfahnen nicht drehen, nennt man das ‚Charakter'. Drehen sie sich aber, nennt man's ‚Entwicklung'.' (...)
> Und die Wetterfahnen rotieren fleißig weiter. Sie entwickeln sich zusehends. (...)
> Die meisten (Anm.: der Beiträge in diesem Buch, AD) aber sind Rechenschaftsberichte eines Turmhahns, der sich nicht drehen kann.
> Herbst 1952 Erich Kästner." [38]

Kästner nimmt sich auch hier - wie so häufig - selbst in Schutz und attestiert sich bildlich eine unantastbare Charakterfestigkeit.

Immer dort, wo er großen verbalen Aufwand um seine Person und sein Schaffen betreibt, ist Skepsis angebracht.[39]

---

[37] Dieter Mank, a.a.O. S. 211.

[38] GS, Bd. 5, S. 178-179.

[39] Ein einprägsames Beispiel für ein immer wiederkehrendes Treiben verbalen Aufwands hinsichtlich einer Anschauung ist Kästners Kernsatz „Resignation ist kein Gesichtspunkt". Je stärker die Resignation des Autors zunahm, umso häufiger wendete er diesen Satz mit der ihn umgebenden Thematik nach dem zweiten Weltkrieg an. Dies zieht sich leitmotivisch durch Reden wie „Resignation ist kein Gesichtspunkt"

Wenn wir nun der Frage nach Toleranz und Philanthropismus in Verbindung mit Rollenzuweisungen, Rollenzwängen sowie Normalitäts- und Werteprinzip im Personeninventar seiner Schriften nachgehen, dann kristallisieren sich allgemein Vorlieben für und Vorurteile gegen bestimmte gesellschaftliche Phänomene, Gruppen und Personen heraus.
Jene Sympathien und Antipathien lassen sich hinsichtlich des Figuren-Fundus kategorisieren, wobei ich die Einteilung - neben eigenen Erkenntnissen - auf die Arbeiten von John Winkelman[40], Dirk Walter[41], Dieter Mank[42] und Marianne Bäumler[43] stütze. Dabei soll deutlich werden, daß Kästner mit seiner Kritik nicht auf selbstbewußte Frauen abzielt, sondern er gleichsam zu Rundumschlägen in bezug auf Randgruppen und - nach seinem Ermessen - auf geistig weniger Gebildete abzielt. Hier erhält die Frage, ob Kästner wirklich „ein Freund *der* Menschen“[44] war, noch mehr an Gewicht.

Wie nun sieht Kästners Modell bei geschlechterrelevanten Rollenzuweisungen aus? Zu unterscheiden sind die Sparten *Kinder* (männlich und weiblich), *Heranwachsende Jugend* (männlich und weiblich), *Frauen*, *Männer* und *Ältere/alte Menschen* (männlich und weiblich).

(GS, Bd. 5, S. 499-501), „Eine Nachrede als Vorrede“ (GS, Bd. 5, S. 540-541) und „Ostermarsch-Ansprache“ von 1961 (a.a.O.).

40 John Winkelman, Diss., a.a.O. Insbesondere S. 81 ff., S. 85 ff., 90 ff., S. 99 ff. und S. 106 ff.

41 Dirk Walter, a.a.O. Insbesondere S. 74 ff., S. 78 ff., S. S. 119 ff., S. 147 ff., S. 151 ff., S. 155 ff., S. 160 und S. 210.

42 Dieter Mank, a.a.O. Insbesondere S. 25 f., S. 71 ff., S. 89 ff., S. 105 ff., S. 125, S. 141 und S. 145.

43 Marianne Bäumler, a.a.O. Insbesondere S. 43, S. 46 ff., S. 67 ff., S. 75, S. 81 ff., S. 94 ff., S. 100 ff., S. 110 ff., S. 118, S. 124, S. 134 und S. 137 ff.

44 In Anlehnung an Kästners Epigramm „Grabrede für einen Idealisten“ (1948; GS, Bd. 1, S. 336). Kursiv-Hervorhebung von mir.

Kinder

Kästners Sympathie gilt dem vorbild-, da tugendhaften Kind: mutig, klug, überlegt handelnd.
Unter diesen Oberbegriffen treten die Hauptfiguren der meisten Kästnerschen Kinderbücher[45] auf den Plan: Emil, der Professor und - mit Abstrichen - Gustav mit der Hupe in „Emil und die Detektive“ und „Emil und die drei Zwillinge“; Pünktchen und Anton in „Pünktchen und Anton“; Sebastian, Uli, Johnny, Matthias und Martin als alerte Prototypen unter feiner Nuancierung in „Das fliegende Klassenzimmer“; Luise und Lotte in „Das doppelte Lottchen“.
Des Autors Antipathie weist auf das böse, *dumme* und unartige Kind, das er mit negativen Kontrastfiguren (Nebenfiguren) schafft: Petzold in „Emil und die Detektive“, Gottfried Klepperbein in „Pünktchen und Anton“, Anni Habersetzer in „Das doppelte Lottchen“[46]. In „Das fliegende Klassenzimmer“ bilden die Realschüler als Masse den Negativ-Kontrast gegenüber den Gymnasiasten.
Immer wieder kommen bei Kästner als Charakteristika für *gut* und *böse* die Begriffe Intelligenz, Bildung und soziale Herkunft ins Spiel. Bei Gottfried Klepperbein in „Pünktchen und Anton“ handelt es sich schließlich nur um den „Sohn von Portiersleuten“ [47]. Am Beispiel Gottfried Klepperbein, der im Roman sowohl von Anton als auch von Pünktchens Vater demonstrativ geohrfeigt wird, zieht der Autor seine *zwölfte Nachdenkerei* über die „Schweinehunde“ auf:

---

[45] Davon ausgespart bleiben „Die Konferenz der Tiere“, „Der kleine Mann“ und „Der kleine Mann und die kleine Miss“ aufgrund der nicht existierenden kindlichen Hauptfiguren. In „Der 35. Mai“) ist das Handlungsgeschehen weniger auf den kleinen und auch mit kleinen Schwächen ausstaffierten Konrad gerichtet, sondern auf seine, Onkel Ringelhuths und Negro Kaballos Begegnungen im Reich der Phantasie. In „Als ich ein kleiner Junge war“ tritt der kleine Kästner als mutig, klug und überlegt handelnd auf.

[46] Anni Habersetzer zum Beispiel wird als ein „großes, gefräßiges Ding“ (GS, Bd. 7, S. 175) bezeichnet, das seine Gehässigkeit heimlich an den Kleinsten in der Klasse auszulassen pflegt und deshalb selbst redlich Ohrfeigen verdient hat (GS, Bd. 7, S. 175 f.).

[47] GS, Bd. 6, S. 423.

> „Gottfried Klepperbein ist ein Schweinehund. Vertreter dieser menschlichen Tiergattung kommen auch schon unter Kindern vor. (...)
> Wenn jemand faul und zugleich schadenfroh, heimtückisch und gefräßig, geldgierig und verlogen ist, dann kann man zehn gegen eins wetten, daß es sich um einen Schweinehund handelt. Aus einem solchen Schweinehund einen anständigen Menschen zu machen ist wohl die schwerste Aufgabe, die sich ausdenken läßt. (...)
> Sie (Anm.: die Schweinehunde, AD) sind als Kinder schon genau dasselbe, was sie später werden. (...) Sie wachsen nur, sie ändern sich nicht. Was nicht im Menschen von Anfang an drinliegt, das kann man nicht aus ihm herausholen, und wenn man sich auf den Kopf stellt..." [48]

Kästners gesellschaftliches und soziales *Verantwortungsbewußtsein* als selbsternannter *Schulmeister* muß erstaunen; es beschränkt sich im Grunde nur auf die mit entsprechenden Eigenschaften und Anlagen ausgestatteten *guten* Kinder. Pädagogik (Kindererziehung) allgemein erhält von Kästner eine Nichtigkeits-Erklärung: *Böse* Kinder sind für ihn prinzipiell hoffnungslose Fälle.
In seiner „Ansprache zum Schulbeginn" (1952) tritt dieser Aspekt einer doppelbödigen Haltung in einem seiner Appelle hervor:

> „Lacht die Dummen nicht aus! Sie sind aus freien Stücken dumm und nicht zu eurem Vergnügen." [49]

Mit dem Gebrauch des Imperativs spricht Kästner eine eindeutige Zielmasse an. Wenn er *dumm* in bezug auf die Kinder nicht definiert, so ist damit nur nicht-intelligent gemeint.
Generell schwingt ein programmatischer Verantwortungsentzug mit und - wie in der zwölften Nachdenkerei - eine Aversion gegenüber Problem-

---

[48] GS, Bd. 6, S. 484.
[49] GS, Bd. 5, S. 182.

fällen bei Kindern, deren Ursachen häufig im psychisch-sozialen Bereich liegen. Diese Gruppe indes qualifiziert Kästner unter dem Motto *Einmal Schweinehund, immer Schweinehund* ab. Die genannten Schweinehund-Eigenschaften wie *faul*, *schadenfroh*, *heimtückisch*, *gefräßig*, *geldgierig* und *verlogen* orientieren sich an Oberflächenmerkmalen und werden demzufolge Kästners programmatischem Analyse-Verzicht gerecht:

> „Glücklicherweise bin ich kein beruflicher Tiefseelentaucher und kann mir derartig hintersinnige Abhandlungen und Deutungen ersparen. Menschen zu beschreiben, interessiert mich mehr, als sie zu erklären. Beschreibung ist Erklärung genug.“ [50]

Kästners Zielgruppe unter den Kindern ist einwandfrei selektiert.

Heranwachsende Jugend

Bei dieser Einordnung hat man es zunächst mit einem Problemfeld zu tun, bei dem die Frage auftaucht: Kann man Kästner überhaupt als Jugendbuchautor bezeichnen?
Kindheit und Jugend sind als generelle Lebensaltersstufen ebenso ungenau definiert wie Kinderliteratur und Jugendliteratur[51]. Die Dauer des *Kindesalters* und des *Jugendalters* ist hier im Zusammenhang zwischen den Werkfiguren und den Rezipienten zu sehen; ein 16jähriger Jugendlicher dürfte die kindliche „Emil"-Figur kaum als Identifikationsgestalt erachten.
Folgt man einer Klassifizierung von Horst Kunze, so ist das Kinderbuch Kindern bis zum 15. Lebensjahr zuzuordnen.[52] Die Zäsur Kind/Jugend-

---

[50] GS, Bd. 6, S. 144.

[51] Um eine Diskussion bezüglich der Begriffe Kinderliteratur und Jugendliteratur hat sich Juliane Eckhardt in ihrem Buch „Kinder- und Jugendliteratur“ (Darmstadt 1987, S. 24 ff.) bemüht, doch vermag auch dieser Versuch nicht, eine allgemeine Unklarheit bei der definitorischen Präzisierung zu beseitigen.

[52] Zitiert nach Juliane Eckhardt, a.a.O. S. 35.

licher bei etwa 14/15 Jahren würde dann Kästners Schlußsatz in seiner Teil-Autobiographie „Als ich ein kleiner Junge war" entsprechen:

> „Der Weltkrieg hatte begonnen, und meine Kindheit war zu Ende." [53]

Kästner war damals gerade fünfzehn Jahre alt.

Wenn in bezug auf Kästner von der Jugend geredet wurde, so waren immer nur die Kinder gemeint. Um den Bereich der Halbwüchsigen, der etwa 15- bis 18jährigen mit ihren Freuden und Problemen, wie Liebe, Sexualität und Zukunftsaussichten, hat sich Kästner nie unmittelbar gekümmert - weder hinsichtlich der Hauptfiguren in seinen Büchern noch im Hinblick auf die Rezipienten.
Durch Ausklammerung dieser Zwischenstufe konnte in Kästners fragwürdiger *Literaturpädagogik* die heile Welt mit ihrem utopischen Rosa aufrechterhalten werden. Dies paßt ins Bild von einem Autor, der sich vor realitätsnahen gesellschaftlichen Problemen stets zu drücken wußte.
Nicht nur der Protest- und Auflehnungszeit im Leben junger Menschen ist Kästner in seinen Schriften ausgewichen, sondern auch einer Konzeption von jungen *Anti-Helden*. In Kästners Kinderbüchern sind die Figuren an System und Gesellschaft bedenkenlos angepaßt und denken weder an Verweigerung noch Flucht oder Anklage, wie man in der Jugendliteratur ab den fünfziger Jahren beobachten konnte.[54]

Frauen

---

[53] GS, Bd. 6, S. 150.

[54] Vgl. zu dieser Thematik Winfred Kaminski: Einführung in die Kinder- und Jugendliteratur. Literarische Phantasie und gesellschaftliche Wirklichkeit. Weinheim und München 1987. S. 84.
Vgl. dazu auch Reiner Wild (Hg.): Geschichte der deutschen Kinder- und Jugendliteratur. Stuttgart 1990. S. 299 ff. und S. 324 ff.

„Die Heilige oder die Hure - auf eines dieser beiden Extreme bleibt Erich Kästners Frauenbild meistens beschränkt", hat Gabriele Stadler 1991 zurecht konstatiert.[55]
Angelehnt an tradierte bürgerliche Vorstellungen, bejaht Kästner die Gruppe der treusorgenden, hausmütterlichen Mütter mit ihrer Liebe zu den Kindern und einer - sofern überhaupt angedeuteten - konservativen Sexualmoral. Bereits in einer Rezension von 1928 vergöttert Erich Kästner die Mutter:

> „Wer noch den Mut hat, an den inneren Fortschritt der Menschheit zu glauben, (...), der kann es ja nur, wenn er an die grenzenlose Herrschaft der Mutterliebe glaubt und daran, daß es ihr einmal gelingen wird, alle Arten Haß und Feindschaft zu überwinden." [56]

Die Rolle der vorbildhaften, kinderliebenden Mutter wird an Werkfiguren deutlich wie Frau Tischbein (Emils Mutter) in „Emil und die Detektive" und „Emil und die drei Zwillinge"; Frau Gast (Antons Mutter) in „Pünktchen und Anton"; Frau Körner (Mutter von Luise und Lotte) in „Das doppelte Lottchen" und Frau Kästner (Mutter von ihm selbst) in „Als ich ein kleiner Junge war". So sind die einprägsamsten und vornehmlich ohne Mann auskommenden Mutter-Figuren in Kästners Kinderbüchern geschaffen. In diese Reihe gehören ferner Frau Hagedorn, Mutter von Hauptfigur Fritz Hagedorn, in „Drei Männer im Schnee" und Frau Külz, die treusorgende Ehefrau von Fleischermeister Oskar Külz, Hauptfigur im Unterhaltungsroman „Die verschwundene Miniatur".
In der zweiten Sympathieträgerinnen-Gruppe fungieren jüngere Frauen mit Herz und Gefühl als Grundeigenschaften: Cornelia Battenberg, zeitweilige Freundin Jakob Fabians, in „Fabian"[57]; Millionärstochter Hilde-

---

[55] Gabriele Stadler, a.a.O. S. 21.

[56] In Kästners Rezension „Mutter und Kind im Kunstwerk" (Gemischte Gefühle, a.a.O. Bd. 1, S. 86).

[57] Die von Cornelia Battenberg ausgehende Trennung von Fabian wird nicht vom Gefühlsdrang der Frau her erklärt, sondern sie sieht sich durch die äußeren (gesellschaftlichen) Umstände zur Unmoral gezwungen und beginnt eine opportuni-

gard, Ehefrau in spe von Fritz Hagedorn, in „Drei Männer im Schnee"; Irene Trübner in „Die verschwundene Miniatur" und Millionärstochter Konstanze in „Der kleine Grenzverkehr". Am Rande dieser Gruppe bewegt sich Pony Hütchen als ein „anständiges Mädchen" in „Emil und die Detektive" und „Emil und die drei Zwillinge".

Kästners Haupt-Zielgruppe in seiner Kritik ist die der emanzipierten, selbstbewußten Frauen. Deren häufige liberale Sexualmoral wird mit einer moralischen Verwahrlosung gleichgesetzt. Speziell in den Gedichten entzündet sich gegenüber *angemalten Fräuleins* eine leitmotivisch überstrapazierte Ablehnung. Gabriele Stadler spricht von angestautem Frauenhaß.[58]

Der Autor polarisiert Mutterschaft und sexuelle Freizügigkeit. Frauen reduzieren sich zu Sexualobjekten; ihre sexuellen Bedürfnisse nehmen sich übertrieben aus. Diese Gruppe wird exemplarisch vorgeführt mit Gestalten wie Irene Moll im „Fabian"-Roman sowie den Damen Casparius und von Mallebré in „Drei Männer im Schnee", am charakteristischsten aber in den Frühwerk-Gedichten, wie wir bereits im vierten Kapitel gesehen haben. Auch Prostituierte biedern sich ein ums andere Mal den Männern auf unterwürfigste Weise an.

Am Rande dieser Gruppe in Kästners Ablehnungs-Kategorie steht eine Mutter-Figur wie Frau Pogge, Pünktchens Mutter in „Pünktchen und Anton", die sich nicht in den Rahmen der tradierten Rollenzuweisungen mit *Küche* und *Kindern* stellt, sowie ein Eindringling in familiäre Idylle in Gestalt von Irene Gerlach, als Freundin des Vaters von Luise und Lotte, in „Das doppelte Lottchen".

Das in Kästners Schriften immer wieder auftauchende Bild der Frau - und deren Rollenverhalten - beruht auf den Gegensatzpaaren bürgerlich-konservativ (positiv) versus liberal-progressiv (negativ).

---

stische Liaison mit Film-Magnat Makart, der als „brutal und verschlagen", „wie ein Teufel ohne Gymnasialbildung" (GS, Bd. 2, S. 168) beschrieben wird.

58 Gabriele Stadler, a.a.O. S., 25.
Stadler führt Kästners fatales Frauenbild auf dessen „unbedingte, über jeden Zweifel und über jeden Schmerz erhabene Liebe" zu seiner Mutter zurück (S. 18). Stadler weiter: „Dem derart ins Übermenschliche verklärten Gefühl entspricht die Ratlosigkeit im Umgang mit realen, lebbaren Gefühlen. Ein ganz fatales Frauenbild ist aus diesem Konflikt hervorgegangen." (S. 18).

Souveräne und (auch sexuell) emanzipierte Frauen treten im Zuge einer Gebots- und Verbotsmoral in Kästners Texten generell als *unzüchtige Erscheinungen* auf den Plan.
So wie in den Kinderbüchern das tugendhafte Verhalten der jungen Hauptfiguren als vorbildhaft und beispielgebend dargestellt wird, so richtet sich der in der Literatur mitschwingende *Moralschuß* für das *richtige Leben* hier gegen eine Gleichstellung jener Frauen in der Gesellschaft. Von Kästner aus dringt alles andere als eine tolerante Weltoffenheit durch - vielmehr eine fast spießbürgerliche Attitüde.
Dagmar Grenz hat zurecht auf die dem „Fabian" innewohnende sexuelle Doppelmoral des Romans verwiesen, in dem Frauen lächerlich gemacht werden.[59] Und selbst der Kästner so wohlgesonnene Werner Schneyder hat gemutmaßt, für bewußte Frauen müsse dieser ein wahres Feindbild sein.[60]
Auch Kästners Zielgrupen unter den Frauen ist selektiert.

Männer

Der von Kästner allseits verwendete ideale Lieblingstypus ist der des Akademikers.
Bildung und Intelligenz sind bei Kästner unabdingbare Sympathiefaktoren. Dies ist die übergreifende Verbindungslinie zwischen den aufgeführten Hauptfiguren in seinen Kinderbüchern und den einprägsamsten Figuren seiner übrigen Schriften. Dazu zählen Jakob Fabian und Stephan Labude in „Fabian", Fritz Hagedorn in „Drei Männer im Schnee", Joachim Seiler in „Die verschwundene Miniatur", Georg Rentmeister in „Der kleine Grenzverkehr", Thomas im Lustspiel „Zu treuen Händen", Lehrer Justus und die Figur des Nichtrauchers in „Das fliegende Klassenzimmer" sowie Professor Jokus von Pokus in „Der kleine Mann" und „Der kleine Mann und die kleine Miss". Am Rande dieser Gruppe ran-

---

59 Dagmar Grenz, a.a.O. S. 159. Für Grenz ist die sexuell *gefallene* Frau das Hauptmotiv im „Fabian" (S. 157).
60 Werner Schneyder, a.a.O. S. 24.

giert Konzertmeister Palfy, der Vater von Luise und Lotte, in „Das doppelte Lottchen". Allgemein muß man konstatieren, daß in sämtlichen Schriften Kästners die einprägsame Vaterfigur fehlt, auch jene seines eigenen Vaters in „Als ich ein kleiner Junge war".[61]

Bei der Ausgestaltung des Männerbildes ist die Geisteshaltung entscheidend. Aufgrund ihres Junggesellen-Status sind die meisten der Hauptfiguren von ihrer Rolle als *Ernährer der Familie* und damit von einer wichtigen Pflicht entbunden, was sie freier und ungezwungener agieren läßt.

Verlotterte Väter gibt es bei Kästner nicht, und auch Fabian erscheint als *Junggeselle* deshalb nicht moralisch verwahrlost, weil er als grundsätzlich passiver Beobachter von moralisch degenerierten Frauen in die Sphäre der Liederlichkeiten hineingezogen wird.

Die *schlechten* Männer bei Kästner sind die *ungebildeten*, was sich meist an der Geisteshaltung manifestiert. Auch hier findet sich wieder der nahtlose Anknüpfungspunkt zu den negativ gestalteten Kinderfiguren und dem Topos vom *ewigen Schweinehund*. Machttrieb und Hang zum Kapitalismus werden als Negativ-Charakteristika vor allem in den Gedichten immer wieder hervorgekehrt.

Insbesondere in Kästners früher Lyrik dienen Berufszuweisungen der Negierung von Männergestalten. Dazu rechnen Beamte, Politiker, Militärs und Industrielle.

So stellt sich auch Kästners Zielgruppe unter den Männern selektiert dar.

Ältere/alte Menschen

Die Gestaltung des Alters nimmt in Kästners Schriften minimalen Raum ein, aber wenn, so sind ältere und alte Menschen ähnlich den positiven Kinderfiguren von moralischer Reinheit geprägt. Hinzu kommt die Weis-

---

[61] Wir verweisen in dem Zusammenhang auf Werner Schneyders Haupt-*Enthüllung* in seinem 1982 publizierten Buch, daß der Vater Kästner nicht der Vater Kästners war, sondern Hausarzt Dr. Zimmermann (S. 18 ff.).

heit des Alters, wie sie sich an der prägnantesten Werkfigur aufzeigen läßt: Emils Großmutter in „Emil und die Detektive“ und „Emil und die drei Zwillinge“.

Ein gewisses Maß an Bildung hat auch der Journalist Kästner von seiner Leserschaft verlangt. War diese Voraussetzung in seinen Augen nicht erfüllt, so machte er nicht davor halt, einfache soziale Herkunft zum Gespött aller zu erheben.
Diese Tendenz durchzieht frühe Essays und Beiträge für die „Neue Leipziger Zeitung“ und findet ihre Fortsetzung in Lyrik und Romanen. Erich Kästner hat dergestalt in seinen Schriften immer wieder seine Vorurteile entwickelt. Attacken wider die geistige Beschlagenheit hören sich in Kästnerschen Artikeln für die „Neue Leipziger Zeitung“ zum Beispiel so an:

> „Man lächelte, wenn man gebildet war, und man lachte, wenn man ungebildet war.“
> („Kleine Reise in Paris“, 1929) [62]
> „Sportlich trainiert. Und gebaut wie Plastiken im Museum.
> Allerdings: reden hören müßte man sie nicht müssen! Haben sich beim Mensendiecken zweifellos das Gehirn verrenkt. Dumm wie Bohnenstroh, sagt man.
> Aber vielleicht liegt das an der Gegend. Es sind viele Hiesige hier, zwischen Lübeck und Stettin gebürtig. Da ist für Köpfe anscheinend nicht das geeignetste Klima.“
> („Ferien und Menschenkunde“, 1929) [63]

---

[62] Kästner: Gemischte Gefühle, a.a.O. Bd. 2, S. 320.

[63] Kästner: Gemischte Gefühle, a.a.O. Bd. 2, S. 331.
In Ergänzung dazu spielt Kästner häufig auf *seine* Bildung an, so unter anderem in „Das Publikum fällt durch“ (1929; in Gemischte Gefühle, Bd. 2, S. 162), „Über den Tiefsinn im Parkett“ (1952; GS, Bd. 5, S. 227-229) und in den Vorbemerkungen zu „Notabene 45“ (a.a.O. S. 10).

Für Kästner war es selbstverständlich, Nicht-Bildung - in diesem seinem Sinne Einfältigkeit und *Dummheit* - als Vorwand zu mißbrauchen, um Mitmenschen demonstrativ zu diskreditieren. Für die Werkfiguren in seinen Romanen hat Marianne Bäumler dies am nachhaltigsten erörtert, doch beschränkt sich dies im Gesamtwerk nicht nur auf jenen Teil seiner Schriften. In einem Roman wie „Drei Männer im Schnee“ dient Ungebildetsein in Kombination mit körperlicher Unansehnlichkeit zur Erzeugung von (billigen) Lachern; als Objekt dient „die Kunkel“[64], Hausdame des Millionärs Tobler. Marianne Bäumler hat hier auch auf Kästners publikumswirksame Karikaturtechnik verwiesen, mit der er Vorurteile über die unwissenden Kleinbürger bestätigte.[65]
Kästners Bild von Dummheit und Verschlagenheit manifestiert sich auch am Beruf des Dienstmädchens, das ein ums andere Mal als diskreditierliches Geschöpf in Erscheinung tritt.[66]
Bei Kästner als fragwürdigem *toleranten Magister* und *liberalem Menschenfreund* kommt generell der Aspekt des bereits angeklungenen

---

64 GS, Bd. 3, S. 119.

65 Marianne Bäumler, a.a.O. S. 82.

66 Bildhafte Beispiele findet man in den Zeitungsbeiträgen „Berliner Theater“ (1931; in Gemischte Gefühle, a.a.O. Bd. 2, S. 268) und „ ‚Ist Gott oder Hitler größer?' Ein Fragebogen aus dem Jahre 1938“ (1946; GS, Bd. 5, S. 356).
In eine ähnliche Richtung weist das Gedicht „Epistel eines Dienstmädchens namens Bertha“ (1928; GS, Bd. 1, S. 65-66). Eine orthographische Fehlerfülle kommt für das in der Ich-Form schreibende Dienstmädchen wie selbstverständlich in Betracht:
„Geliebter Franz Ich will es dir blos schreiben
das ich den Freitag doch nicht kommen kan.
Die Frau verreißt. Ich mus zuhauße bleiben.
den Kindern wegen. und bei ihren Mann.
(...)
Und ach, willstu um zwölf vorn hause warten?
du kanst auch feifen wenn du feifen kanst.
Mir bumeln dann ein bisjen mang den Garten.
stadt das du fremd gehst und mit andern tanzt.“
Solch ein Exempel aus der *Gebrauchslyrik* mag das ergänzen, was Marianne Bäumler über die Negativ-Darstellung auch von marginalen Bediensteten in Kästners Romanen herausgestellt hat (Bäumler, a.a.O. S. 67).

Rassismus der Ästhetik hinzu, der allerdings über Zuweisungen wie *dick* und *häßlich* hinausreicht.[67]
All das, was von einem *Normalitätsprinzip* abweicht, wird in Kästners Schriften explizit verurteilt oder implizit über die Ironie verhöhnt. Dabei bedient sich der Erzähler gelegentlich eines Mensch-Tier-Vergleiches. In „Notabene 45" (1961) ist in bezug auf Liliputaner nicht nur von *Zwergen mit Greisengesichtern*, sondern auch von „schnatternden Damen und Herren" die Rede.[68] Während ein *animalisches Urwaldmotiv* wie im Gedicht „Die Entwicklung der Menschheit" (1932) satirisch-funktional erscheint, ist ein Mensch-Tier-Vergleich im Unterhaltungsroman „Drei Männer im Schnee" (1934) vom Erzähler um des bloßen Lacheffektes wegen gewählt:

> „Als Frau Kunkel die Talstation der Drahtseilbahn entdeckte, riß sie sich los. Die Männer mußten sie wieder einfangen. Sie strampelte und jammerte, als man sie in den Wagen schob. Es war, als würde Vieh verladen." [69]

Im Theaterstück „Zu treuen Händen" (1948) und im Gedicht „Don Juans letzter Traum" (1952) wird anhand der Figuren deutlich, daß auf der erwähnten Vergleichsebene (Mensch-Tier) Frauen *und* Männer bloßgestellt werden:

> „ Hannsgeorg (nicht ohne Bewunderung):

---

[67] Durch Kameraführung und Musikuntermalung können solche Aspekte im Film noch stärker zur Wirkung gelangen, so in „Das doppelte Lottchen" (1950), zu dem Kästner auch das Drehbuch geschrieben hatte. In einer Szene avanciert ein ausgesprochen pummeliges Mädchen zum Gespött aller. Die Großeinstellung eingeblendet, hört man den Kommentar einer *Kameradin*: „Meinst du, es gibt jemanden, der so blöd ist, mit deinem Kopf herumzulaufen?"
Man könnte hier einwenden, es müsse möglich sein, solche Bemerkungen auszusprechen, um dadurch jemandem (und ein bestimmtes Verhalten) zu kennzeichnen. Doch es geht hier darum zu zeigen, daß der selbsternannte Schulmeister Kästner in der filmerzählerischen Vermittlung eine Außenseiterfigur als Demonstrationsobjekt für einen Lacher im Kinosaal herhalten läßt.

[68] Kästner: Notabene 45, a.a.O. S. 38.

[69] GS, Bd. 3, S. 125.

'Ihr Weiber! - Onkel Thomas sagt es ja immer...Die Frauen, sagt er, sind noch instinktsicher...Sie haben eine Witterung wie die Tiere im Wald... (...)
Wir Männer hingegen sind durch unsere geistige Höherentwicklung verpfuscht worden.' "
(„Zu treuen Händen") [70]

„Was er sah, waren Erinnerungen.
Diese Frau'n hatte er einst beschwätzt,
angefleht, gehaßt, bezahlt, bezwungen,
sanft umschlungen, wie ein Hengst besprungen,
seufzend war er in sie eingedrungen -
und Erinnerungen waren's jetzt..."
(„Don Juans letzter Traum") [71]

Bei der Negativzeichnung von Männern und Frauen werden in Kästners Schriften keine graduellen, höchstens quantitative Unterschiede mit stärkerer Verlästerung von Frauen gemacht.[72]
Speziell im Zusammenhang mit den kriegstreiberischen Initiativen von Männern wird in Kästners Gedichten gelegentlich eine Lanze für die Frauen gebrochen, so in „Fantasie von übermorgen" (1929)[73], im „Schaubuden"-Beitrag „Spielzeuglied" (1946)[74] und in „Le dernier cri" (1946):

„Wir schleppten Kisten. Wir waren Chauffeure.

---

[70] GS, Bd. 4, S. 127. Ingo Tornow (a.a.O. S. 81) wertet diese Passage als ein Beispiel für „Kästners problematisches Frauenbild". Doch so direkt darf man diese Stelle nicht auslegen, da sie von einer Werkfigur geäußert wird.

[71] GS, Bd. 5, S. 236-237.

[72] Betrachtet man den Band mit Briefen Kästners an seine Mutter („Mein liebes, gutes Muttchen...", a.a.O.) sieht man Kästners problematisches Frauenbild allerdings bestätigt. Marianne Bäumler (a.a.O. S. 191) stellte treffend fest: „Am wohlsten, und im Einklang mit den Erwartungen seiner Mutter, scheint Kästner sich zu fühlen, wenn er ihr mitteilen kann, daß er seine Freundinnen sexuell funktionalisiert, ansonsten aber - in des Wortes ureigener Bedeutung - nichts von ihnen wissen will."

[73] GS, Bd. 1, S. 108-109.

[74] GS, Bd. 5, S. 87-89.

Wir standen auf Dächern und schmissen mit Sand.
Wir drehten Läufe für eure Gewehre.
Uns nahm in den Kellern der Tod bei der Hand.
(...)
Warum mußten unsre sanften Hände rauh sein?
Warum mußte unser Haar so zeitig grau sein?
Und genau so grau das Gesicht?
Eine Frau will doch endlich eine Frau sein!
Eine Frau will doch endlich eine Frau sein!
Versteht ihr das denn nicht?
Versteht ihr das denn nicht?" [75]

Frauen sind hier die unschuldigen Opfer des Kriegswahns von Männern. Wie Kästner 1961 in den Vorbemerkungen zu „Notabene 45" verallgemeinernd schreiben konnte, Alltag sei auch im Krieg - gemeint ist ebenso wie in „Le dernier cri" der zweite Weltkrieg - eine „langweilige Affäre"[76], erscheint in dem Zusammenhang noch unglaublicher.

Hielte man Kästner eine generell frauenfeindliche Haltung in seinen Schriften vor, ließe sich mit demselben Recht eine männerfeindliche Haltung exemplifizieren.
Marianne Bäumler analysiert, Kästner habe der unrealistischen Vorstellung nachgehangen, Konflikte ganz übergreifend durch Menschenliebe überwinden zu können.[77] Vielleicht aber saß Kästner bei der *Menschenliebe* als getarnter Misanthrop nur auf dem so bequemen Beobachter-Posten und wußte seine Wunschwelt dergestalt darzustellen, daß er - wie wir häufig gesehen haben - von seinen Mitmenschen etwas zu verlangen suchte, was ihm selbst nicht möglich war?
Sich selbst hat Kästner als Satiriker und Idealisten gesehen[78], implizit als den *guten* Menschen mit Verallgemeinerungsdrang[79]. Die Grundhal-

---

[75] GS, Bd. 5, S. 80.
[76] Kästner: Notabene 45, a.a.O. S. 9.
[77] Marianne Bäumler, a.a.O. S. 102.
[78] Im Vorwort zu „Bei Durchsicht meiner Bücher" (1946; GS, Bd. 5, S. 489).

tung des Idealisten ist in seinem Epigramm „Grabrede für einen Idealisten" (1948) definiert:

„Bevor man stirbt, hat man gelebt.
Der Mann nun, den man hier begräbt,
lebte höchst sonderbar.

Er litt aus Mitleid, wenn er litt,
und stritt für andre, wenn er stritt,
auf eigene Gefahr.

Und hatte trauernde Gemeinde,
ganz einfach deshalb lauter Feinde,
weil er ein Freund der Menschen war." [80]

Ein Freund *der* Menschen mit einem allgemein umspannenden Verantwortungsgefühl für den Menschen in der Gesellschaft war der schulmeisternde Erich Kästner nicht.
Im ersten seiner in *Sie*-Anrede abgefaßten *Briefe an sich selber* (1940) kommt die Haltung als Misanthrop zum Vorschein:

„Sie lieben das Leben mehr als die Menschen." [81]

Kästner hingegen als Menschenfeind einzustufen, wäre sicherlich falsch. Doch immer wieder fällt der Verantwortungsentzug gegenüber bestimmten Gruppen und Schichten auf - ein Verantwortungsentzug,

---

79 Im Beitrag „Kritik des idealistischen Sozialismus" (1928; in Gemischte Gefühle, Bd. 1, S. 264).

80 GS, Bd. 1, S. 336.

81 GS, Bd. 2, S. 249.
Im Gedicht „Misanthropologie" von 1930 (GS, Bd. 1, S. 190-191) dringt eine vergleichbare Haltung durch, vor allem in der Schlußstrophe und in der Anmerkung zum Gedicht:
„Diese Menschheit ist nichts weiter als
eine Hautkrankheit des Erdenballs.
Anmerkung: Man sollte die meisten Menschen mit einer Substanz bestreichen dürfen, die unsichtbar macht."

auf den sich ein wirklicher *Schulmeister* und *Menschenfreund* niemals hätte einlassen dürfen.
Wenn der Verfasser zum Beispiel im bereits zitierten „Kleinen Nachwort" zu „Pünktchen und Anton" im Hinblick auf die Vorbild-Funktionen der „Emile und Antone" fragt: „Vielleicht entschließt ihr euch, so wie sie zu werden?", dann richtet er sich nicht an *die* Kinder (in diesem Fall ohnehin nur die Jungen), sondern lediglich an bildungswillige und intelligente mit entsprechenden Ansätzen. Gute (gleich intelligente) Kinder sollen bei Kästner nur besser werden; schlechte (gleich *dumme*, nicht intelligente) Kinder stehen in dieser Konzeption außerhalb des Rahmens.

Als ein mit Nachdruck selbsternannter Schulmeister, der *auch* eine Vorbild-Funktion zu erfüllen hat, steckt Kästner in der Klemme, mag er noch so sehr und eindringlich zu Toleranz, Gerechtigkeit und Nachsicht aufgerufen haben. Im Hinblick auf die Erzieher der Kinder, wie beispielsweise die Schullehrer, forderte er von ihnen „wahre Geduld", die sich aus „Verständnis, Humor und Beharrlichkeit" zusammensetze.[82]
Auch bei der *wahren Geduld* plädiert Kästner für etwas, das ihm selbst nicht möglich war. Äußerungen in den fünfziger und sechziger Jahren weisen - trotz der Vorgaben in den Appellen seiner *Literaturpädagogik* - nicht in Richtung „Verständnis, Humor und Beharrlichkeit". Es geht um Resignation und Enttäuschung über die Unbelehrbarkeit der Menschen:

> „Ich kann mich nicht immer über dasselbe aufregen (...).
> Wie lange noch? Es hängt mir zum Hals raus! " (1956) [83]
>
> „Man hat es satt, sich immer wieder zu wiederholen." (1967) [84]
>
> „Was soll er (Anm.: der Schriftsteller, AD) tun? Ich weiß es nicht. Verrücktspielen? Was soll er denn tun? Zum 88. Male erlebt er immer wieder denselben; wollte ich Scheißdreck sagen? Nein

---

[82] GS, Bd. 6, S. 129 (in „Als ich ein kleiner Junge war").
[83] Zitiert nach Konstantin Prinz von Bayern, a.a.O. S. 279.
[84] Interview mit Thomas Koebner, a.a.O. S. 8.

(...), wollte ich nicht sagen; gut, lassen wir es weg. Was soll er denn tun? Donnerwetter nochmal." (1967) [85]

Eine Vorbild- und Vorreiter-Funktion bei seinen eigenen Appellen konnte Kästner dauerhaft nie erfüllen.

Auch als selbsternannter schulmeisternder Erwachsenenbuch-Autor hat Kästner alles andere als Gerechtigkeit (im Sinne von Gleichbehandlung) und *wahre Geduld* bewiesen. Wenn er vom Satiriker redet, der die törichte, unsinnige Hoffnung habe, die Menschen könnten ein wenig, ein ganz klein wenig besser werden, wenn man sie oft genug beschimpfe, bitte, beleidige und auslache[86], dann zielt er im Grunde nicht auf *die* Menschen ab.
Die Grenze der Toleranz des fragwürdigen Satirikers ist erreicht, wenn es - wie gesehen - um sexuell *Andersartige*, um selbstbewußte und emanzipierte Frauen oder um *dumme*, ungebildete Menschen geht. Außerhalb des Bereiches der *satirischen* Schriften ist diese Spanne - wie nachhaltig belegt - weitaus größer: Man darf kein Mystiker, kein Naturlyriker, kein Liebesgedichte-Schreiber, kein nicht-professioneller Jugendbuchautor sein, und man darf generell keine Anomalien jedweder Art aufweisen[87]. Man darf nicht *häßlich* und nicht *dick* sein und sollte nach Möglichkeit nicht aus den unteren sozialen Schichten stammen und sich nicht auf dem geistigen Niveau von Dienstmädchen und Prostituierten bewegen - der *Dummheit* wegen.

---

[85] Interview mit Rudolf Walter Leonhardt im Rahmen einer WDR-Fernsehsendung vom 9. Oktober 1967. Zitiert nach Johan Zonneveld, a.a.O. S. 139.

[86] GS, Bd. 5, S. 489.

[87] Auch körperlich Behinderte schienen Kästner suspekt zu sein. In „Als ich ein kleiner Junge war" berichtet er von seiner Mutter als zeitweiliger Vorleserin für eine alte, gelähmte Frau: „Manchmal schlief sie vor lauter Müdigkeit überm Vorlesen ein und wachte erst wieder, zu Tode erschrocken, auf, wenn die alte Dame wütend mit dem Stock auf den Boden stampfte und die pflichtvergessene Person auszankte!" (GS, Bd. 6, S. 32). Im Zusammenhang mit der gelähmten Frau erscheint mir die Illustration noch diskreditierlicher (GS, Bd. 6, S. 33).
Mit einer völlig unangebrachten Ironie wertet Kästner in „Notabene 45" (a.a.O. S. 86) einbeinige Soldaten als *humpelnde Helden*.

Werkdurchgängig und genreübergreifend kommt es bei Kästner zu einem zweifelhaften Ausschlußverfahren. So ist es sicher kein Zufall, daß er - im Sinne eines *Sprachrohrs der kleinen Leute* [88] oder gar eines *lyrischen Anwalts der kleinen Leute* [89] - nicht auf das Arbeitermilieu eingeht.[90]

Wie wir belegt haben , war auch das Kleinbürgertum gelegentlich Ziel von Kästners breit gestreuten Attacken. Rasch war er in seinen Schriften mit Unverständnis, Spott und schnellen Diffamierungen bei der Hand - und nicht mit den von ihm geforderten Faktoren „Verständnis, Humor und Beharrlichkeit“. Eine literaturpädagogische Verantwortungsübernahme für die Menschen konnte Kästner so nicht glaubhaft machen.

Vielleicht war die Gesellschaft für diesen unglaubwürdigen und unaufrichtigen Schriftsteller wirklich nur - um einem Gedanken Adolf Endlers zu folgen - ein großes Kuriositätenkabinett[91].

Mit markigen Appellen zu Toleranz und Verständnis suchte Kästner seine eigenen, mit Vorurteilen belasteten Ansichten zu verschleiern - ein äußerst fragwürdiges Doppelspiel.

Die Beantwortung der Frage nach Kästners Gesinnung als *toleranter Magister* und *liberaler Menschenfreund* hinterläßt einen widersprüchlichen Eindruck: gelegentlich *ja* und gelegentlich *nein* - ganz so, als existiere auch hier wieder, wie bei seinem Weltbild und Geschichtsverständnis, die irreale Zweiteilung der *einen* Welt.

Zusammenfassung und Fazit

In diesem Kapitel ist deutlich geworden, welch eine Divergenz zwischen den in Kästners Schriften vermittelten Anschauungen und seinen an-

---

[88] Hilde Spiel, a.a.O. S. 318.

[89] Nicola Leibinger-Kammüller, a.a.O. S. 65.

[90] Darauf haben Fred Rodrian bezüglich der Kinderbücher (a.a.O. S. 122), Adolf Endler hinsichtlich der *Gebrauchslyrik* (a.a.O. S. 99) und Marianne Bäumler in bezug auf die Romane (a.a.O. S. 31) verwiesen.

[91] Adolf Endler, a.a.O. S. 104.

dernorts - überwiegend auf dem Gebiet der feuilletonistischen Prosa - erhobenen Moralappellen liegt.
Die Suche nach der Antwort auf die leitmotivisch gestellte Frage nach der Toleranz verläuft sich in Widersprüchlichkeiten und verhindert - wie so häufig in Kästners Schriften - eine eindeutige induktive Zuordnung und weist statt dessen auf die Doppelbödigkeit des Autors.

Intoleranz offenbart sich bei Kästner vor allem dort, wo ein Mindestmaß an Bildung und Intelligenz für ihn nicht gegeben scheint , wo geschlechterrelevante Rollenzuweisungen den tradierten bürgerlichen Vorstellungen nicht mehr entsprechen und wo Figuren äußerlich von einem prinzipiellen *Normalitäts-Korsett* abweichen. Jenes an transportierte Vorurteile, Lügenmoral, Spott und Pauschal-Diffamierungen gebundene Selektionsverfahren läßt eine gesellschaftliche Verantwortungshaltung des selbsternannten Schulmeisters sowie eine von ihm implizierte[92] und von Renate Benson konkret formulierte „Begabung zum Pädagogen“ [93] zweifelhaft und unglaubwürdig erscheinen. Im Verhältnis zu seinen eigenen Appellen und Moralpredigten konnte der Schriftsteller Erich Kästner eine Vorbild- und Vorreiter-Funktion dauerhaft nie erfüllen.

---

92 In seinen Ausführungen „Kästner über Kästner“ stellt sich der Autor als jemanden dar, der „Kinderbücher geschrieben hat, denen die Erzieher Anerkennung und die Erzogenen Begeisterung entgegenbringen“ (GS, Bd. 5, S. 303).
93 Renate Benson, a.a.O. S. 69.

7. Schlußbetrachtungen

In dieser textnah angelegten Werkanalyse haben wir uns unter ideologiekritischen und literatursoziologischen Ansätzen bemüht, das in Forschung und Feuilleton weitverbreitete und vom Autor selbst häufig verzerrte und schöngefärbte Kästner-Bild zu korrigieren.
Bei den Betrachtungen zu prägenden und tragenden Gedanken Kästners ergibt sich ein uneinheitliches Bild mit doppelbödig vermittelten Anschauungen einer literarisch und moralisch gespaltenen Persönlichkeit.
Unter weitgehendem Verzicht auf Kausalzusammenhänge zwischen Leben und Werk haben wir bewußt den *absoluten Wert* von Kästners Schriften generell unangetastet gelassen. Losgelöst von historisch-gesellschaftlichem Kontext und Kästners eigenen formulierten Intentionen bezüglich seiner Literatur haben - in defensiver Absicht formuliert - manche Werke durchaus ihren Stellenwert. So gesehen sind Millionen Kästner-Leser in aller Welt zufriedengestellt.
Durchbricht man bei Kästner diese isolierte Betrachtung und zieht seine in die Schriften hineininterpretierten zweckgebundenen Absichten und Ziele hinzu, offenbart sich der Moralist mit doppeltem Boden. Sein Werk trägt schizoide Züge. So wie Kästner der irrigen Auffassung erlegen ist, man könne die *eine* Welt in den Schriften für Erwachsene und Kinder zweiteilen und an ein jeweils gegensätzlich transportiertes Weltbild und Geschichtsverständnis koppeln, so tritt in seinem Werk immer wieder eine allseits widersprüchliche Haltung zutage, die wir auch an den Ansichten des zweifelhaften *toleranten Schulmeisters* und *liberalen Menschenfreunds* zu exemplifiziert versucht haben. In dieser Reihung bewegt sich Kästner ebenso als unglaubwürdiger autoritätsfordernder Gleichheits-Präzeptor und als Antimilitarist, der in seinen Kinderbüchern auf hierarchische Strukturen soldatische Zucht setzt sowie generell einen beachtlichen Fundus an militaristischem Vokabular einbringt.

Die Ausführungen haben gezeigt, daß Kästner weder *Zeitkritiker* und *Zeitprophet* noch ein „bitterböser, spöttischer Satiriker“[1] war, der Divinationsgaben für sich in Anspruch nehmen konnte.
Kästners Schriften sind Schriften der Äußerlichkeiten und Schriften der Substanzlosigkeit vor dem Hintergrund eines bewußten Verantwortungsentzugs. Eines der Hauptziele der Arbeit war es, Kästner als populären *kritischen*, aber harmlosen Zeitgenossen zu zeichnen, der die Bedingungen und Prämissen der Zeit nicht zu begreifen vermochte. Von dieser Warte aus ist die Schaffensbasis des zweifelhaften Gratwanderers und Allerweltsmoral-Apostels im gesamten Werk dieselbe gewesen.
All seine (selbstverliebten) Appelle und Predigten mochte Kästner mitunter für Wahrheiten halten, die er mit List verbreiten mußte. In Wirklichkeit waren es nur weltanschauliche Sonderangebote eines Opportunisten, der sich sein Realitätsverhältnis immer so zurecktrückte, wie er es für den schriftstellerischen Erfolg brauchte.
Konkrete Zielplakativen hat Kästner nie vermitteln können, da ihm klare Ziele vor Augen fehlten. Abstrakte *Passepartout*-Begriffe und Phrasen wie vom Eintreten für die *große Freiheit* und gegen die *Dummheit* und *Bosheit* verdeutlichen die Planlosigkeit des freischwebenden Moralisten.

Kästner war kein konstruktiver Zeitkritiker, sondern ein ewig murrender Beckmesser. Vom gesellschaftlichen *Zuschauer-Posten* aus war es ein leichtes, zu nörgeln und mit federleichtem Stil literarische Nischen einer Bedürfnisbefriedigung zu füllen oder mit faden Postulaten als fingerdrohender *Schulmeister* und als besserwisserischer Nachbetrachtungs-Analytiker zu fungieren.
Geriet die Position des Literaten als zwangloser teilnehmender Beobachter in Gefahr, waren Konzessionen, Selbstverleugnung und Opportunismus für Erich Kästner kein Problem. Alles wurde im Nachhinein wortgewaltig kaschiert, wie wir mit der vielfach betriebenen Strategie der Lebenslauf-Glättung nachgewiesen haben.

---

[1] Nicola Leibinger-Kammüller, a.a.O. S. 68.

Kästner war kein literarisch-konsequenter Schriftsteller[2], kein politischer Autor[3] und kein Sprachrohr der kleinen Leute[4] - mit unserer Arbeit wenden wir uns gegen solche Klassifizierungen. Vorurteile, Frauenhaß und die auf Bildung und Intelligenz fußenden Sympathiezuweisungen beim Figuren-Inventar seiner Schriften sprechen gegen den toleranten und liberalen Literaten. Kästners Kinderbücher waren auch unter diesen Gesichtspunkten alles andere als ein allgemeiner „Appell gegen Dogmatismus und Unterdrückung und für Vernunft und Gleichheit“[5]. Fraglich ist eine Einordnung Kästners als Jugendbuchautor, denn um die heranwachsende Jugend mit ihrer Protest- und Auflehnungszeit hat er sich nie ernsthaft gekümmert. Dies paßt ins Bild zu einem Autor, der sich werkdurchgängig vor einer realitätsbezogenen Gesellschaftsproblematik zu drücken versuchte.

Kästner hat mit seinem Werk - bewußt oder unbewußt - die eigene Rat- und Ziellosigkeit gestaltet: das wahllose Umherirren zwischen den Anschauungen. Er verstand sich oft auf eine listenreiche Blendung, abstrakte Rahmen mit konkreten Bildern zu füllen und sich so die Breitenwirkung seiner Schriften zu sichern.
Mit seinem begrifflich-bildlichen Schwadronieren zwischen gegensätzlichen Ansichten, mit seiner in Richtung Modedichtung - und nicht ernsthafter Satire - weisenden breiten thematischen Streuung, mit seinen zeitlos-prophylaktischen Prophezeiungen, mit dem „Lügencharakter seiner Moral“ [6] und mit dem immergültigen ideologischen Schutzschild des neutralen, außenstehenden *Moralisten* und Idealisten sind die wichtigsten Faktoren des Kästnerschen Werkfundaments genannt. Dergestalt allumfassend abgesichert, vermochte er es, sich immer wieder ins Recht zu setzen.

---

[2] Hermann Kestens Vorwort in den GS, Bd. 1, S. 5.

[3] Petra Kirsch, a.a.O. S. 22.

[4] Hilde Spiel, a.a.O. S. 318.

[5] Kurt Beutler, a.a.O. S. 59.

[6] Gabriele Stadler, a.a.O. S. 15.

Erich Kästner hat seine Doppelbödigkeit nicht erkennen wollen oder können. Probleme und Konflikte wurde verdrängt. Über alles stellte der unehrliche und unaufrichtige Gratwanderer seine - häufig verkrampft wirkende - moralische Empörung. Kästner war ein durchaus unterhaltsamer, populärer, krittelnder, aber letztendlich harmloser *Zeitschreiber* - nicht weniger, aber auch nicht mehr.

8. Künftige Aufgaben der Kästner-Forschung

In der Kästner-Forschung bleiben noch viele, zum Teil sehr grundlegende Probleme zu lösen.
Als deren wichtigstes Anliegen steht die Editionsfrage im Blickpunkt. Was fehlt, ist eine Gesamtausgabe der Schriften Erich Kästners. Die verläßlichste Basis bilden noch heute die Gesammelten Schriften von 1959, in die zahlreiche weitere Werke (Drehbücher, Theaterausgaben seiner Kinderbücher, Nacherzählungen für Kinder) keinen Eingang gefunden haben. Und die nach 1959 publizierten Schriften liegen lediglich in Einzelausgaben oder diversen Auswahl- und Sammelbänden vor. Wie groß die Lücken in allen Auswahlausgaben sind, läßt sich an Beispielen aus jüngsten Publikationen ermessen. Im Jahre 1989 erscheint ein zweibändiger *Auswahl*band mit Kästners literarischer Publizistik 1923-1933. Im selben Jahr 1989 finden sich in Ingo Tornows Buch „Erich Kästner und der Film“ erstmals seit 1931 die Songtexte Erich Kästners zum Film „Die Koffer des Herrn O.F.“ abgedruckt. Und Johan Zonneveld hat in seiner 1991 erschienenen Dissertation „Erich Kästner als Rezensent 1923-1933“ in einem Anhang Original-Rezensionen veröffentlicht. Johan Zonnevelds bibliographischer Teil bietet Verzeichnisse der verstreuten Publikationen in Zeitungen und Zeitschriften, wobei Kästners zwischen 1928 und 1930 für die Berliner Wochenzeitung „Montag Morgen“ bestimmten Gedichte einen ebenso gewichtigen Platz einnehmen wie jene von ihm mit dem Pseudonym „Klaus und Kläre“ gezeichneten Beiträge für die Leipziger Zeitschrift „Beyers für Alle“

(Zeitraum 1926 bis 1931). Nicht zuletzt unter diesen Vorzeichen gälte es, eine erneute wissenschaftliche Beschäftigung mit dem Frühwerk, mit dem *Gebrauchslyriker* und mit dem Autor für Kinder anzustreben.

Eine weitere wichtige Aufgabe der Kästner-Forschung besteht auf dem Gebiet der - mehr als nur exemplarisch vorzunehmenden - Analyse des ästhetischen Charakters, der Form und des Sprachstils im Kästnerschen Werk. Dies heißt, literatursoziologisch gesprochen, den gesellschaftlichen Zeichencharakter seines Werkes aufzuschlüsseln, wobei der Weg über das strukturelle Detail, über das einzelne sprachliche Moment führt. Die bisher in jene Richtung des Zusammenhangs zwischen Werk und Sprache weisende Arbeit von Reinaldo Bossmann (1955) ist veraltet und die von Karlheinz Daniels, ein Beitrag in einer Festschrift im Jahre 1987, kann hinsichtlich der knappen Analyse sprachlicher Schematismen allenfalls konstruktive Ansätze bieten. Dies alles deutet gleichfalls auf eine werkimmanente Beurteilung der dichterischen Texte Erich Kästners, die auf den Ergebnissen der vorliegenden Arbeit aufbauen könnte.

Denkbar ist auch eine fundierte Gesamtwerk-Untersuchung zu den Kästnerschen Polaritäten Romantik versus Realismus, Sentimentalität versus Ratio bzw. Natursehnsucht versus *Asphaltliteratur*. Die Rolle und Funktion der Natur in Kästners Dichtung ist bei den verschiedenen Werkinterpretationen - sieht man einmal von den Ansätzen in der Dissertation Dirk Walters ab - bislang nur am Rande behandelt worden. Ein interessanter Ausgangspunkt bei einer solchen Betrachtung wäre der Vergleich zwischen Kästners neusachlicher, kühler Wortphotographie und seiner subjektiv-gefühlsbeladenen Dichtung.

Auf die Zeitgeschichte im Spiegelbild von Romanen am Ende der Weimarer Republik und auf einen - erweiterten - Wirklichkeitsbegriff könnte eine Analyse abzielen, die sich mit Großstadt- bzw. Berlin-Romanen aus jenen Jahren beschäftigt. Erforderlich wäre eine literaturpolitisch ausgerichtete Untersuchung, die auch - unter vergleichenden Ansätzen - den Fragen nach der jeweils aufklärerischen Haltung und nach der Darstellungsweise der Figuren in ihrer Zeit nachgeht. Ich denke an vergleichende Betrachtungen zwischen Kästners „Fabian“ und Romanen wie „Berlin Alexanderplatz“ (1929; Alfred Döblin), „Das kunstseidene Mädchen“ (1932; Irmgard Keun) und vor allem an „Kleiner Mann - was nun?“ (1932; Hans Fallada).

Zu den anstehenden Aufgaben der Forschung rechnen Einzelstudien zu Kästner als Kabarettautor, als Journalist sowie - aufbauend auf dem Buch Ingo Tornows - als Drehbuchautor. Mit einer gesonderten Erforschung zum Einfluß von Kästners literarischen Vorbildern auf dessen Werk - zum Beispiel bekannte sich Kästner mit dem Theaterstück „Die Schule der Diktatoren“ (1956) als „Schüler und Schuldner Büchners“[1] - könnte eine weitere Lücke geschlossen werden.

Ein weiteres Problem stellen die Dunkelstellen in Kästners Vita dar. Dies gilt überwiegend für die Zeit 1933 bis 1945.[2] Doch auf keinem anderen Teilgebiet ist das Vorankommen so beschwerlich wie im Bereich der Biographie.

Nimmt man die vergangenen zehn Jahre als Maßstab, wird die wissenschaftliche Kästner-Rezeption in Zukunft weiterhin beständige Fortschritte erzielen.

---

[1] In seiner Rede zur Verleihung des Georg-Büchner-Preises 1957 (GS, Bd. 5, S. 555).

[2] Man ist hier gleichsam auf Mosaiksteinchen aus unterschiedlichen Quellen angewiesen. Auf möglicherweise unbewußt eingeflossene Reflexionen über seine Haltung während der NS-Zeit weisen - angebliche - Selbstvorwürfe Kästners hin, von denen Fritz Raddatz Ende 1979 in einem Beitrag für die „Zeit“ schrieb: „Soll ich von nächtelangen, qualvollen Gesprächen mit Erich Kästner berichten, in denen es ihn förmlich würgte in der Verzweiflung, falsch gelebt zu haben (...).“ Zitiert nach Günther Scholdt/Dirk Walter: „Parallelen bei Erich Kästner und Friedrich Dürrenmatt”. In: Etudes Germaniques, avril-juin 1981. S. 198-212, hier S. 208.

Schriften von Erich Kästner - eine Werkübersicht

Anthologien sind nicht in die folgende Übersicht aufgenommen worden. Genannt werden Werke mit Erstausgabejahr und Erstverleger.

1925

Die Erwiderungen auf Friedrich des Großen Schrift „De la littérature allemande“ (Diss.). Erstausgabe Stuttgart 1972, Kohlhammer.

1928

Herz auf Taille (genannt wird auch 1927). Leipzig/Wien, Curt Weller & Co.

1929

Lärm im Spiegel. Leipzig/Wien, Curt Weller & Co.

Emil und die Detektive (genannt wird auch 1928). Berlin, Williams.

Leben in dieser Zeit. Berlin 1930, Chronos.

1930

Ein Mann gibt Auskunft. Stuttgart/Berlin, Deutsche Verlagsanstalt.

Emil und die Detektive (Theaterausgabe). Stuttgart/Berlin 1932, Chronos.

1931

Arthur mit dem langen Arm. Berlin, Williams.

Fabian. Stuttgart/Berlin, Deutsche Verlagsanstalt.

Pünktchen und Anton. Berlin, Williams.

Pünktchen und Anton (Theaterausgabe). Stuttgart/Berlin 1932, Chronos.

1932

Das verhexte Telefon. Berlin, Williams.

Der 35. Mai (genannt wird auch 1931). Berlin, Williams.

Gesang zwischen den Stühlen. Stuttgart/Berlin, Deutsche Verlagsanstalt.

1933

Das fliegende Klassenzimmer. Stuttgart, Perthes (Deutsche Verlagsanstalt).

1934

Drei Männer im Schnee. Zürich, Rascher.

Emil und die drei Zwillinge. Zürich, Atrium.

Das lebenslängliche Kind (Bühnenfassung von Drei Männer im Schnee; Pseudonym Robert Neuner). Berlin, Chronos.

1935

Die verschwundene Miniatur. Zürich, Atrium.

1936

Dr. Erich Kästners lyrische Hausapotheke. Zürich, Atrium.

Der Zauberlehrling (Romanfragment). Erstausgabe 1959 in den GS.

1938

Georg und die Zwischenfälle (später Der kleine Grenzverkehr). Zürich, Atrium.

Till Eulenspiegel.

1939

Die Doppelgänger (Romanfragment). Erstausgabe 1958 in: Merkur. Deutsche Zeitschrift für europäisches Denken. Stuttgart, Jg. 12, Heft 9, September. S. 861-870.

1940

Chauvelin oder Lang lebe der König! Erstausgabe 1950 in: Neue Schweizer Rundschau. Jg. 17, NF, Januar. S. 557-578.

Das Haus Erinnerung. Erstausgabe 1948 in: Neue Schweizer Rundschau. Jg. 15, NF, August. S. 215-230.

1942

Münchhausen (Filmdrehbuch). Erstausgabe 1959 in den GS.

1943

Zu treuen Händen. Erstausgabe Hamburg 1948, Chronos.

1946

Bei Durchsicht meiner Bücher. Zürich, Atrium.

1948

Der tägliche Kram. Zürich, Atrium.

Kurz und bündig. Olten, Oltner Bücherfreunde.

1949

Das doppelte Lottchen. Zürich, Atrium.

Die Konferenz der Tiere. Zürich, Europa.

1950
Der gestiefelte Kater. Zürich, Atrium.
1951
Des Freiherrn von Münchhausen wunderbare Abenteuer zu Wasser und zu Lande. Zürich, Atrium.
Peter Pan. Berlin, Felix Bloch Erben.
1952
Die kleine Freiheit. Zürich, Atrium.
1954
Die Schildbürger. Zürich, Atrium.
1955
Die dreizehn Monate. Zürich, Atrium.
1956
Leben und Taten des scharfsinnigen Ritters Don Quichotte. Zürich, Atrium.
Die Schule der Diktatoren. Zürich, Atrium.
1957
Als ich ein kleiner Junge war. Zürich, Atrium.
1959
Gesammelte Schriften. Sieben Bände. Gemeinschaftausgabe Atrium (Zürich), Cecilie Dressler (Berlin) und Kiepenheuer & Witsch (Köln).
Band 1: Gedichte.
Band 2: Romane.
Band 3: Romane.
Band 4: Theater.
Band 5: Vermischte Beiträge.
Band 6: Romane für Kinder.
Band 7: Romane für Kinder.
1961
Notabene 45. Zürich, Atrium.
Gullivers Reisen. Zürich, Atrium.
1962
Das Schwein beim Friseur. Zürich, Atrium.
1963
Der kleine Mann. Zürich, Atrium.
1966

Kästner für Erwachsene. Herausgegeben von Rudolf Walter Leonhardt. Zürich, Atrium.

1967

Der kleine Mann und die kleine Miss. Zürich, Atrium.

1969

Gesammelte Schriften für Erwachsene. Acht Bände. Gemeinschaftsausgabe von Atrium (Zürich) und Droemer Knaur (München).

1970

Romane für Kinder. Gemeinschaftsausgabe von Atrium (Zürich) und Ex Libris (Zürich).

1977

Briefe aus dem Tessin. Mit einem Geleitwort von Horst Lemke. Zürich, Arche.

1981
„Mein liebes, gutes Muttchen, Du: Dein oller Junge". Briefe und Postkarten aus 30 Jahren. Ausgewählt und eingeleitet von Luiselotte Enderle. Hamburg, Albrecht Knaus.
1983
Kästner für Erwachsene. Vier Bände. Ausgewählte Schriften. Stuttgart, Deutscher Bücherbund.
1985
Kästner für Kinder. Zwei Bände. Zürich, Atrium.
1989
Gemischte Gefühle. Literarische Publizistik aus der „Neuen Leipziger Zeitung" 1923-1933. Zwei Bände. Herausgegeben von Alfred Klein. Berlin und Weimar, Aufbau.

Sekundärliteratur

AHL, Herbert: „Urenkel der Aufklärung. Erich Kästner". In: Literarische Portraits. München, Wien 1962. S. 144-151.

AMERY, Carl: „Das Dilemma des wachsamen Schulmeisters". In: Frankfurter Hefte, 12, 1957. S. 444-445.

AMERY, Jean: „A propos ‚Haltung' und ‚Zersetzung'. Über Rudolf G. Binding, Hans Carossa, Erich Kästner, Hermann Kesten und Ernst Glaeser. In: Bücher aus der Jugend unseres Jahrhunderts. Stuttgart 1981. S. 65-79.

ANDERSCH, Alfred: „ ‚Fabian' wird positiv". In: Der Ruf, 1. Jg., Heft 3, 1946.

ANGRESS, Ruth K.: „Erich Kästners Kinderbücher kritisch gesehen". In: Paul Michael Lützeler (Hg.): Zeitgenossenschaft. Zur deutschsprachigen Literatur im 20. Jahrhundert. Festschrift für Egon Schwarz zum 65. Geburtstag. Frankfurt/M 1987. S. 91-102.

ARENS, Hanns: „Erich Kästner - Klassiker unserer Zeit". In: Literatur-Revue, 10, 1961. S. 15-16.

ARNHEIM, Rudolf: „Moralische Prosa". In: Die Weltbühne, Nr. 47, 24. November 1931.

BAB, Julius: „Gebrauchslyrik - Mehring und Kästner". In: Die Hilfe, 37, 1931. S. 602-606. Aufgenommen in Bab: Über den Tag hinaus. Kritische Betrachtungen. Ausgewählt und herausgegeben von Harry Bergholz. Heidelberg 1960. S. 118-124.

BAER, Volker: „Im Widerspruch zur Zeit. Zur Wiederaufführung des Films ‚Münchhausen' von 1942/43". In: Der Tagesspiegel, 25. Juni 1978. S. 5.

BÄUMLER, Marianne: Die aufgeräumte Wirklichkeit des Erich Kästner. Diss. Wuppertal. Köln 1984.

BEMMANN, Helga: Humor auf Taille. Erich Kästner - Leben und Werk. Berlin-Ost 1983, Frankfurt/M 1985.

BENJAMIN, Walter: „Gebrauchslyrik? Aber nicht so!" (1929). In Benjamin: Gesammelte Schriften, Bd. III. Frankfurt/M 1972. S. 183-184.

BENJAMIN, Walter: „Linke Melancholie". In: Die Gesellschaft, 8, Berlin, Februar 1931. S. 181-184. Aufgenommen in Benjamin: Gesammelte Schriften, Bd. III. Frankfurt/M 1972. S. 279-283.

BENJAMIN, Walter: „Der Autor als Produzent" (1934). In Benjamin: Gesammelte Schriften, Bd. II, 2. Frankfurt/M 1977. S. 683-701.

BENSON, Renate: Erich Kästner. Studien zu seinem Werk. Diss. McGill University Montreal 1970. Bonn 1973.

BERTHOLD, Renate: Die Satire als ästhetische Form in Erich Kästners Roman „Fabian". Examensarbeit, Pädagogische Hochschule Marburg 1968.

BEUTLER, Kurt: Erich Kästner. Eine literaturpädagogische Untersuchung. Diss. Marburg 1966. Weinheim 1967.

BEUTLER, Kurt: „Das Theaterstück ‚Schule der Diktatoren' ". In Rudolf Wolff (Hg.): Erich Kästner - Werk und Wirkung. Bonn 1983. S. 95-103 (Auszug aus Beutlers Diss.).

BIEDERMANN, Walter: Die Suche nach dem Dritten Weg. Linksbürgerliche Schriftsteller am Ende der Weimarer Republik. Heinrich Mann, Alfred Döblin, Erich Kästner. Diss. Frankfurt/M 1981. S. 177-228.

BINDER, Alwin: „Sprachlose Freiheit? Zum Kommunikationsverhalten in Erich Kästners ‚Das fliegende Klassenzimmer' ". In: Diskussion Deutsch, 11. Jg., 1980, Heft 53. S. 290-306.

BLANKENAGEL, John C.: „Four Volumes of Verse by Erich Kästner". In: German Quarterly IX, 1, 1931. S. 1-9.

BOSSMANN, Reinaldo: Erich Kästner. Werk und Sprache. Curitiba (Brasilien) 1955.

BREUL, Elisabeth Charlotte: „Die Jugendbücher Erich Kästners". In: Studien zur Jugendliteratur, Heft 4, Ratingen 1958. S. 28-79.

BRÜHL, Helmuth: „Ein Gespräch mit Erich Kästner". In: Der Standpunkt, Heft 5, 1946. S. 17.

BÜREN, Ruth von: „Anfrage an Erich Kästner". In: Neue deutsche Literatur, 1. Jg., Heft 2. Berlin-Ost 1953. S. 203-204.

BUHL, Wolfgang: „Weshalb ich nichts auf Erich Kästner kommen lasse". In: Tribüne, 8. Jg., 29, 1969. S. 3171-3177.

CARSTEN, Catarina: „Mein liebes, gutes Muttchen, Du!" In: Neue deutsche Hefte, 29. Jg., Heft 3, 1982. S. 610-611.

COLBERG, Klaus: „ ,Wir waren gekränkte Idylliker'. Gespräch mit Erich Kästner zu seinem 70. Geburtstag“. In: Schwäbisches Tageblatt Tübingen, 21. Februar 1969.

CONRAD, Andreas: „Münchhausens stumpfe Spitzen gegen die Inquisition“. In: Der Tagesspiegel, 5. November 1989. S. 42.

DAHLE, Wendula u.a.: „Hatte der Globus die Krätze?“ In: Projekt Deutschunterricht. Stuttgart 1974. S. 142-163.

DANIELS, Karlheinz: „Erich Kästner als Sprach- und Gesellschaftskritiker dargestellt an seiner Verwendung sprachlicher Schematismen“. In Hugo Aust (Hg.): Wörter. Schätze, Fugen und Fächer des Wissens. Festgabe für Theodor Lewandowski zum 60. Geburtstag. Tübingen 1987. S. 191-206.

DEUTSCHER TASCHENBUCH-VERLAG: Erich-Kästner-Zeitung. Zum 90. Geburtstag des Autors (1899-1974). München 1989.

DODERER, Klaus: „Erich Kästners ,Emil und die Detektive'. Gesellschaftskritik in einem Kinderroman“. In: Buch - Bibliothek - Leser. Festschrift zum 60. Geburtstag von Horst Kunze. Berlin-Ost 1969. S. 477-486. Aufgenommen in Rudolf Wolff (Hg.): Erich Kästner - Werk und Wirkung. Bonn 1983. S. 104-116.

DODERER, Klaus: „Solidarität oder Untertanengeist. Zu Erich Kästners ,Emil und die Detektive' und Wilhelm Speyers ,Der Kampf der Tertia'.“. In: Klassische Kinder- und Jugendbücher. Kritische Betrachtungen. Weinheim 1969. S. 35-54.

DREWS, Wolfgang: „Kästners politische Hausapotheke. Die ,Schule der Diktatoren' in den Münchener Kammerspielen“. In: Frankfurter Allgemeine Zeitung, 28. Februar 1957.

DRUST, Heide: Literarische und stilistische Interpretationen zum Kinderbuchschaffen Erich Kästners. Staatsexamensarbeit. Humboldt-Universität Berlin-Ost 1971.

DÜRENER ZEITUNG: „Verbrannt. Jugendliche zündeten Bücher an“. 7. Oktober 1965. S. 4.

DÜRRENMATT, Friedrich: „Der unvernebelte Deutsche“. In: Frankfurter Allgemeine Zeitung, 23. Februar 1974.

EDSCHMID, Kasimir: „Rede auf den Preisträger. Georg-Büchner-Preis“. In: Jahrbuch 1957 der Deutschen Akademie für Sprache und Dichtung Darmstadt. Heidelberg, Darmstadt 1958. S. 77-82.

EGGERS, Heino: „Die Zeit ist kaputt. Neu aufgelegt: ‚Münchhausen' - eine Filmlegende und die Wirklichkeit“. In: Vorwärts, Nr. 30, 27. Juli 1978. S. 26.

ENDERLE, Luiselotte: Erich Kästner. Eine Bildbiographie. München 1960.

ENDERLE, Luiselotte: Kästner anekdotisch. München 1970.

ENDERLE, Luiselotte: Vier Stationen. Eine kurze Lebensbeschreibung. In Kästner: Gesammelte Schriften, Bd. 5, S. 579-601.

ENDLER, Adolf: „Provokatorische Notizen über einen Gebrauchslyriker“. In: Neue deutsche Literatur, 11. Jg., Heft 9, 1963. S. 96-108.

FALLADA, Hans: „Auskunft über den Mann Kästner“. In: Die Literatur, 34, Jg. 1931-32 (Heft 7). S. 367-371. Aufgenommen in Rudolf Wolff (Hg.): Erich Kästner - Werk und Wirkung. Bonn 1983. S. 54-60.

FEHSE, Willi: „Ein Moralist aus Liebe. Erich Kästner zum 75. Geburtstag“. In: Der Literat, 16. Jg., Nr. 2, Februar 1974. S. 29-30.

FICKERT, Kurt J.: „Moral Ambiguity in the Weimar Republic: Kästner's Fabian revisited“. In: Germanic Notes, 14, 1983. S. 51-54.

GAY, Peter: „Psychoanalyse und Geschichte - oder Emil und die Detektive“. In: Wissenschaftskolleg. Jahrbuch 1983/84. Berlin 1984. S. 135-144.

GELUS LARSON, Katherine Sue: Through the looking glass of Erich Kästner. Culture and crisis in Germany. Diss. Ann Arbor, Michigan, 1968.

GENSCHMER, Fred: „The Ordeal of Erich Kästner“. In: Monatshefte für den deutschen Unterricht, 39. Jg., 5, 1947. S. 389-402.

GIESE, Peter: „Die Welt der Erwachsenen - die Welt der Kinder“. Erich Kästners literarische Wirklichkeit in seinem Roman „Fabian - Die Geschichte eines Moralisten“ (1931) und in seinem Kinderbuch „Emil und die Detektive“ (1928). Magisterarbeit Heidelberg 1988.

GRENZ, Dagmar: „Erich Kästners Kinderbücher in ihrem Verhältnis zu seiner Literatur für Erwachsene“. In Maria Lypp (Hg.): Literatur für Kinder. Göttingen 1977. S. 155-169.

GRÖNERT, Claudius: „Erich Kästner: Schnoddrig, aber entschieden moralisch“. In: Aachener Nachrichten, Nr. 54, 4. März 1989.

HAACK, Hanns-Erich: „Dr. Erich Kästners Kaleidoskop“. In: Deutsche Rundschau, LXXXV, 1959. S. 128-132.

HAGELSTANGE, Rudolf: „Verzeihliche Zumutung. Erich Kästners ‚Kästner für Erwachsene' “. In: Der Spiegel, Nr. 33, 8. August 1966. S. 77.

HARICH, Wolfgang: „Erich Kästner wird fünfzig“. In: Die Weltbühne, Berlin-Ost, NF 4, 19, 1949. S. 293-297.

HENSEL, Georg: „Pointen auf zwei Beinen. Witze über den Staatsstreich: Erich Kästners ‚Schule der Diktatoren' “. In: Die Welt, Nr. 20, 24. Januar 1969. S. 17.

HERCHENRÖDER, Jan: „Gutes Kabarett in schlechter Zeit. Was Erich Kästner dafür tat“. In Rudolf Wolff (Hg.): Erich Kästner - Werk und Wirkung. Bonn 1983. S. 44-52.

HESSE, Hermann: „Fabian“ (1932). In: Eine Literaturgeschichte in Rezensionen und Aufsätzen. Herausgegeben von Walter Michels. Frankfurt/M 1970. Bd. 2, S. 550.

HOFRICHTER, Ruth J.: „Erich Kästner as a Representative of ‚Neue Sachlichkeit' “. In: German Quarterly V, 4, 1932. S. 173-177.

HORST, Karl August: „Erich Kästner: Naivität und Vernunft“. In: Merkur, 13. Jg., 1959, Nr. 142. S. 1175-1187.

IGNEE, Wolfgang: „Erich Kästner und der niemals verlorene Posten“. In: Querschnitte, Stuttgart, 1, 1960. S. 3-6.

IHLENFELD, Kurt: „Angriff auf die Zeit. Die Gedichte Erich Kästners“. In: Eckart, 7. Jg., 1931, 2. Heft. S. 82-84.

JIRGAL, Ernst: „Erich Kästner“. In: Hochland, 29. Jg., Band 1 (Oktober 1931-März 1932). S. 466-468.

KAMNITZER, Heinz: „Es gibt nichts Gutes, außer: Man tut es“. In: Neue deutsche Literatur X, Heft 12, 1962. S. 41-50. Dieser Beitrag wurde unter dem Titel „Empörung zwischen den Fronten?“ aufgenommen in Kamnitzer: Das Testament des letzten Bürgers. Essays und Polemiken. Berlin, Weimar 1973. S. 219-232.

KESTEN, Hermann: „Erich Kästner“. Einleitung zu Kästner: Gesammelte Schriften. Zürich, Berlin, Köln 1959. Bd. 1, S. 5-31. Ergänzt und revidiert im Jahre 1968 und als Einleitung aufgenommen in Kästner: Gesammelte Schriften für Erwachsene. München, Zürich 1969. S. 7-40.

KIESEL, Helmuth: Erich Kästner. München 1981.

KIESEL, Helmuth: „Mal Daumen und Ohren steif halten. ‚Mein liebes, gutes Muttchen, Du: Dein oller Junge' - Erich Kästners Briefe an seine Mutter“. In: Stuttgarter Zeitung, Nr. 174, 1. August 1981. S. 50.

KILLERT, Gabriele: „Redlichkeit mit Pfiff. Erich Kästners ‚Literarische Publizistik' ". In: taz, 8. Juni 1990.

KINDERMANN, Heinz: „Idealismus und Sachlichkeit in der deutschen Gegenwartsdichtung". In: Germanisch-Romanische Wochenschrift, 21, 1933. S. 81-110.

KINDERMANN, Heinz: „Vom Wesen der ‚Neuen Sachlichkeit' ". In: Jahrbuch des Freien Deutschen Hochstifts. Halle 1930. S. 354-386.

KIRSCH, Petra: Erich Kästners Kinderbücher im geschichtlichen Wandel. Eine literaturhistorische Untersuchung. Diss. München 1986.

KLEIN, Alfred: Nachwort in Kästner: Gemischte Gefühle. Literarische Publizistik aus der „Neuen Leipziger Zeitung" 1923-1933. Berlin, Weimar 1989. Bd. 2, S. 349-371.

KLIM, George: Erich Kästner as a Moralist. The Degree of B.A. New Castle University College (Australien) 1964.

KLOTZ, Volker: „Forcierte Prosa. Stilbeobachtungen an Bildern und Romanen der ‚Neuen Sachlichkeit' (1971)". In: Dialog. Festgabe für Josef Kunz. Berlin 1973. S. 244-260. Aufgenommen in Rudolf Wolff (Hg.): Erich Kästner - Werk und Wirkung. Bonn 1983. S. 70-90.

KOEBNER, Thomas: „Wie gut, daß Sie noch da sind...Besuch bei Erich Kästner". In: Epoca, Nr. 9, September 1967. S. 8-10.

KONSTANTIN Prinz von Bayern: „Erich Kästner". In: Die großen Namen. Begegnungen mit bedeutenden Dichtern unserer Zeit. München 1956. S. 277-290.

KORLUSS, Wolfgang: „Renate Benson: Erich Kästner". In: Weimarer Beiträge, XXII. Jg. Heft 6, 1976. Berlin, Weimar. S. 186-190.

KRANZ, Gisbert: 27 Gedichte interpretiert. Bamberg 1972. S. 50-53.

KREIS, Gabriele: „Mein liebes, gutes Muttchen, du". In: Die Horen, 27, F. 125, 1982. S. 190-192.

KRÜGER, Anna: „Das gute Mädchenbuch". In: Der Deutschunterricht, 9. Jg., Heft 4, Stuttgart 1957. S. 92-113.

KRÜSS, James: „Stilist und Menschenfreund. Anmerkungen eines jüngeren Kollegen zu Erich Kästners 65. Geburtstag". In: Christ und Welt, 17. Jg., Nr. 8, 21. Februar 1964. S. 21. Aufgenommen in Krüss: Naivität und Kunstverstand. Gedanken zur Kinderliteratur. Weinheim, Berlin, Basel 1969 (2. Auflage 1970). S. 126-129.

LADENTHIN, Volker: „Erich Kästners Bemerkungen über den Realismus in der Prosa. Ein Beitrag zum poetologischen Denken Erich

Kästners und der Theorie der Neuen Sachlichkeit". In: Wirkendes Wort, 38. Jg., 1, 1988. S. 62-77.

LÄMMERZAHL-BENSEL, Uta: Erich Kästner als Schriftsteller: Familie, Frauen, Nationalsozialismus, Theater. Magisterarbeit an der Justus-Liebig-Universität Gießen 1988.

LÄMMERZAHL-BENSEL, Uta: Erich Kästner - eine Personalbibliographie. Gießen 1988.

LAST, R.W.: Erich Kästner. Modern German Authors New Series, Volume 3. London 1974.

LEDIG, Eva-Maria: „Hans-Christian-Andersen-Medaille 1960". In: Jugend-Literatur, Heft 9, München 1960. S. 422-423.

LEHMANN, H.: „ ‚Die Schule der Diktatoren'. Erich Kästners Theater-Debut". In: Deutsche Korrespondenz Bonn, 7. Jg., Nr. 10, 9. März 1957.

LEIBINGER-KAMMÜLLER, Nicola: Aufbruch und Resignation. Erich Kästners Spätwerk 1945-1967. Diss. Zürich 1988.

LENNARTZ, Franz: Deutsche Dichter und Schriftsteller des 20. Jahrhunderts im Spiegel der Kritik. Stuttgart 1984. Bd. 2, S. 874-878.

LEONHARDT, Rudolf Walter: Vorwort im Auswahlband „Kästner für Erwachsene". Zürich 1966. S. 5-9.

LEONHARDT, Rudolf Walter: „Servus, Kästner". In: Die Zeit, Nr. 32, 2. August 1974. S. 15.

LEPMAN, Jella: „Rede zur Verleihung des Hans-Christian-Andersen-Preises 1960 an Erich Kästner". Internationales Kuratorium für das Jugendbuch. Luxemburg 1960.

LETHEN, Helmut: „Kästners ‚Fabian' oder Die Karikatur der freischwebenden Intelligenz". In: Neue Sachlichkeit 1924-1932. Studien zur Literatur des ‚Weißen Sozialismus'. Stuttgart 1970. S. 142-155.

LEVENDE TALEN. Berichten en mededelingen van de „Verenigung van leraren in levende talen". Auswahl von G.G. Ellerbroek. Groningen, Djakarta 1956.

LOOS, Anna: „Vier neue Kinderbücher". In: Die Linkskurve, Heft 12, 1931. S. 31-33. Aufgenommen in Dieter Richter (Hg.): Das politische Kinderbuch. Darmstadt, Neuwied 1973. S. 266-271.

LUFT, Friedrich: „Erich Kästner: Als ich ein kleiner Junge war". In: Die Welt, 21. Dezember 1957.

LUFT, Friedrich: „Giftiger, gütiger Großstadtpoet. Zum Tode des Schriftstellers Erich Kästner". In: Die Welt, Nr. 174, 30. Juli 1974.

MANK, Dieter: Erich Kästner im nationalsozialistischen Deutschland 1933-1945: Zeit ohne Werk? Diss. Frankfurt/M, Bern 1981.

MAREK, Michael/WILDT, Michael: Die Abenteuer des Baron Münchhausen im Dritten Reich. Erich Kästner und der UFA-Jubiläumsfilm 1942. Hörfunksendung für den Deutschlandfunk am 17. Oktober 1992. Manuskript.

MAYER, Hans: „Beim Wiederlesen des ‚Fabian' von Erich Kästner (1947)". In: Deutsche Literatur und Weltliteratur. Berlin 1957. S. 661-664. Aufgenommen in Rudolf Wolff (Hg.): Erich Kästner - Werk und Wirkung. Bonn 1983. S. 91-94.

MICHELSEN, Peter: „Die Trauer des Utopisten. Die Gebrauchslyrik Erich Kästners". In: Zeit und Bindung. Studien zur deutschen Literatur der Moderne. Göttingen 1976. S. 162-167.

MORHOF, Albert: „Erich Kästners ironisches Weltbild". In: Freude an Büchern, III. Jg. Heft 2, 1952. S. 33-34.

MORLOCK, Martin: „Wo blieb das Negative?" In: Der Spiegel, 28. Jg., Nr. 32, 5. August 1974. S. 89.

MÜLLER, Dieter Alpheo: „Kästners Lyrik für die Schule". In Rudolf Wolff (Hg.): Erich Kästner - Werk und Wirkung. Bonn 1983. S. 37-43.

NAGEL, Wolfgang: „Der doppelte Vater". In: Stern, 35. Jg., Nr. 32, 5. August 1982. S. 128.

NETZER, Hans-Joachim: „Die Neue Zeitung". In: Gazette, Internationale Zeitschrift für Zeitungswissenschaft, Vol. 2, 1, Leiden 1956.

POSDZECH, Dieter: „Funktionsdominanzen der Antikriegslyrik Kurt Tucholskys, Erich Weinerts und Erich Kästners in den Jahren der Weimarer Republik". In Helmut Müssener (Hg.): Anti-Kriegsliteratur zwischen den Kriegen (1919-1939) in Deutschland und Schweden. Stockholmer Germanistische Forschungen 35. Stockholm 1987. S. 61-80.

PROSS, Harry: „Die Therapie zu weit treiben: Erich Kästner". In: Söhne der Kassandra. Versuch über deutsche Intellektuelle. Stuttgart 1971. S. 109-120.

REICH-RANICKI, Marcel: „Ist das Leichte gleich verächtlich?" In: Wer schreibt, provoziert. München 1966. S. 172-175.

REICH-RANICKI, Marcel: „Erich Kästner, der Dichter der kleinen Freiheit". In: Frankfurter Allgemeine Zeitung, 23. Februar 1974. Aufgenommen in: Nachprüfung. Aufsätze über deutsche Schriftsteller von gestern. München 1977.

REICH-RANICKI, Marcel: „Der große Dichter der kleinen Freiheit". In: Frankfurter Allgemeine Zeitung, Nr. 173, 30. Juli 1974. S. 17.

REIF, Adalbert: „Ich habe schon resigniert. Ein Gespräch mit Erich Kästner zu seinem 70. Geburtstag". In: Die Tat, 34. Jg., Nr. 45, Zürich, 22. Februar 1969. S. 33.

REIF, Adalbert: „Ansicht eines Schriftstellers". In: Deutsches Allgemeines Sonntagsblatt, Nr. 8, 24. Februar 1974. S. 14.

ROCH, Herbert: Deutsche Schriftsteller als Richter ihrer Zeit. Berlin 1947. S. 136-141.

RODE, Heinz: „Kästners düsteres Panoptikum. Die ,Schule der Diktatoren' von den Münchener Kammerspielen uraufgeführt". In: Stuttgarter Nachrichten, Nr. 50, 28. Februar 1957. S. 5.

RODRIAN, Fred: „Notizen zu Erich Kästners Kinderbüchern". In: Neue deutsche Literatur, 8. Jg., Heft 9, September 1960. S. 117-129.

RÜHMKORF, Peter: „Rationalist und Romantiker. Verteidigung von Kästners linker Melancholie". In: Süddeutsche Zeitung 3./4. März 1979. Aufgenommen in: „EK 1899-1989". Zum 90. Geburtstag Erich Kästners zeigt die Stadt- und Universitätsbibliothek Frankfurt am Main die Sammlung Georg Sauer. Begleitheft herausgegeben von der Gesellschaft der Freunde der Stadt- und Universitätsbibliothek Frankfurt am Main 1989. S. 27-38.

SCHNABEL, Dieter: „Dressierte Menschen. Kästners ,Schule der Diktatoren' im Landestheater Darmstadt". In: Stuttgarter Nachrichten, 24. Jg., Nr. 22, 28. Januar 1969.

SCHNEYDER, Werner: Erich Kästner. Ein brauchbarer Autor. München 1982.

SCHÖNFELDT, Sybil Gräfin: „Nicht mehr oder noch nicht. Erich Kästners Tagebuch aus dem Jahre O". In: Die Zeit, 23. Juni 1961, Nr. 26. S. 12.

SCHOLDT, Günter/WALTER, Dirk: „Parallelen bei Erich Kästner und Friedrich Dürrenmatt". In: Etudes Germaniques, Avril-Juin 1981. S. 198-212.

SCHREIB, Bettina: Erich Kästner als Feuilletonist der „Neuen Zeitung". Magisterarbeit Universität Köln 1989.

SCHREIBER, Mathias: „Sänger zwischen den Stühlen. Satire im Namen der Vernunft: Zum Tod von Erich Kästner". In: Deutsche Zeitung, Nr. 31, 2. August 1974. S. 14.

DER SCHULKAMPF: „ ‚Lieber Herr Kästner...!' von der Schülerkorrespondentin Hanne Ruth P.“. 5. Jg., Heft 1, 1932. S. 16. Aufgenommen in Dieter Richter (Hg.): Das politische Kinderbuch. Darmstadt, Neuwied 1973. S. 271-272.

SCHWARZ, Egon: „Die strampelnde Seele: Erich Kästner in seiner Zeit“. In Reinhold Grimm/Jost Hermand (Hg.): Die sogenannten Zwanziger Jahre. Bad Homburg 1970. S. 109-141. Aufgenommen in Schwarz: Dichtung, Kritik, Geschichte. O.O. 1983. S. 149-171.

SCHWARZ, Egon: „Erich Kästner. Fabians Schneckengang im Kreise“. In Hans Wagener (Hg.): Zeitkritische Romane des 20. Jahrhunderts. Die Gesellschaft in der Kritik der deutschen Literatur. Stuttgart 1975. S. 124-145.

SCHWARZ, Egon: „Hast du noch Lebertran? Erich Kästners Briefe und Postkarten an seine Mutter“. In: Frankfurter Allgemeine Zeitung, Nr. 187, 15. August 1981.

SCHWARZ, Egon: „Zwiespältiges über Erich Kästner. Eine Biographie der DDR-Autorin Helga Bemmann“. In: Frankfurter Allgemeine Zeitung, Nr. 39, 15. Februar 1986. S. 24.

SCHWEICKERT, Alexander: „Notizen zu den Einflüssen Heinrich Heines auf die Lyrik von Kerr, Klabund, Tucholsky und Erich Kästner“. In: Heine-Jahrbuch 1969, 8. Jg. S. 69-107.

SEIDEL, Gerhard: „Links vom Möglichen. Zur Lyrik Erich Kästners“. In: Sinn und Form, 20, Berlin-Ost, Heft 3, 1968. Aufgenommen in Rudolf Wolff (Hg.): Erich Kästner - Werk und Wirkung. Bonn 1983. S. 61-69.

SPIEL, Hilde: „Ein Lehrbuch der Nation. Erich Kästners ‚Fabian' “. In: In meinem Garten schlendernd. Essays. München 1981. S. 317-324.

SPRINGMAN, Luke: „A better Reality: The Enlightenment Legacy in Erich Kästner's: Novels for young People“. In: German Quarterly, Vol. 64, No. 4, fall 1991.

STADLER, Gabriele: „Leben ist immer lebensgefährlich“. Erich Kästner und die Kunst der Gratwanderung. Sendung für den Bayerischen Rundfunk am 15. November 1991. Manuskript.

STUTTGARTER ZEITUNG: „Die Präsidentenfabrik. Erich Kästners ‚Schule der Diktatoren' in München uraufgeführt“. Nr. 49, 27. Februar 1957.

SÜDDEUTSCHE ZEITUNG: „Mit Erich Kästner unterhielten sich...“ 30. Juli 1969, S. 13.

SÜSKIND, W.E.: „ ‚Die Schule der Diktatoren'. Erich-Kästner-Uraufführung in München". In: Deutsche Zeitung und Wirtschaftszeitung. Nr. 18, 2. März 1957.

DIE TAGESZEITUNG: „Späte Rache. Die aufgeräumte Wirklichkeit des Erich Kästner". 31. Juli 1984.

TORNOW, Ingo: Erich Kästner und der Film. Eine Publikation der Münchener Stadtbibliothek Am Gasteig. München 1989.

TUCHOLSKY, Kurt: „Gebrauchslyrik" (1928). In Tucholsky: Gesammelte Werke, Bd. 6. Reinbek bei Hamburg 1960. S. 316-320.

TUCHOLSKY, Kurt: „Bänkelbuch" (1929). In Tucholsky: Gesammelte Werke, Bd. 7. Reinbek bei Hamburg 1960. S. 127-130.

TUCHOLSKY, Kurt: „Auf dem Nachttisch" (1930). In Tucholsky: Gesammelte Werke, Bd. 8. Reinbek bei Hamburg 1960. Auch in: Die Weltbühne. 26. Jg. 2. Halbjahr 1930. S. 859-865.

WAGENER, Hans: Erich Kästner. Berlin 1973. 2. Auflage 1984.

WALTER, Dirk: Zeitkritik und Idyllensehnsucht. Erich Kästners Frühwerk (1928-1933) als Beispiel linksbürgerlicher Literatur in der Weimarer Republik. Diss. Saarbrücken. Heidelberg 1977.

WALTER, Hans-Albert: „Unbehagen und Kritik. Erich Kästner". Manuskript für den Schulfunk. Hessischer Rundfunk 17./24. Oktober 1961. Aufgenommen in Rudolf Wolff (Hg.): Erich Kästner - Werk und Wirkung. Bonn 1983. S. 24-36.

WEBER, Albrecht: „Lehrer und Schule im Werk Erich Kästners". In: Westermanns Pädagogische Beiträge, März 1968. S. 97-106.

WESTPHAL, Fritz: „Das doppelte Lottchen - ein Lustspiel?" In: Jugendschriften-Warte, NF, 3, 1951. S. 4.

WIEGAND, Wilfried: „Die Wahrheit des Scheins. Der ‚Münchhausen'-Film des Jahres 1943 wird wiederaufgeführt". In: Frankfurter Allgemeine Zeitung, Nr. 140, 5. Juli 1978. S. 21.

WILEY, Raymond A.: „The Role of the Mother in Five Prewar School Editions of Erich Kästner's Works". In: German Quarterly, 28, 1955. S. 22-33.

WINKELMAN, John: „Erich Kästner and Social Criticism". In: Monatshefte für den deutschen Unterricht, 44, 7, 1952. S. 366-371.

WINKELMAN, John: Social Criticism in the Early Works of Erich Kästner. Diss. The University of Missouri Studies No. 4. Vol. XXV, 1953.

WINKELMAN, John: „Existentialist Elements in the Early Works of Erich Kästner". In: German Quarterly, 27. Jg. 1, 1954. S. 41-47.
WINKELMAN, John: The Poetic Style of Erich Kästner. Lincoln, Nebraska University, N.S. 1957.
WIRSING, Sybille: „Das Geheimnis des doppelten Blicks. ‚Emil und die Detektive' (1929)". In Marcel Reich-Ranicki (Hg.): Romane von gestern heute gelesen. Bd. 2. 1918-1933. Frankfurt/M 1989. S. 187-193.
WITTE, Karsten: „Das Braun von Agfacolor. Hans Albers als ‚Münchhausen' ". In: Frankfurter Rundschau, Nr. 141, 4. Juli 1978. S. 8.
WITTMANN, Livia Z.: „Der Stein des Anstoßes. Zu einem Problemkomplex in berühmten und gerühmten Romanen der Neuen Sachlichkeit". In: Jahrbuch für internationale Germanistik. Jg. XIV, Heft 2. Bern, Frankfurt/M 1982. S. 56-78.
WOLFF, Rudolf (Hg.): Erich Kästner - Werk und Wirkung. Bonn 1983.
DIE ZEIT: „ Schule der Diktatoren'. Erich-Kästner-Uraufführung". Nr. 10, 7. März 1957.
ZIERMANN, Horst: „Kästner erotisch: Präzise Schilderung der Haut. So kaputt war die Zeit". In: Die Welt, 9. Februar 1988. S. 20.
ZONNEVELD, Johan: Erich Kästner als Rezensent 1923-1933. Diss. Leiden. Frankfurt/M 1991.
ZUCKER, Wolf: „Erich Kästner schreibt ein Kinderbuch". In: Die Weltbühne, 48, 1929. S. 822-823.
ZWEIG, Arnold: „Ein Spaß zu Kästners 65. Exklusiv für BZ". In: Berliner Zeitung, 19. Jg., 23. Februar 1964. S. 6.
ZWEIG, Stefanie: „Der unerschrockene Chronist sägte an manchem Ast. Erich Kästner zum 70. Geburtstag". In: Abendpost-Nachtausgabe, Frankfurt/M, 22. Februar 1969.
ZWEIG, Stefanie: „Blaue Augen, großes Herz. Hans Albers zum 100. Geburtstag". In: Aachener Nachrichten, 21. September 1991.

Weiterführende Quellen und Literatur

ARNTZEN, Helmut: „Deutsche Satire im 20. Jahrhundert“. In: Deutsche Literatur im 20. Jahrhundert. Strukturen und Gestalten. Band 1: Strukturen. Heidelberg 1954. 5. veränderte und erweiterte Auflage 1987. S. 235-254.

BANDMANN, Christa/HEMBUS, Joe: Klassiker des deutschen Tonfilms 1930-1960. München 1980.

BARK, Joachim (Hg.): Geschichte der deutschen Literatur von 1949 bis zur Gegenwart. Stuttgart 1983.

BAUMGÄRTNER, Alfred Clemens (Hg.): Ansätze historischer Kinder- und Jugendbuchforschung. Schriftenreihe der Deutschen Akademie für Kinder- und Jugendliteratur Volkach. Baltmannsweiler 1980.

BELKE, Horst: Literarische Gebrauchsformen. Düsseldorf 1973.

BENTIN, Wolfgang u.a.: Deutsche Literaturgeschichte. Von den Anfängen bis zur Gegenwart. Stuttgart 1979.

BERGLUND, Gisela: Der Kampf um den Leser im Dritten Reich. Worms 1980.

BRECHT, Bertolt: Dreigroschenbuch. Texte - Materialien - Dokumente. Frankfurt/M 1960.

BRECHT, Bertolt: „Forderungen an eine neue Kritik“. In Brecht: Gesammelte Werke, Bd. 18. Frankfurt/M 1967. S. 113-114.

BRECHT, Bertolt: Hauspostille (1927). In Brecht: Gesammelte Werke, Bd. 8. Frankfurt/M 1967.

BREKLE, Wolfgang: Schriftsteller im antifaschistischen Widerstand 1933-1945 in Deutschland. Berlin, Weimar 1985.

BUDZINSKI, Klaus: Die Muse mit der scharfen Zunge. München 1961.

BÜRGER, Gottfried August: Wunderbare Reisen zu Wasser und zu Lande, Feldzüge und lustige Abenteuer des Freiherrn von Münchhausen, wie er dieselben bei der Flasche im Zirkel seiner Freunde zu erzäh-

len pflegt (1788). In Conrad W. Schmidt: Münchhausens Abenteuer. Wiesbaden o.J.
CADENBACH, Joachim: Hans Albers. Reinbek bei Hamburg 1977.
COURTADE, Francis/CADARS, Pierre: Geschichte des Films im Dritten Reich. München, Wien 1975.
DAHRENDORF, Malte: Jugendliteratur und Politik. Gesellschaftliche Aspekte der Kinder- und Jugendliteratur. Frankfurt/M 1986.
DÖBLIN, Alfred: Berlin Alexanderplatz (1929). TB-Ausgabe München 1965 (29. Auflage 1990).
DÖBLIN, Alfred: Der deutsche Maskenball von Linke Poot (1921). Wissen und Verändern! Offene Briefe an einen jungen Menschen (1931). Olten, Freiburg im Breisgau 1972.
DÜRRENMATT, Friedrich: Theater. Essays und Reden. Bd. 24 der Werkausgabe in 30 Bänden. Zürich 1980.
DÜRRENMATT, Friedrich: Literatur und Kunst. Essays und Reden. Bd. 26 der Werkausgabe in 30 Bänden. Zürich 1980.
DUWE, Wilhelm: Deutsche Dichtung des 20. Jahrhunderts. Band I. Zürich 1962.
ECKHARDT, Juliane: Kinder- und Jugendliteratur. Darmstadt 1987.
EHLICH, Konrad (Hg.): Sprache im Faschismus. Frankfurt/M 1989.
FALLADA, Hans: Kleiner Mann - was nun? (1932). TB-Ausgabe Reinbek bei Hamburg 1950 (757.-768. Tsd. 1991).
FRITZ, Jürgen: Satire und Karikatur. Fächerübergreifender Unterricht in Deutsch - Politik - Kunst - Musik. Braunschweig 1980.
FRÖHLICH, Werner D.: dtv-Wörterbuch zur Psychologie. München 1987 (15. Auflage).
GEISSLER, Rolf: „Dichter und Dichtung des Nationalsozialismus“. In Hermann Kunisch (Hg.): Handbuch der deutschen Gegenwartsliteratur. München 1965.
GOETHE, Johann Wolfgang von: Gedenkausgabe der Werke, Briefe und Gespräche. Erster Band. Sämtliche Gedichte. Zürich 1950.
GRAFE, Frieda/PATALAS, Enno: Im Off. Filmartikel. München 1974.
GREGOR, Ulrich/PATALAS, Enno: Geschichte des Films. Band 2: 1940-1960. München, Gütersloh, Wien 1973.
GROSSER, J.F.G.: Die große Kontroverse. Ein Briefwechsel um Deutschland. Hamburg, Genf, Paris 1963.

HARRIGAN, Renny: „Die emanzipierte Frau im deutschen Roman der Weimarer Republik". In James Elliott/Jürgen Pelzer/Carol Poore (Hg.): Stereotyp und Vorurteil in der Literatur. Untersuchungen zu Autoren des 20. Jahrhunderts. Göttingen 1978.

HAY, Gerhard: Zur literarischen Situation 1945-1949. Kronberg 1977.

HIPPLER, Fritz: Die Verstrickung. Düsseldorf 1981.

HOLL, Oskar: Der Roman als Funktion und Überwindung der Zeit. Zeit und Gleichzeitigkeit im deutschen Roman des 20. Jahrhunderts. Bonn 1968.

HÜRLIMANN, Bettina: Europäische Kinderbücher in drei Jahrhunderten. Zürich 1959.

HUSSONG, Martin: „Jugendzeitschriften 1945 bis 1960 - Phasen, Typen, Tendenzen". In Klaus Doderer (Hg.): Zwischen Trümmern und Wohlstand. Literatur der Jugend 1945-1960. Weinheim, Basel 1988. S. 521-585.

ISAKSSON, Folke/FUHRHAMMAR, Leif: Politik und Film. Ravensburg 1974 (Original London 1971).

KAMINSKI, Wilfred: Einführung in die Kinder- und Jugendliteratur. Literarische Phantasie und gesellschaftliche Wirklichkeit. Weinheim, München 1987.

KASACK, Wolfgang (Hg.): Ein Leben nach dem Todesurteil. Bornheim 1982.

KEUN, Irmgard: Das kunstseidene Mädchen (1932). TB-Ausgabe München 1989 (3. Auflage 1991).

KOEBNER, Thomas: Tendenzen der deutschen Literatur seit 1945. Stuttgart 1971.

KOGON, Eugen u.a.: Nationalsozialistische Massentötungen durch Giftgas. Frankfurt/M 1983 (TB-Ausgabe 7.-8. Tsd. 1989).

KRACAUER, Siegfried: Von Caligari zu Hitler. Eine psychologische Geschichte des deutschen Films. Schriften, Bd. 2. Frankfurt/M 1979. Original unter dem Titel „From Caligari to Hitler". Princeton 1947.

KRAUS, Karl: Die letzten Tage der Menschheit (1922). Frankfurt/M 1986.

KREIMEIER, Klaus: Die UFA-Story. München 1992.

KRELL, Leo / FIEDLER, Leonhard: Deutsche Literaturgeschichte. Auf Grund von Rackl-Ebner-Hunger neu bearbeitet. Bamberg 1963 (10. Auflage).

LÄMMERT, Eberhard: Bauform des Erzählens. Stuttgart 1967.
LESSING, Gotthold Ephraim: Die Erziehung des Menschengeschlechts. In Lessing: Werke. Achter Band. Theologiekritische Schriften. III. Philosophische Schriften. Darmstadt 1979. S. 489-510.
LEXIKON DER KINDER- UND JUGENDLITERATUR. Zweiter Band. Weinheim und Basel 1977.
MAYER, Dieter (Hg.): Hans Fallada: Kleiner Mann - was nun? Historische, soziologische, biographische und literaturgeschichtliche Materialien zum Verständnis des Romans. Frankfurt/M 1978.
METZLER AUTOREN LEXIKON. Stuttgart 1986.
MEURER, Renate/MEURER, Reinhard: Texte des Nationalsozialismus. Beispiele - Analysen - Arbeitsanregungen. München 1982.
MÜLLER, Hans-Harald: „ ‚Im Grünen fings an und endete blutigrot.' Kurt Tucholsky: Portrait eines vielseitigen Schriftstellers“. In Walter Hinderer (Hg.): Literarische Portraits. Deutsche Dichter von Grimmelshausen bis Brecht. Königstein/Taunus 1982 (TB-Ausgabe Frankfurt/M 1987, S. 338-351).
MUSIL, Robert: „Über die Dummheit“ (1937). In Musil: Gesammelte Werke. Bd. II. Reinbek bei Hamburg 1978. S. 1270-1291.
OTTO, Rainer/RÖSLER, Walter: Kabarettgeschichte. Abriß des deutschsprachigen Kabaretts. Berlin-Ost 1977.
REMARQUE, Erich Maria: Im Westen nichts Neues (1929). Berlin-West 1966.
RIHA, Karl: „Literarisches Kabarett und Rollengedicht. Anmerkung zu einem lyrischen Typus in der deutschen Literatur nach dem ersten Weltkrieg“. In Wolfgang Rothe (Hg.): Die deutsche Literatur in der Weimarer Republik. Stuttgart 1974. S. 382-395.
RIHA, Karl: „Literatur und Gebrauchsliteratur“. In Ludwig Fischer (Hg.): Gebrauchsliteratur. Methodische Überlegungen und Beispielanalysen. Stuttgart 1976. S. 86-98.
SCHÄFER, Hans Dieter: „Naturdichtung und Neue Sachlichkeit“. In Wolfgang Rothe (Hg.): Die deutsche Literatur in der Weimarer Republik. Stuttgart 1974. S. 359-381.
SCHNEIDER, Manfred: Die Angst und das Paradies des Nörglers. Versuch über Karl Kraus. Frankfurt/M 1977.
SCHNELL, Ralf: Literarische Innere Emigration 1933-1945. Stuttgart 1976.

SCHNELL, Ralf: Die Literatur der Bundesrepublik. Autoren, Geschichte, Literaturbetrieb. Stuttgart 1986.

SCHONAUER, Franz: Deutsche Literatur im Dritten Reich. Freiburg im Breisgau 1961.

SCHULTE, Walter: „ ‚Euthanasie' und Sterilisation im Dritten Reich“. In Hermann Diem u.a.: Deutsches Geistesleben und Nationalsozialismus. Tübingen 1965.

SILONE, Ignazio: Die Schule der Diktatoren. Zürich, New York 1938.

STANZEL, Franz K.: Typische Formen des Romans. Göttingen 1964.

STERNBERGER, Dolf/STORZ, Gerhard/SÜSKIND, Wilhelm E.: Aus dem Wörterbuch des Unmenschen. Bearbeitete und ergänzte 3. Auflage Hamburg und Düsseldorf 1968 (1. Auflage 1945).

STROTHMANN, Dietrich: Nationalsozialistische Literaturpolitik. Ein Beitrag zur Publizistik im Dritten Reich. Bonn 1960.

THALMANN, Rita: Frausein im Dritten Reich. München, Wien 1984.

THÖMING, Jürgen C.: „Hans Fallada. Seismograph gesellschaftlicher Krisen“. In Hans Wagener (Hg.): Zeitkritische Romane des 20. Jahrhunderts. Die Gesellschaft in der Kritik der deutschen Literatur. Stuttgart 1975. S. 97-123.

TUCHOLSKY, Kurt: „Joebbels“. In Tucholsky: Gesammelte Werke, Bd. III. Reinbek bei Hamburg 1960. S. 790.

TUCHOLSKY, Kurt: „Was darf die Satire?“ In Tucholsky: Gesammelte Werke, Bd. I. Reinbek bei Hamburg 1960. S. 362 f.

TUCHOLSKY-LESEBUCH. Wir Negativen. Herausgegeben von Hans Prescher. Reinbek bei Hamburg 1988.

VOGT, Jochen: Aspekte erzählender Prosa. Opladen 1976.

WENDLER, Wolfgang: „Die Einschätzung der Gegenwart im deutschen Zeitroman“. In Wolfgang Rothe (Hg.): Die deutsche Literatur in der Weimarer Republik. Stuttgart 1974. S. 169-194.

WIESE, Benno von: „Das Wesen der politischen Dichtung“ (1931). In Peter Stein (Hg.): Theorie der Politischen Dichtung. München 1973. S. 95-109.

WIESNER, Herbert: „Innere Emigration. Die innerdeutsche Literatur im Widerstand 1933-1945“. In Hermann Kunisch (Hg.): Handbuch der deutschen Gegenwartsliteratur, Bd. II. München 1970 (2. Auflage).

WILD, Reiner (Hg.): Geschichte der deutschen Kinder- und Jugendliteratur. Stuttgart 1970.

WILKENING, Albert/BAUMERT, Heinz/LIPPERT, Klaus: Kleine Enzyklopädie - Film. Leipzig 1966.
WOLF, Antonius: Wandel im Jargon des Nationalsozialismus. Pädagogische Hochschule Freiburg im Breisgau 1991.
WULF, Joseph: Literatur und Dichtung im Dritten Reich. Hamburg 1966.
ZIMMERMANN, Willi: „Kurt Tucholsky als politischer Aufklärer. Versuch einer Systematisierung seiner Aussagen zu Staat und Gesellschaft“. In Irmgard Ackermann (Hg.): Kurt Tucholsky. Sieben Beiträge zu Werk und Wirkung. München 1981. S. 109-130.

Index